中外哲学典籍大全
总主编 李铁映 王伟光

外国哲学典籍卷

哲学研究

〔奥〕维特根斯坦 著

陈嘉映 译

商務印書館
创于1897 The Commercial Press

Ludwig Wittgenstein

PHILOSOPHISCHE UNTERSUCHUNGEN

本书参考麦克米兰出版社 1953 年版译出

Edited by G. E. M. Anscombe and R. Rhees;

translated by G. E. M. Anscombe, New York: Macmillan, 1953.

中外哲学典籍大全

中外哲学典籍大全
总　　序

《中外哲学典籍大全》的编纂，是一项既有时代价值又有历史意义的重大工程。

中华民族经过了近一百八十年的艰苦奋斗，迎来了中国近代以来最好的发展时期，迎来了奋力实现中华民族伟大复兴的时期。中华民族只有总结古今中外的一切思想成就，才能并肩世界历史发展的大势。为此，我们须要编纂一部汇集中外古今哲学典籍的经典集成，为中华民族的伟大复兴、为人类命运共同体的建设、为人类社会的进步，提供哲学思想的精粹。

哲学是思想的花朵、文明的灵魂、精神的王冠。一个国家、民族，要兴旺发达，拥有光明的未来，就必须拥有精深的理论思维，拥有自己的哲学。哲学是推动社会变革和发展的理论力量，是激发人的精神砥石。哲学能够解放思想，净化心灵，照亮人类前行的道路。伟大的时代需要精邃的哲学。

一　哲学是智慧之学

哲学是什么？这既是一个古老的问题，又是哲学永恒的话题。追问“哲学是什么”，本身就是“哲学”问题。从哲学成为思维的那一天起，哲学家们就在不停的追问中发展、丰富哲学的篇章，给出一张又一张答卷。每个时代的哲学家对这个问题都有自己的诠释。哲学是什么，是悬在人类智慧面前的永恒之问，这正是哲学之为哲学的基本特点。

哲学是全部世界的观念形态、精神本质。人类面临的共同问题，是哲学研究的根本对象。本体论、认识论、世界观、人生观、价值观、实践论、方法论等，仍是哲学的基本问题，是哲学的生命力所在！哲学研究的是世界万物的根本性、本质性问题。人们已经对哲学作出许多具体定义，但我们可以尝试再用“遮诠”的方式描述哲学的一些特点，从而使人们加深对“何为哲学”的认识。

哲学不是玄虚之观。哲学来自人类实践，关乎人生。哲学对现实存在的一切追根究底、“打破砂锅问到底”。它不仅是问“是什么（being）”，而且主要是追问“为什么（why）”，特别是追问“为什么的为什么”。它关注整个宇宙，关注整个人类的命运，关注人生。它关心柴米油盐酱醋茶和人的生命的关系，关心人工智能对人类社会的挑战。哲学是对一切实践经验的理论升华，它关心具体现象背后的根据，关心“人类如何会更好”。

哲学是在根本层面上追问自然、社会和人本身，以彻底的态度反思已有的观念和认识，从价值理想出发把握生活的目标和历史的趋势，从而展示了人类理性思维的高度，凝结了民族进步的智慧，寄托了人们热爱光明、追求真善美的情怀。道不远人，人能弘道。哲学是把握世界、洞悉未来的学问，是思想解放与自由的大门！

古希腊的哲学家们被称为“望天者”。亚里士多德在《形而上学》一书中说："最初人们通过好奇—惊赞来做哲学。"如果说知识源于好奇的话，那么产生哲学的好奇心，必须是大好奇心。这种"大好奇心"只为一件"大事因缘"而来。所谓"大事"，就是天地之间一切事物的"为什么"。哲学精神，是"家事、国事、天下事，事事要问"，是一种永远追问的精神。

哲学不只是思想。哲学将思维本身作为自己的研究对象之一，对思想本身进行反思。哲学不是一般的知识体系，而是把知识概念作为研究的对象，追问"什么才是知识的真正来源和根据"。哲学的"非对象性"的思维方式，不是"纯形式"的推论原则，而有其"非对象性"之对象。哲学不断追求真理，是认识的精粹，是一个理论与实践兼而有之的过程。哲学追求真理的过程本身就显现了哲学的本质。天地之浩瀚，变化之奥妙，正是哲思的玄妙之处。

哲学不是宣示绝对性的教义教条，哲学反对一切形式的绝对。哲学解放束缚，意味着从一切思想教条中解放人类自身。哲学给了我们彻底反思过去的思想自由，给了我们深刻洞察未来的思想能力。哲学就是解放之学，是圣火和利剑。

哲学不是一般的知识。哲学追求"大智慧"。佛教讲"转识成智"，"识"与"智"之间的关系相当于知识与哲学的关系。一般知识是依据于具体认识对象而来的、有所依有所待的"识"，而哲学则是超越于具体对象之上的"智"。

公元前六世纪，中国的老子说："大方无隅，大器晚成，大音希声，大象无形，道隐无名。夫唯道，善贷且成。"又说："反者道之动，弱者道之用。天下万物生于有，有生于无。"对"道"的追求就是对有之为有、无形无名的探究，就是对"天地何以如此"的探究。这种追求，使得哲学具有了天地之大用，具有了超越有形有名之有限经验的大智慧。这种大智慧、大用途，超越一切限制的篱笆，具有趋向无限的解放能力。

哲学不是经验科学，但又与经验有联系。哲学从其诞生之日起，就包含于科学形态之中，是以科学形态出现的。哲学是以理性的方式、概念的方式、论证的方式来思考宇宙与人生的根本问题。在亚里士多德那里，凡是研究"实体（ousia）"的学问，都叫作"哲学"。而"第一实体"则是存在者中的"第一个"。研究"第一实体"的学问被称为"神学"，也就是"形而上学"，这正是后世所谓"哲学"。一般意义上的科学正是从"哲学"最初的意义上赢得自己最原初的规定性的。哲学虽然不是经验科学，却为科学划定了意义的范围，指明了方向。哲学最后必定指向宇宙、人生的根本问题，大科学家的工作在深层意义上总是具有哲学的意味，牛顿和爱因斯坦就是这样的典范。

哲学既不是自然科学，也不是文学、艺术，但在自然科学的前头，哲学的道路展现了；在文学、艺术的山顶，哲学的天梯出现了。哲学不断地激发人的探索和创造精神，使人在认识世界的过程中不断达到新境界，在改造世界的过程中从必然王国到达自由王国。

哲学不断从最根本的问题再次出发。哲学史在一定意义上就是不断重构新的世界观、认识人类自身的历史。哲学的历史呈现，正是对哲学的创造本性的最好说明。哲学史上每一个哲学家对根本问题的思考，都在为哲学添加新思维、新向度，犹如为天籁山上不断增添一只只黄鹂、翠鸟。

如果说哲学是哲学史的连续展现中所具有的统一性特征，那么这种“一”是在“多”个哲学的创造中实现的。如果说每一种哲学体系都追求一种体系性的“一”的话，那么每种“一”的体系之间都存在着千丝相联、多方组合的关系。这正是哲学史昭示于我们的哲学之多样性的意义。多样性与统一性的依存关系，正是哲学寻求现象与本质、具体与普遍相统一的辩证之意义。

哲学的追求是人类精神的自然趋向，是精神自由的花朵。哲学是思想的自由，是自由的思想。

中国哲学是中华民族五千年文明传统中最为内在、最为深刻、最为持久的精神追求和价值观表达。中国哲学已经化为中国人的思维方式、生活态度、道德准则、人生追求、精神境界。中国人的科学技术、伦理道德、小家大国、中医药学、诗歌文学、绘画书法、武术拳法、乡规民俗，乃至日常生活都浸润着中国哲学的精神。华夏文明虽历经磨难而能够透魄醒神、坚韧屹立，正是来自于中国哲学深邃的思维和创造力。

先秦时代，老子、孔子、庄子、孙子、韩非子等诸子之间的百家争鸣，就是哲学精神在中国的展现，是中国人思想解放的第一次大爆发。两汉四百多年的思想和制度，是诸子百家思想在争鸣过程中大整合的结果。魏晋之际玄学的发生，则是儒道冲破各自藩篱、彼此互动互补的结果，形成了儒家独尊的态势。隋唐三百年，佛教深入中国文化，又一次带来了思想的大融合和大解放。禅宗的形成就是这一融合和解放的结果。两宋三百多年，中国哲学迎来了第三次大解放。儒释道三教之间的互润互持日趋深入，朱熹的理学和陆象山的心学，就是这一思想潮流的哲学结晶。

与古希腊哲学强调沉思和理论建构不同，中国哲学的旨趣在于实践人文关怀，它更关注实践的义理性意义。在中国哲学当中，知与行从未分离，有着深厚的实践观点和生活观点。伦理道德观是中国哲学的贡献。马克思说："全部社会生活在本质上是实践的。"实践的观点、生活的观点也正是马克思主义认识论的基本观点。这种哲学上的契合性，正是马克思主义能够在中国扎根并不断中国化的哲学原因。

"实事求是"是中国的一句古话，在今天已成为深邃的哲理，成为中国人的思维方式和行为基准。实事求是就是解放思想，解放思想就是实事求是。实事求是是毛泽东思想的精髓，是改革开放的基石。只有解放思想才能实事求是。实事求是就是中国人始终坚持的哲学思想。实事求是就是依靠自己，走自己的道路，反对一切绝对观念。所谓中国化就是一切从中国实际出发，一切理论必须符合中国实际。

二 哲学的多样性

实践是人的存在形式，是哲学之母。实践是思维的动力、源泉、价值、标准。人们认识世界、探索规律的根本目的是改造世界、完善自己。哲学问题的提出和回答都离不开实践。马克思有句名言："哲学家们只是用不同的方式解释世界，而问题在于改变世界。"理论只有成为人的精神智慧，才具有改变世界的力量。

哲学关心人类命运。时代的哲学，必定关心时代的命运。对时代命运的关心就是对人类实践和命运的关心。人在实践中产生的一切都具有现实性。哲学的实践性必定带来哲学的现实性。哲学的现实性就是强调人在不断回答实践中的各种问题时应该具有的态度。

哲学作为一门科学是现实的。哲学是一门回答并解释现实的学问；哲学是人们联系实际、面对现实的思想。可以说哲学是现实的最本质的理论，也是本质的最现实的理论。哲学始终追问现实的发展和变化。哲学存在于实践中，也必定在现实中发展。哲学的现实性要求我们直面实践本身。

哲学不是简单跟在实践后面，成为当下实践的"奴仆"，而是以特有的深邃方式，关注着实践的发展，提升人的实践水平，为社会实践提供理论支撑。从直接的、急功近利的要求出发来理解和从事哲学，无异于向哲学提出它本身不可能完成的任务。哲学是深沉的反思、厚重的智慧，是对事物的抽象、理论的把握。哲学是人类把握世界最深邃的理论思维。

哲学是立足人的学问，是人用于理解世界、把握世界、改造世界的智慧之学。"民之所好，好之，民之所恶，恶之。"哲学的目的是为了人。用哲学理解外在的世界，理解人本身，也是为了用哲学改造世界、改造人。哲学研究无禁区，无终无界，与宇宙同在，与人类同在。

存在是多样的，发展亦是多样的，这是客观世界的必然。宇宙万物本身是多样的存在，多样的变化。历史表明，每一民族的文化都有其独特的价值。文化的多样性是自然律，是动力，是生命力。各民族文化之间的相互借鉴、补充浸染，共同推动着人类社会的发展和繁荣，这是规律。对象的多样性、复杂性，决定了哲学的多样性；即使对同一事物，人们也会产生不同的哲学认识，形成不同的哲学派别。哲学观点、思潮、流派及其表现形式上的区别，来自于哲学的时代性、地域性和民族性的差异。世界哲学是不同民族的哲学的荟萃。多样性构成了世界，百花齐放形成了花园。不同的民族会有不同风格的哲学。恰恰是哲学的民族性，使不同的哲学都可以在世界舞台上演绎出各种“戏剧”。不同民族即使有相似的哲学观点，在实践中的表达和运用也会各有特色。

人类的实践是多方面的，具有多样性、发展性，大体可以分为：改造自然界的实践、改造人类社会的实践、完善人本身的实践、提升人的精神世界的精神活动。人是实践中的人，实践是人的生命的第一属性。实践的社会性决定了哲学的社会性，哲学不是脱离社会现实生活的某种遐想，而是社会现实生活的观念形态，是文明进步的重要标志，是人的发展水平的重要维度。哲学的发展状况，反映着一个社会人的理性成熟程度，反映着这个社会的文明程度。

哲学史实质上是对自然史、社会史、人的发展史和人类思维史的总结和概括。自然界是多样的，社会是多样的，人类思维是多样的。所谓哲学的多样性，就是哲学基本观念、理论学说、方法的异同，是哲学思维方式上的多姿多彩。哲学的多样性是哲学的常态，是哲学进步、发展和繁荣的标志。哲学是人的哲学，哲学是人对事物的自觉，是人对外界和自我认识的学问，也是人把握世界和自我的学问。哲学的多样性，是哲学的常态和必然，是哲学发展和繁荣的内在动力。一般是普遍性，特色也是普遍性。从单一性到多样性，从简单性到复杂性，是哲学思维的一大变革。用一种哲学话语和方法否定另一种哲学话语和方法，这本身就不是哲学的态度。

多样性并不否定共同性、统一性、普遍性。物质和精神、存在和意识，一切事物都是在运动、变化中的，是哲学的基本问题，也是我们的基本哲学观点！

当今的世界如此纷繁复杂，哲学多样性就是世界多样性的反映。哲学是以观念形态表现出的现实世界。哲学的多样性，就是文明多样性和人类历史发展多样性的表达。多样性是宇宙之道。

哲学的实践性、多样性还体现在哲学的时代性上。哲学总是特定时代精神的精华，是一定历史条件下人的反思活动的理论形态。在不同的时代，哲学具有不同的内容和形式。哲学的多样性，也是历史时代多样性的表达，让我们能够更科学地理解不同历史时代，更为内在地理解历史发展的道理。多样性是历史之道。

哲学之所以能发挥解放思想的作用，原因就在于它始终关注实践，关注现实的发展；在于它始终关注着科学技术的进步。哲学本身没有绝对空间，没有自在的世界，只能是客观世界的映象、观念的形态。没有了现实性，哲学就远离人，远离了存在。哲学的实践性说到底是在说明哲学本质上是人的哲学，是人的思维，是为了人的科学！哲学的实践性、多样性告诉我们，哲学必须百花齐放、百家争鸣。哲学的发展首先要解放自己，解放哲学，也就是实现思维、观念及范式的变革。人类发展也必须多途并进、交流互鉴、共同繁荣。采百花之粉，才能酿天下之蜜。

三　哲学与当代中国

中国自古以来就有思辨的传统，中国思想史上的百家争鸣就是哲学繁荣的史象。哲学是历史发展的号角。中国思想文化的每一次大跃升，都是哲学解放的结果。中国古代贤哲的思想传承至今，他们的智慧已浸入中国人的精神境界和生命情怀。

中国共产党人历来重视哲学。1938年，毛泽东同志在抗日战争最困难的时期，在延安研究哲学，创作了《实践论》和《矛盾论》，推动了中国革命的思想解放，成为中国人民的精神力量。

中华民族的伟大复兴必将迎来中国哲学的新发展。当代中国必须要有自己的哲学，当代中国的哲学必须要从根本上讲清楚中国道路的哲学内涵。中华民族的伟大复兴必须要有哲学的思维，必须要有不断深入的反思。发展的道路就是哲思的道路；文化的自信就是哲学思维的自信。哲学是引领者，可谓永恒的“北斗”，哲学是时代的“火焰”，是时代最精致最深刻的“光芒”。从社会变革的意义上说，任何一次巨大的社会变革，总是以理论思维为先导。理论的变革总是以思想观念的空前解放为前提，而“吹响”人类思想解放第一声“号角”的，往往就是代表时代精神精华的哲学。社会实践对于哲学的需求可谓“迫不及待”，因为哲学总是“吹响”新的时代的“号角”。“吹响”中国改革开放之“号角”的，正是“解放思想”“实践是检验真理的唯一标准”“不改革死路一条”等哲学观念。“吹响”新时代“号角”的是“中国梦”“人民对美好生活的向往，就是我们奋斗的目标”。发展是人类社会永恒的动力，变革是社会解放的永恒的课题，思想解放、解放思想是无尽的哲思。中国正走在理论和实践的双重探索之路上，搞探索没有哲学不成！

中国哲学的新发展，必须反映中国与世界最新的实践成果，必须反映科学的最新成果，必须具有走向未来的思想力量。今天的中国人所面临的历史时代，是史无前例的。14亿人齐步迈向现代化，这是怎样的一幅历史画卷！是何等壮丽、令人震撼！不仅中国亘古未有，在世界历史上也从未有过。当今中国需要的哲学，是结合天道、地理、人德的哲学，是整合古今中外的哲学，只有这样的哲学才是中华民族伟大复兴的哲学。

当今中国需要的哲学，必须是适合中国的哲学。无论古今中外，再好的东西，也需要经过再吸收、再消化，经过现代化、中国化，才能成为今天中国自己的哲学。哲学的目的是解放人，哲学自身的发展也是一次思想解放，也是人的一次思维升华、羽化的过程。中国人的思想解放，总是随着历史不断进行的。历史有多长，思想解放的道路就有多长；发展进步是永恒的，思想解放也是永无止境的；思想解放就是哲学的解放。

习近平同志在 2013 年 8 月 19 日重要讲话中指出，思想工作就是“引导人们更加全面客观地认识当代中国、看待外部世界”。这就需要我们确立一种“知己知彼”的知识态度和理论立场，而哲学则是对文明价值核心最精炼和最集中的深邃性表达，有助于我们认识中国、认识世界。立足中国、认识中国，需要我们审视我们走过的道路；立足中国、认识世界，需要我们观察和借鉴世界历史上的不同文化。中国“独特的文化传统”、中国“独特的历史命运”、中国“独特的基本国情”，决定了我们必然要走适合自己特点的发展道路。一切现实的、存在的社会制度，其形态都是具体的，都是特色的，都必须是符合本国实际的。抽象的或所谓“普世”的制度是不存在的。同时，我们要全面、客观地“看待外部世界”。研究古今中外的哲学，是中国认识世界、认识人类史、认识自己未来发展的必修课。今天中国的发展不仅要读中国书，还要读世界书。不仅要学习自然科学、社会科学的经典，更要学习哲学的经典。当前，中国正走在实现“中国梦”的“长征”路上，这也正是一条思想不断解放的道路！要回答中国的问题，解释中国的发展，首先需要哲学思维本身的解放。哲学的发展，就是哲学的解放，这是由哲学的实践性、时代性所决定的。哲学无禁区、无疆界。哲学关乎宇宙之精神，关乎人类之思想。哲学将与宇宙、人类同在。

四　哲学典籍

《中外哲学典籍大全》的编纂，是要让中国人能研究中外哲学经典，吸收人类思想的精华；是要提升我们的思维，让中国人的思想更加理性、更加科学、更加智慧。

中国有盛世修典的传统，如中国古代的多部典籍类书（如《永乐大典》《四库全书》等）。在新时代编纂《中外哲学典籍大全》，是我们的历史使命，是民族复兴的重大思想工程。

只有学习和借鉴人类思想的成就，才能实现我们自己的发展，走向未来。《中外哲学典籍大全》的编纂，就是在思维层面上，在智慧境界中，继承自己的精神文明，学习世界优秀文化。这是我们的必修课。

不同文化之间的交流、合作和友谊，必须在哲学层面上获得相互认同和借鉴。哲学之间的对话和倾听，才是从心到心的交流。《中外哲学典籍大全》的编纂，就是在搭建心心相通的桥梁。

我们编纂的这套哲学典籍大全包括四个方面的内容：一是中国哲学，整理中国历史上的思想典籍，浓缩中国思想史上的精华；

二是外国哲学，主要是西方哲学，以吸收、借鉴人类发展的优秀哲学成果；三是马克思主义哲学，展示马克思主义哲学中国化的成就；四是中国近现代以来的哲学成果，特别是马克思主义在中国的发展。

编纂《中外哲学典籍大全》，是中国哲学界早有的心愿，也是哲学界的一份奉献。《中外哲学典籍大全》总结的是经典中的思想，是先哲们的思维，是前人的足迹。我们希望把它们奉献给后来人，使他们能够站在前人的肩膀上，站在历史岸边看待自身。

《中外哲学典籍大全》的编纂，是以"知以藏往"的方式实现"神以知来"；《中外哲学典籍大全》的编纂，是通过对中外哲学历史的"原始反终"，从人类共同面临的根本大问题出发，在哲学生生不息的道路上，彩绘出人类文明进步的盛德大业！

发展的中国，既是一个政治、经济大国，也是一个文化大国，也必将是一个哲学大国、思想王国。人类的精神文明成果是不分国界的，哲学的边界是实践，实践的永恒性是哲学的永续线性，敞开胸怀拥抱人类文明成就，是一个民族和国家自强自立，始终伫立于人类文明潮流的根本条件。

拥抱世界、拥抱未来、走向复兴，构建中国人的世界观、人生观、价值观、方法论，这是中国人的视野、情怀，也是中国哲学家的愿望！

李铁映

二〇一八年八月

关于外国哲学

——“外国哲学典籍卷”弁言

李铁映

有人类，有人类的活动，就有文化，就有思维，就有哲学。哲学是人类文明的精华。文化是人的实践的精神形态。

人类初蒙，问天究地，思来想去，就是萌味之初的哲学思考。

文明之初，如埃及法老的文化；两河流域的西亚文明；印度的吠陀时代，都有哲学的意蕴。

欧洲古希腊古罗马文明等，拉丁美洲的印第安文明，玛雅文化，都是哲学的初萌。

文化即一般存在，而哲学是文化的灵魂。文化是哲学的基础，社会存在。文化不等同于哲学，但没有文化的哲学，是空中楼阁。哲学产生于人类的生产、生活，概言之，即产生于人类的实践。是人类对自然、社会、人身体、人的精神的认识。

但历史的悲剧，发生在许多文明的消失。文化的灭绝是人类最大的痛疾。

只有自己的经验，才是最真实的。只有自己的道路才是最好的路。自己的路，是自己走出来的。世界各个民族在自己的历史上，也在不断的探索自己的路，形成自己生存、发展的哲学。

知行是合一的。知来自于行，哲学打开了人的天聪，睁开了眼睛。

欧洲哲学，作为学术对人类的发展曾作出过大贡献，启迪了人们的思想。特别是在自然科学、经济学、医学、文化等方面的哲学，达到了当时人类认识的高峰。欧洲哲学是欧洲历史的产物，是欧洲人对物质、精神的探究。欧洲哲学也吸收了世界各民族的思想。它对哲学的研究，对世界的影响，特别是在思维观念、语意思维的层面，构成了新认知。

历史上，有许多智者，研究世界、自然和人本身。人类社会产生许多观念，解读世界，解释人的认识和思维，形成了一些哲学的流派。这些思想对人类思维和文化的发展，有重大作用，是人类进步的力量。但不能把哲学仅看成是一些学者的论说。哲学最根本的智慧来源于人类的实践，来源于人类的生产和生活。任何学说的真价值都是由人的实践为判据的。

哲学研究的是物质和精神，存在和思维，宇宙和人世间的诸多问题。可以说一切涉及人类、人本身和自然的深邃的问题，都是哲学的对象。哲学是人的思维，是为人服务的。

资本主义社会，就是资本控制的社会。资本主义社会的文化、哲学，有着浓厚的铜臭。

有什么样的人类社会，就会有什么样的哲学，不足为怪。应深思“为什么？”“为什么的为什么？”这就是哲学之问，是哲学发展的自然律。哲学尚回答不了的问题，正是哲学发展之时。

哲学研究人类社会，当然有意识形态性质。哲学产生于一定社会，当然要为它服务。人类的历史，长期是阶级斗争的历史，而哲学作为上层建筑，是意识形态。阶级斗争的意识，深刻影响着意识形态，哲学也如此。为了殖民、压迫、剥削……社会的资本化，文化也随之资本化。许多人性的、精神扭曲的东西通过文化也资本化。如色情业、毒品业、枪支业、黑社会、政治献金，各种资本的社会形态成了资本社会的基石。这些社会、人性的变态，逐渐社会化、合法化，使人性变得都扭曲、丑恶。社会资本化、文化资本化、人性的资本化，精神、哲学成了资本的外衣。真的、美的、好的何在?！令人战栗!!

哲学的光芒也腐败了，失其真！资本的洪水冲刷之后的大地苍茫……

人类社会不是一片净土，是有污浊渣滓的，一切发展、进步都要排放自身不需要的垃圾，社会发展也如此。进步和发展是要逐步剔除这些污泥浊水。但资本揭开了魔窟，打开了潘多拉魔盒，呜呜！这些哲学也必然带有其诈骗、愚昧人民之魔术。

外国哲学正是这些国家、民族对自己的存在、未来的思考，是他们自己的生产、生活的实践的意识。

哲学不是天条，不是绝对的化身。没有人，没有人的实践，哪来人的哲学？归根结底，哲学是人类社会的产物。

哲学的功能在于解放人的思想，哲学能够使人从桎梏中解放出来，找到自己的自信的生存之道。

欧洲哲学的特点，是欧洲历史文化的结节，它的一个特点，是与神学粘联在一起，与宗教有着深厚的渊源。它的另一个特点是私有制、个人主义。使人际之间关系冷漠，资本主义的殖民主义，对世界的奴役、暴力、战争，和这种哲学密切相关。

马克思恩格斯突破了欧洲资本主义哲学，突破了欧洲哲学的神学框架，批判了欧洲哲学的私有制个人主义体系，举起了历史唯物主义，唯物辩证法的大旗，解放了全人类的头脑。人类从此知道了自己的历史，看到了未来光明。社会主义兴起，殖民主义解体，被压迫人民的解放斗争，正是马哲的力量。没有马哲对西方哲学的批判，就没有今天的世界。

二十一世纪将是哲学大发展的世纪，是人类解放的世纪，是人类走向新的辉煌的世纪。不仅是霸权主义的崩塌，更是资本主义的存亡之际，人类共同体的哲学必将兴起。

哲学解放了人类，人类必将创造辉煌的新时代，创造新时代的哲学。英特纳雄耐尔就一定会实现，这就是哲学的力量。未来属于人民，人民万岁！

哲学研究

依其本性，进步看上去总比实际上更为伟大。

——Nestroy

目　录

编者小识

在本书中编为第一部分的内容,在 1945 年已经完成。第二部分写于 1947 到 1949 年之间。假使维特根斯坦自己出版这本书,他会大大压缩第一部分最后大约三十页的内容,为现在的第二部分补充一些材料,加工后安排在那里。

整部手稿中各处都有可以解读成不同的词和短语的写法,我们不得不做出选择。这类选择绝不影响文句的意思。

有些书页底部排印的一些文句其上用横线隔开,这些段落是维特根斯坦从他的其他稿件中剪下来夹在这些书页里的,但他没有进一步注明这些段落应该接在哪里。[1]

双括号里的话是维特根斯坦用来和本书以及他的其他稿件中的某些段落相互参照的。这些稿件我们希望今后也将出版。

第二部分的最后一节是我们自己决定安排在它现在的位置上的。

G. E. M. 安斯康姆(Anscombe)

R. 里斯(Rhees)

---

① 由于中文本页数和德文本页数不能一一对应,我不得不稍作变通。我根据维特根斯坦研究者的研究结果或我自己的猜测,确定这些插入段落与正文中的哪些段落相应,把插入的段落排在正文相应段落的后面,上下都用横线隔开。——译者注

序

以下发表的，是我在过去十六年里从事哲学研究积淀下来的思想。它们涉及多种课题：含义、理解、命题、逻辑等概念，数学基础、意识状态，等等。这些思想当时我都是以小段札记的方式写下来的。这些段落有时讨论同一个论题，连成较长的一串，有时则很快从一个论域跳换到另一个论域。我一开始曾打算把所有这些内容都集拢在一本书里；对这本书的形式我在不同的时候有不同的设想。但我当时认为本质之点在于：这些思想应该自然而然地从一个论题进展到另一个论题，中间没有断裂。

我数次尝试把我的成果熔铸为这样一个整体，然而都失败了；这时我看出我在这点上永不会成功。我看出我能够写出的最好的东西也不过始终是些哲学札记；当我违背它们的自然趋向而试图进一步强迫它们进入单一方向的时候，我的思想马上就变成了跛子。——而这当然同这本书的性质本身有关系。这种探索迫使我们穿行在一片广阔的思想领地之上，在各个方向上纵横交错地穿行。——这本书里的哲学札记就像是在这些漫长而错综的旅行途中所做的一系列风景速写。

我当时一次次从不同的方向重新论及同样的要点，或几乎同样的要点，画出新的图画。这些图画里不知有多少画得很糟，或显不出特征，带有一个拙劣画家的所有缺陷。把这样的图画筛掉以后，还留下一些勉强可用的；这些图画须得加以排列，时常还须剪削，以使它们能够为观者提供一幅风景画。——所以这本书其实只是本画集。

直到不久以前，我其实已经放弃了在我生前出版我这本书的想法。出版的想法当然时不时会冒出来，主要的原因在于：我违乎所愿地了解到，我的成果在通过授课、打印稿和讨论得到传布的过程中，遭到多种多样的误解，或多或少变得平淡无奇或支离破碎。这刺痛了我的虚荣心，久难平复。

但四年前[①]我有机会重读了我的第一本书（《逻辑哲学论》）并向人解释其中的思想。当时我忽然想到应该把那些旧时的思想和我的新思想合在一起发表：只有与我旧时的思想方式相对照并以它作为背景，我的新思想才能得到正当的理解[②]。

自从我十六年前重新开始从事哲学以来，我不得不认识到我写在那第一本书里的思想包含有严重的错误。拉姆西[③]对我的观点所提的批评在很大程度上——我自己几乎无法判断这程度有多深——帮助我看到了这些错误——在他逝世前的两年里我在无数谈话中和他讨论过我的观点。我感谢他那些中肯有力的批评；但我甚至更要感谢本大学的教员P. Sraffa先生多年里不间断地对我的思想所做的批评。本书中最为重要的观点应当归功于这一

① 据G. H. 赖特的"维特根斯坦手稿"一文，这可能是"两年前"之误。——译者注

② Suhrkamp德文全集版实现了这一计划，把两部著作都收在第一卷中。——译者注

③ Frank P. Ramsey，剑桥教授，《数学基础》的作者。——译者注

激发。

由于不止一个原因，我在这里所发表的东西会和当今别人所写的东西有交会之处。——如果我这些札记没有印记足以标明它们是属于我的，——那我也就不再坚持我对它们的所有权。

我今把这些札记公之于世，心存疑虑。尽管这本书相当简陋，而这个时代又黑暗不祥，但这本书竟有幸为二三子的心智投下一道光亮，也不是不可能的，当然，这种可能性委实不大。

我不希望我的书使别人省心少做思考。我愿它能激发谁自己去思想。

我本愿奉献一本好书。结果不曾如愿。可是能由我来改善它的时辰已经逝去。

1945年1月于剑桥

第 一 部 分

1. 奥古斯丁,《忏悔录》卷一第八节:[①]“当成年人称谓某个对象,同时转向**这个对象**的时候,我会对此有所觉察,并明了当他们要指向**这个对象**的时候,他们就发出声音,通过这声音来指称它。而他们要指向对象,这一点我是从他们的姿态上了解到的;这些姿态是所有种族的自然语言,这种语言通过表情和眼神的变化,通过肢体动作和声调口气来展示心灵的种种感受,例如心灵或欲求某物或守护某物或拒绝某事或逃避某事。就这样,我一再听到人们在不同句子中的特定位置上说出这些语词,从而渐渐学会了去理解这些语词指涉的是哪些对象。后来我的口舌也会自如地吐出这些音符,我也就通过这些符号来表达自己的愿望了。”

在我看来,我们在上面这段话里得到的是人类语言本质的一幅特定的图画,即:语言中的语词是对象的名称——句子是这样一些名称的联系。——在语言的这幅图画里,我们发现了以下观念的根源:每个词都有一个含义;含义与语词一一对应;含义即语词

---

① 维特根斯坦引用的是奥古斯丁的拉丁原文,而在脚注中附上维氏自己的德译。我的正文译文从维氏的德文译出,这个脚注里附上周士良先生根据拉丁文的译文(商务印书馆,1963,北京):“听到别人指涉一件东西,或看到别人随着某一种声音做某一种动作,我便记下来:我记住了这东西叫什么,要指那件东西时,就发出那种声音。又从别人的动作了解别人的意愿,这是各民族的自然语言:用面上的表情、用目光和其他肢体的顾盼动作、用声音表达内心的感情,或为要求、或为保留、或是拒绝、或是逃避。这样一再听到那些语言,按各种语句中的先后次序,我逐渐通解它们的意义,便勉强鼓动唇舌,借以表达我的意愿。”——译者注

所代表的对象。

奥古斯丁没有讲到词类的区别。我以为，这样来描述语言学习的人，首先想到的是“桌子”、“椅子”、“面包”以及人名之类的名词，其次才会想到某些活动和属性的名称以及其他词类，仿佛其他词类自会各就各位。

现在来想一下语言的这种用法：我派某人去买东西，给他一张纸条，上面写着“五个红苹果”。他拿着这张纸条到了水果店，店主打开标有“苹果”字样的贮藏柜，然后在一张表格上找出“红”这个词，在其相应的位置上找到一个色样，嘴里数着一串基数词——假定他能熟记这些数字——一直数到“五”，每数一个数字就从柜子里拿出一个和色样颜色相同的苹果。——人们以这种方式或类似的方式和语词打交道。——“但他怎么知道应该在什么地方用什么办法查找‘红’这个词呢？他怎么知道他该拿‘五’这个词干什么呢？”——那我假定他就是像我所描述的那样**行动**的。任何解释总有到头的时候。——但“五”这个词的含义是什么？——刚才根本不是在谈什么含义；谈的只是“五”这个词是怎样使用的。

2. 哲学上的那种含义概念来自对语言的作用方式的一种比较原始的看法。但也可以说，那是对一种比较原始的语言（相对于我们的语言来说）的看法。

让我们设想一种符合于奥古斯丁所做的那类描述的语言：建筑师傅 A 和他的助手 B 用这种语言进行交流。A 在用各种石料盖房子，这些石料是：方石[①]、柱石、板石和条石。B 必须依照 A 需

---

① 德文词 Wuerfel 指立方的东西，这里指方石。我译作“方石”，但就维特根斯坦在这里所要讨论的问题而言，我们须注意，“方石”是个复合词，而 Wuerfel 原是个单纯词。“柱石”、“板石”、“条石”的情况相同。——译者注

要石料的顺序把这些石料递给他。为了这个目的他们使用一种由“方石”、“柱石”、“板石”和“条石”这几个词组成的语言。A 喊出这些词，B 把石料递过来——他已经学过按照这种喊声传递石料。——请把这看作一种完整的原始语言。

3. 我们也许可以说，奥古斯丁的确描述了一个交流系统，只不过我们称为语言的，并不都是这样的交流系统。要有人问：“奥古斯丁那样的表述合用不合用？”我们在很多情况下不得不像上面这样说。这时的回答是：“是的，你的表述合用；但它只适用于这一狭窄限定的范围，而不适用于你原本声称要加以描述的整体。”

这就像有人定义说：“游戏就是按照某些规则在一个平面上移动一些东西……”——我们会回答他说：看来你想到的是棋类游戏；但并非所有的游戏都是那样的。你要是把你的定义明确限定在棋类游戏上，你这个定义就对了。

4. 设想一套书写系统，其中的字母用来标示声音，但也用来标示重音，用来作标点符号。（可以把一套书写系统看作一种用来描述声音形态的语言。）再设想有人把这样一套书写系统理解成：仿佛每一个字母只是简单地对应于一个声音，仿佛这些字母不再有与此完全不同的功能。奥古斯丁对语言的看法就像对书写的这样一种过于简单的看法。

5. 看看第 1 节的例子，也许就想得到，语词含义的通常概念形成了多浓的一团雾气，使我们无法看清楚语言是怎么起作用的。而在某些运用语言的原始方式那里，我们可以清楚地综观语词的目的以及语词是怎么起作用的；因此，从这些原始方式来研究语言现象有助于驱散迷雾。

孩子学说话时用的就是这一类原始形式。教孩子说话靠的不是解释或定义，而是训练。

6. 我们可以设想语言(2)[①]是A和B的**全部**语言。甚至它是一个部落的全部语言。在那里，人们教孩子们做**这些**事情，教他们一边做一边使用**这些**语词，**一边做**一边对别人说的话做出反应。

训练的一个重要部分是，教师用手指着对象，把孩子的注意力引向这些对象，同时说出一个词；例如，指着板石形状说出"板石"一词。(我不想把这称为"指物定义"[②]或"定义"。因为孩子还不能够对名称**发问**。我将把它称作"指物识字法"。我说它会构成训练的一个重要部分，因为人们实际上是这样做的，而非因为无法设想另外的做法。)可以说，这种指物识字法是要在词与物之间建立一种联想式的联系。但"联想式的联系"说的是什么？说的可以是各式各样的东西。但人们首先想到的大概是：孩子听到语词，事物的图像就在他心里浮现出来。就算有这样的时候——但这就是语词的目的吗？——它的确**可以**是目的。——我可以设想这样来使用语词(一串声音)。(说出一个词就仿佛在一架想象的钢琴上击一个键。)但在第2节的语言里，语词的目的**不是**要唤起意象。(当然人们也有可能发现这有助于达到真正的目的。)

但若指物识字法会产生这种〔唤起意象的〕效果——我该不该

① 即第2节所设想的语言，下同。——译者注

② Hinweisende Erklärung，译作"指物定义"比"指物解释"更通行些，何况后面用的是Definition。——译者注

说它产生对语词的理解呢？难道不是听到喊“板石！”就如此这般有所动作的人才理解了这个词吗？——但指物识字法的确有助于这种理解；但它必须同一种特定的教学方式结合才有这种作用。如果采用的是另外一种教学方式，同样的指物识字法就会产生一种完全不同的理解。

“我把条钢系在杠杆上，就制成了制动闸。”——是的，如果已经有了机械装置的所有其他部分。只有和整个机械连在一起它才是个制动杠杆；从支撑它的机械上拆下来，它就连个杠杆都不是了；它什么都可以是，或什么都不是。

7. 在使用语言(2)的实践中，一方喊出语词，另一方依照这些语词来行动。在语言教学中，则还有**这样**的做法：学生**说出**对象的**名称**。即，教的人指着石头，学生说“石头”这个词。——这里的确还可以有更简单的练习：学生重复老师前面说的话——这两种做法都类似于语言活动。

我们还可以设想，第 2 节里使用话语的整个过程是孩子们借以学习母语的诸种游戏之一。我将把这些游戏称为“**语言游戏**”；我有时说到某种原始语言，也把它称作语言游戏。

说出石头的名称，跟着别人说的念，这些也可以称作语言游戏。想一想跳圈圈游戏时用到的好多话吧①。

我还将语言和活动——那些和语言编织成一片的活动——所

---

① 西方孩子手拉手组成一个大圆环边跳边唱，歌词虽然成套，却没有什么含义。汤范本以中国孩子跳皮筋时的唱词对译：“小皮球，香蕉梨，马兰开花二十一。”——译者注

组成的整体称作“语言游戏”。

8.让我们看一看语言(2)的扩展。现在这种语言除了“方石”、“柱石”等四个词以外,还有一个语词系列,它们的用法就像第1节里那个店主使用数词那样(它们也可以是一系列字母);此外再加上两个词,它们可以是“到那儿”和“这个”(因为这已经大致提示出了它们的目的),和指物的手势联用;最后还有几个色样。A下了这样一道命令:“d——板石——到那儿。”同时他拿出一个色样给B看,并且在说“到那儿”时,指着建筑工地上的某个地方。B每数一个字母就从存放板石的地方拿起一块和色样颜色相同的板石,直到他数到d,然后把它们搬到A指定的地方。——另一些时候A下的指令是:“这个——到那儿。”他在说“这个”的时候指着一块石料。诸如此类。

9.孩子在学习这种语言的时候,必须先熟记a,b,c……这一串“数词”的序列,必须学会它们的用法。——这种教学中是否出现了指物识字法呢?例如一面指着板石一面数“a,b,c块板石”。我们眼前有些物品,一眼就看得出分成了几组,用指物识字法教孩子把数词当作这些物品组的名称,比教会孩子把这些数词当作数字来学更接近于用指物识字法来教“方石”、“柱石”一类语词。孩子们的确是用这种方法学会使用前五六个基数词的。

“到那儿”和“这个”也是用指物方式来教的吗?——设想一下我们会怎样来教别人用这些语词!你会指着地点和东西——不过在这里,我们不单单在学习使用这些语词的时候会做出指的动作,而且在实际使用这些语词的时候也会。

10. 那么这种语言里的这些语词**标示**的是什么呢？——除了借助使用它们的方式，还能怎么显示它们标示的是什么呢？而我们已经描述了它们的用法。就好像这种描述里非得包括“这个词标示这个”这样一个表达式似的；或者，这类描述非得采用“某词标示某某”这种形式。

我们的确可以简缩“板石”一词用法的描述，从而说：这个词标示这个对象。例如，若有人误以为“板石”一词指涉的是我们事实上称作“方石”的那种形状的石料，我们就会用这种简缩的说法来消除他的误解——但这时候，“**指涉**”这个的方式是已知的，即除了指涉的是这个以外，这话的用法是已知的。

同样可以说，“a”，“b”等符号标示的是数字；这种说法〔是说它们指称的不是事物〕可以用来消除以为“a”，“b”，“c”在语言里的角色和“方石”、“板石”、“柱石”的角色相同这样一种误解。同样可以说，“c”标示这个数而不是那个数；这可以是用来解释这些字母是按照 a，b，c，d 的顺序而不是按照 a，b，d，c 的顺序来使用的。

虽然这样一来，人们把对语词用法的描述弄得相似了，但语词的用法本身却没有因此变得相似，因为，如我们已经看到的，这些用法绝不是一样的。

11. 想一下工具箱里的工具：有锤子、钳子、锯子、螺丝刀、尺子、胶水盆、胶、钉子、螺丝。——这些东西的功能各不相同；同样，语词的功能也各不相同（它们的功能在这一点那一点上会有相似之处）。

当然，我们听到这些语词，看到写出来印出来的语词，它们的外观整齐划一，而这让我们感到迷惑。它们的**用法**却并非明明白白地摆在眼前——尤其在我们从事哲学的时候！

12. 这就像观看机车驾驶室里的各种手柄。它们看上去都大同小异（自然是这样的，因为它们都是要用手抓住来操作的）。但它们一个是曲轴的手柄，可以停在各种位置上（它是用来调节阀门开启的大小的）；另一个是离合器的手柄，只有两个有效位置，或离或合；第三个是刹车闸的手柄，拉得越猛，车刹得就越猛；第四个是气泵的手柄，只有在来回拉动的时候才起作用。

13. 当我们说："语言中的每一个词都标示着某种东西"，这时候还**什么都没**说出来。除非我们确切地说明了我们要做的是**何种**区分。（我们这么说也许是要把语言(8)里的语词和诸如路易斯·卡罗尔[①]的诗里的那些"没有含义"的语词区分开来，或和某一首歌里的"嗳嗨咿呀嗬"区分开来。）

14. 设想有人说："**所有的**工具都是用来改变某种东西的，例如，锤子改变钉子的位置，锯子改变板子的形状，等等。"——尺子改变的是什么？胶水盆和钉子改变的是什么？"改变我们对某样东西的了解，改变胶的温度和箱子的稳固程度。"——表达法是弄得一致了，但我们得到了什么呢？

15. 可以最直接地用到"标示"一词的地方，大概是对象上有一个标示这对象的标记。假定 A 在建筑时所用的工具上都有某种

---

① Lewis Carroll，《爱丽丝漫游奇境记》的作者。——译者注

标记;A 向助手 B 出示这样一个标记,B 就递给他其上有这种标记的工具。

以这种方式,或以多多少少与此相似的方式,一个名称标示一样东西,一个名称被给予一样东西。——从事哲学的时候对自己说,命名就像给一样东西贴标签——这经常证明是有裨益的。

16. A 给 B 看的那些色样又是怎么回事呢——它属于**语言**吗?随便怎么说都行。它们不属于字词语言;但我若对另一个人说:"发一下'这'这个音",你却仍然把前一个"这"算作句子的一部分。而它的作用却和语言游戏(8)里的色样极为相似;即,它是另一个人应该照着念的样品。

把样品算作语言的工具,这样做最为自然,最少引起混乱。((对反身代词"**这个**句子"的评论。))①

17. 我们应可以说:在语言(8)里我们有着不同的**词类**。因为"板石"一词和"方石"一词的功能,比较起"板石"和"d"的功能,要更加相似。不过,我们如何把语词分门别类,要看我们分类的目的——要看我们的趣向。

想一下我们可以从多少种不同的着眼点来给工具和棋子分类。

18. 我们无需为语言(2)和语言(8)都是由命令组成的而感困

---

① 如编者小识里介绍的,双括号里的文字都是维氏从他别的手稿里剪插到这里的,由于脱离了原来的上下文,其意义有些连专家也难断定,往往要靠猜测。这个双括号里的句子大概讲的是克里特说谎者悖论:这个句子是假的。——译者注

扰。你若要说:它们因此是不完备的,那么请自问我们自己的语言又是否完备呢?——把化学符号和微积分符号纳入我们的语言之前,我们的语言是否完备呢?因为这些新符号就像我们语言的郊区。(应该有多少房舍和街道,一座城市才成其为城市?)我们的语言可以被看作是一座老城,错综的小巷和广场,新旧房舍,以及在不同时期增建改建过的房舍。这座老城四周是一个个新城区,街道笔直规则,房舍整齐划一。

19. 我们不难想象一种只包括战场上的命令和报告的语言。——或一种只有问句以及表达是与否的语言。——以及无数其他种类的语言。——而想象一种语言就叫作想象一种生活形式。

但在(2)的例子中,"板石"这声呼喊是一个句子还是一个词呢?——说是个词,它却与我们通常语言中发音相同的那个词有不同的含义,因为在(2)里它是一声呼喊。但说它是句子,它却不是我们语言中的"板石"这个省略句。——①

就第一个问题而言,你既可以把"板石"称为一个词也可以称为一个句子;也许称为"蜕化句"(就像说到蜕化双曲线)最合适,而那恰恰是我们的"省略"句。——

但我们的省略句的确只是"拿给我一块板石!"这个句子的一种缩略形式,而在(2)的例子中却不存在这样的"原句"。——

① 这一段和以下六个小段原文是一大段,为了让读者清楚这是两个人的对话,译者做了分段。——译者注

但我为什么不应该反过来把“拿给我一块板石!”称作“板石”这个句子的**扩展**?——因为你喊“板石”,真正意谓的是“拿给我一块板石!”——

但你怎么一来就在**口说**“板石”之际**意谓**“拿给我一块板石!”了?你先在心里对自己说了这个不曾缩略的句子吗?我为什么得把“板石!”这声呼喊翻译成一个不同的说法才能说明某人用“板石!”意谓的是什么呢?如果两个说法含义相同,那我为什么不应当说:“他喊‘板石!’的时候意谓的是‘板石!’”?或:既然你能够意谓“拿给我一块板石”,为什么你就不能意谓“板石!”呢?——

但我在喊“板石!”的时候,我所要的却是他拿给我一块板石!——

诚然;但“所要的是”是否意味着:你曾以任何一种形式想到过和你实际上说出的句子不同的一个句子?——

20. 但这样一来,一个人说“拿给我一块板石!”他仿佛就可以把这个表达式当作**一个**长长的单词来意谓了:也就是和“板石!”这样的单词相对应。——那么竟可以一会儿拿它当**一个**词一会儿拿它当五个词来意谓吗?我们通常怎样意谓这个表达式的?我相信我们会倾向于说:当我们对照“**递给**我一块板石”,“拿给**他**一块板石”,“拿**两块**板石来”等其他句子(这些句子含有我们那个命令中的语词,但和另外一些词相联系)来使用“拿给我一块板石”的时候,我们是把它当作一个包括**五个**词的句子来意谓的。——然而,同其他句子对照着使用一个句子意味着什么?这些句子这时浮现出来?**所有**这些句子都浮现出来?是在说这个句子的这段时间里？还是之前？之后？——不。即使这样一种解释对我们有点儿诱惑力，我们只消考虑一下实际上发生的是什么，就会看到我们在这里是误入歧途了。我们说我们同其他句子对照着使用这个命令，因为**我们的语言**包含着其他那些句子的可能性。一个不懂我们的语言的人，如一个外国人，经常听到一个人命令说："拿给我一块板石！"可能会以为整个这一串声音是一个词，也许相当于他的语言中的"石料"这个词。那么，若由他自己发这道命令，他就可能说得不大一样；我们就会说，他说得真怪，因为他把这句话当成**一个**词了。——但他这样说的时候，他心里的活动——和他把这句话看作了**一个词相对应**——不也有所不同吗？他心里的活动也许没什么不同，也许有所不同；你这样发出一道命令的时候，你心里有些什么活动？你在发命令**之际**是否意识到，这个命令是由五个词组成的？当然，你已经**掌握**了这门语言——这门语言里还存在着其他那些句子——但这种掌握难道就是你在说出这个句子之际"**发生**"的事情吗？——我已经承认的是，那个外国人对这个句子的看法若不一样，大概说得就不一样；但我们称作错误看法的东西**不必**藏在和说出这个命令相伴随的任何东西里。

一个句子是"省略句"，并非因为它略去了我们说出这句话之际所意谓的某些东西，而是因为同我们的语法的某一确定范本比较，它是简缩了的。这里自然可以反对说："你承认简缩的句子和没简缩的句子有同样的意思。——那么，这个意思是什么？究竟能不能用话语把它表达出来？"——然而，句子的意思一样，不就在于它们的**使用**一样吗？——（在俄语里，人们说"石头红"而不说"石头是红的"；他们是在意思上省掉了系词呢，抑或**通过思想**加上系词呢?)

21.设想一个语言游戏:B根据A的提问向他报告一堆板石或方石的数目,或堆放在某处的石料的颜色和形状。——某个报告可能是"五块板石"。那么,"五块板石"的报告或断言和"五块板石!"的命令之间的区别是什么呢？区别在于说这些话在语言游戏里所扮演的角色。说出这些话时的语调以及表情等等大概也会不一样。但我们也可以设想语调是一样的语调,——因为一个命令或一个报告本身就可以通过多种语调带有多种表情说出来——设想它们的区别只在于使用。(我们当然也可以把"断言"和"命令"只用来标示句子的语法形式和声调,我们的确把"今天天气不是很好吗?"这个句子称作问句,尽管它被用作一个断言句。)我们可以设想一种语言,其中**所有的**断言都具有设问的形式和语调;或每个命令都具有"你愿意这样做吗?"这样的提问形式。这样一来,人们也许会说:"他说的句子具有问句的形式,实际上却是个命令"——即在语言实践中具有命令的功能。(与此类似,"你将这样去做"这话可以不是个预言,而是个命令。什么使它成为预言或成为命令?)

22.弗雷格认为每个断言都包藏着一个假定,即假定了它所断定的事情;这种见解的真实基础是我们语言里的这样一种可能性:每一个断言句都可以写成"情况被断定是如此这般"这样一种形式。——然而,"……是如此这般"在我们的语言里恰恰不是一个句子,它还不是语言游戏里的**一步**。如果我不写成"情况被断定是如此这般"而写成"所断定的是:情况是如此这般",那这里的"所断定的是:"这话就恰恰是多余的。[1]

我们也完全可以把每一个断言句写成一个后面跟着"是的"这样一种形式的问句;例如,"在下雨吗?是的。"这是否表明每一个断言句里都包藏着一个问句呢?

我们也满有道理使用一种表示断言的标点符号,以与问号之类相对照,或借此把一句断言同一个虚构或假定区别开来。但若以为断言是由斟酌和断定[2](赋予真值之类)两个步骤构成,以为我们是按照句子的命题符号来完成这两个步骤,差不多像按照乐谱唱歌那样,那可就错了。大声或小声朗读写出来的句子当然可以和按着乐谱唱歌对比,但用所读的句子来"**意谓**"(思想)却不可以这样对比。

弗雷格的断言符号标出了**句子的开端**,因此它起到一种和句号相似的作用。它把整句同整句**之中**的句子区别开来。如果我听到人说"下雨了"但不知道我是否听到了整句的首尾,那么这个句子对我来说还不是交流的媒介。

设想一幅图画,上面是一个拳师打拳时的某个姿势。而这幅图可以用来告诉一个人他应该怎样站立,应该保持什么姿势;或者

① 这里的翻译勉为其难。这里讨论的句子在德语里可以有两种,Es wird behauptet,daβ das und das der Fall ist(我们译作"情况被陈述是如此这般")或 Es wird behauptet,das und das ist der Fall(我们译作"所陈述的是:情况是如此这般")。daβ das und das der Fall ist 从形式上看只能是子句而不是个独立的句子,而 das und das ist der Fall 既可以是子句又可以是独立句,但作为独立句,它又回到了原标准陈述句的形式。维氏以此说明无论哪种情况,弗雷格的立论都站不住。——译者注

② behaupten。但上文 Behauptungssatz 一直译为"陈述句"。——译者注

告诉他不应该做什么姿势；或者告诉他曾有某个人站在某个地方，诸如此类。我们可以（用化学术语）把这幅图称为命题根。弗雷格大致就是这样来思考“假设”的。

---

23. 但是句子的种类有多少呢？比如：断言、疑问、命令？——这样的种类多到**无数**：我们称之为“符号”、“语词”、“句子”的，所有这些都有无数种不同的用法。这种多样性绝不是什么固定的东西，一旦给定就一成不变；新的语言类型，新的语言游戏，我们可以说，会产生出来，而另一些则会变得陈旧，被人遗忘。（对这一点，数学的演变可以为我们提供一幅**粗略**的图画。）

“语言游戏”这个用语在这里是要强调，用语言来说话是某种行为举止的一部分，或某种生活形式的一部分。

请从下面的例子及其他例子来看一看语言游戏的多样性：

下达命令，以及服从命令——

按照一个对象的外观来描述它，或按照它的量度来描述它——

根据描述（绘图）构造一个对象——

报道一个事件——

对这个事件的经过做出推测——

提出及检验一种假设——

用图表表示一个实验的结果——

编故事；读故事——

演戏——

唱歌——

猜谜——

编笑话；讲笑话——

解一道应用算术题——

把一种语言翻译成另一种语言——

请求、感谢、谩骂、问候、祈祷。

——把多种多样的语言工具及对语言工具的多种多样的用法，把语词和句子的多种多样的种类同逻辑学家们对语言结构所说的比较一下，那是很有意思的（包括《逻辑哲学论》的作者在内）。

24. 看不到语言游戏的多样性，就可能问出“什么是问句？”这样的问题来——问句是否在断定“我不知道某件事情”？或在断定“我希望别人能告诉我”？或在对我的不确定的心理状态进行描述？——那么“救命！”这声呼喊是不是这样一种描述呢？

想一想有多少种不同的东西被称为“描述”：根据坐标来描述物体的位置；描述面部表情；描述触觉；描述心情。

当然可以用断言形式或描述形式来代替通常的疑问形式：“我想知道那是不是……”或“我怀疑那是不是……”——但我们并未借此把各式各样的语言游戏拉得更近些。

我们可以把所有的断言句转换成以“我想”或“我相信”这类短语开头的句子（从而就仿佛转换成了对我的内部经历的描述）；这一类形式转换的可能性究竟意味着什么，在另一处将会看得更清楚。（唯我论。）

25. 人们有时说动物不说话是因为它们缺少心智能力。也就是说:“动物不思想,因此它们不说话。”然而:它们就是不说话而已。或者说得恰当些:它们不使用语言——如果我们不算最原始的语言形式。——命令、询问、讲述、聊天,这些都和吃喝、走路、玩闹一样,属于我们的自然历史。

26. 人们以为学习语言就在于叫出事物的名称,即叫出人、形状、色彩、痛疼、情绪、数字等等的名称。我们已经说过——命名就像给一件东西贴上标签。可以说这是使用语词前的一种准备工作。但这种准备为的是做什么呢?

27. “我们给事物命名,然后我们就可以谈论事物;在谈论中指涉它们。”——似乎一旦命名,下面再做什么就都给定了。似乎只有一种事情叫作“谈论事物”。其实我们用句子做着各式各样的事情。我们只须想一想各种呼叫。它们起着完全不同的作用。

水!

走开!

啊唷!

救命!

好极了!

不!

你仍然要把这些语词都称作“为事物命名”吗?

在语言(2)和语言(8)里不存在命名的问题。我们可以说,命名以及和它联系在一起的指物定义是一种特定的语言游戏。这其实是说:我们被教给被训练去问:“这叫什么?”——人们接着告诉我们一个名称。还有另一种语言游戏:为某种东西发明一个名字,即，先说“这是……”然后使用一个新名称。（例如，孩子就这样给他们的玩具娃娃起名的，然后谈论它们，对它们说话。这里还可以想一想，用一个人的名字去呼叫这个人是一件多独特的事情！）

28. 我们可以用指物方式来定义一个人名、一个颜色词、一个材料名称、一个数字名称、一个方位词等等。我指着两个核桃给二这个数字下定义说：“这叫‘二’。”——这个定义充分准确。——然而怎样可以这样来定义二呢？听到这个定义的人并不知道你要把什么称为“二”；他会以为你要把这对核桃称作“二”呢！——他可能这样以为；但也可能不这样以为。反过来，我现在要给这对核桃起个名称，这时他也可能把这个名称误解成了一个数目字。同样，我现在用指物方式定义一个人名，他也可能把它当成了颜色的名称、种族的名称，甚至方位的名称。这就是说：指物定义在每一种情况下都可以有不同的解说。

29. 人们也许会说：只能这样来用指物方式定义二：“这个数字叫‘二’。”因为“数字”一词在这里标明了我们把“二”这个词放在语言的、语法的什么位置上。但这就是说要理解这个指物定义就要先定义“数字”一词。——定义里的“数字”一词当然标明了这个位置，标明了我们安放“二”这个词的岗位。我们说：“这种颜色叫什么什么”，“这个长度叫什么什么”，等等，借此预防误解。这是说：有时可以这样避免误解。然而，只能这样来把握“颜色”或“长度”等词吗？——我们只需给出它们的定义就行了。——于是又是通过别的语词来定义！那么到了这个链条上的最终定义又该怎么样呢？（不要说：“没有‘最终的’定义。”那恰恰就像你要说：“这条路上没有最后一座房子；人们总可以再盖一座。”）

“二”的指物定义是否需要“数字”这个词？这取决于若没有这个词，别人对“二”的理解是否和我所希望的理解不一样。而这又要取决于我在什么情况之下以及对什么人给予这个定义。

从他怎样使用所定义的词将显示出他是怎样“把握”这个定义的。

能够指着不是红色的东西为“红”这个词下定义吗？这就好比要向一个不太通中文的人定义“谦虚”这个词，指着一个傲慢的人定义说“这个人就不谦虚”。这种定义方式会有歧义，但这不是否定这种方式的论据。任何定义都可以被误解。

但很可以问：我们仍应把这个称作“定义”吗？——因为即使它具有同样的实际后果，对学习者具有同样的作用，它在演算中所扮演的角色却当然不同于我们通常称为“红”这个词的指物定义。

---

30. 于是可以说：要是一个词在语言里一般应扮演何种角色已经清楚了，指物定义就能解释它的用法——它的含义。如果我知道某人是要给我解释一个颜色词，“那叫‘褐墨色’”，这个指物定义就会有助于我理解这个词。——是可以这样说，只要没忘记种种问题现在都系于“知道”或“清楚”这些词上。

为了能够询问一件东西的名称，必须已经知道（或能够做到）某些事情。但必须知道的是些什么呢？

31. 指着象棋里的王对一个人说：“这是王”，这并没有对他解释这个棋子的用法——除非他已经知道了这种游戏的诸项规则，只是还不曾确定最后这一点：王这颗棋子的样子。我们可以设想他已经学会了象棋的诸项规则却从没有见过实际的棋子是什么样子的。棋子的模样在这里与一个语词的声音或形象相对应。

但我们也可以设想某人学会了一种游戏，却从未学过或制定过规则。也许最初他通过旁观学会了非常简单的棋类游戏，然后逐步学会了越来越复杂的游戏。这时仍然可能向他解释说“这是王”，例如，拿给他看的是一套他不熟悉其形象的棋子。即使在这种情况下，我们也可以说，只因为这个棋子的位置已经准备好了，这个解释才教给了他棋子的用途。换言之：只有位置已经准备好了，我们才会说我们的解释教给了他棋子的用途。这倒不是因为我们向之做解释的那个人已经知道了规则，而是因为在另一种意义上他已经掌握了一种游戏。

再考虑一下这种情况：我向某人解释象棋，一开始就指着一个棋子说：“这是王；它可以这样走，等等。”——在这种情况下，我们要说：只有当学习者已经“知道棋子在游戏中是什么东西”，“这是王”（或“这叫‘王’”）这样的话才是对语词的解释。即只有当他做过别种游戏或者看过别人做这种游戏而且“看懂了”，——**以及诸如此类的情况**。也只有在这些情况下他才能够在学习这种游戏之际切实地询问：“这个叫什么？”——即这个棋子叫什么。

可以说：只有已经知道名称是干什么的人，才能有意义地问到一个名称。

我们当然也可以设想，被问到的人回答说：“名称你自己定吧”——这时候就得由发问的人自己去拿主意了。

32. 一个人到了异族的地方，有时要通过当地人的指物定义来学习当地的语言；他往往不得不**猜测**这类定义的解释；有时猜对，有时猜错。

我想，现在我们可以说：奥古斯丁所描述的学习人类语言的过程，仿佛是那个孩子来到了一个异族的地方而不懂当地的语言，似乎他已经有了一种语言，只不过不是这一种罢了。换言之：似乎这个孩子已经会**思想**了，只是不会说话。而“思想”在这里就像说：对自己谈话。[①]

33. 也许有人会反驳说：“根本用不着先掌握了一种语言游戏才能理解一个指物定义。你只是必须知道（或猜到）下定义的那个人指的是什么——而这是不言自明的；即那个人指的是对象的形状还是颜色或数目，等等。”——可“指形状”、“指颜色”又是怎么回事呢？你试着指一片纸看看！——你再来指它的形状——再来指它的颜色——再来指它的数目（这听起来够古怪的）！——你是怎样指的？——你会说你每次指的时候都“**意谓**”某种不同的东西。我要问你那是个什么样子，你会说你把注意力集中在颜色、形状等等之上。那我还要问：那又是个什么样子？

设想有个人指着一个花瓶说：“瞧这奇妙的蓝色——别去管它是什么形状”——或者“瞧这奇妙的形状——颜色无关紧要”。无疑，你按这两种请求去做的时候，所做的会**不一样**。然而，你把注意力集中于颜色的时候所做的总是**同样**的吗？请设想一下各式各

---

① 维特根斯坦后来否弃了这一点；参见 217 页等处。他请我做这个脚注。——安斯康姆（英译者之一）注

样的情形！我这里先提示几种：

“这个蓝色和那边的蓝色一样吗？你能看出其中的区别吗？”——

你在调配颜色时说：“很难调出这种天空的蓝色。”

“天晴了，又看得见蓝天了。”

“瞧，这两种蓝颜色的效果多不一样啊！”

“你看见那边那本蓝皮儿的书了吗？请把它拿过来。”

“这个蓝色信号灯意味着……”

“这种蓝叫什么？——是‘靛蓝’吗？”

人要把注意力集中在颜色上的时候，有时用手挡着围出形状的外部线条，有时不去看对象的轮廓，有时则盯着对象，并努力回忆以前在哪里见过这种颜色。

人要注意形状时，有时用手勾画着，有时眯起眼睛以便让颜色变得模糊，诸如此类。我要说的是：在人“把注意力集中在某种东西上”的**这段时间里**，会有这一类的情况发生。但并非单单这些情况就使得我们说某人把注意力集中在形状、颜色等等之上。正如走一步棋并不单单意味着如此这般在棋盘上移动棋子——却也不单单意味着棋手走棋时的思想感觉，而是意味着我们称之为“下一盘棋”、“解决一个象棋问题”之类的情形。

34. 但假设某人说：“我在注意形状时所做的总是一样的：我的目光沿着轮廓移动，同时我感觉到……”假设他带着这样的目光和感觉指着一个圆形对象对另一个人说出“这叫作‘圆’”这样一个指物定义；然而，即使听到这个定义的人看见了说话人的目光沿着形状移动，也感觉到了说话人的感觉，他不可能仍然对这个定义做出不同的解释吗？也就是说，这种“解释”也可能在于他现在怎样来使用这个被定义的词，例如，若别人命令他“指出一个圆来”，他究竟指出个什么。——因为“如此这般地意谓某个定义”和“如此这般地解释某个定义”这两种说法所标示的都不是某种在给予定义和听到定义之际的伴随活动。

35. 当然，在指向形状的时候，是有些东西可以称之为“指向形状时特有的经验”。例如这时手指或目光沿着轮廓移动。——但**这些**远非我每一次“意谓形状”之际都会发生，而且任何其他一种特有的活动也远不是在所有这样的时候都发生。——然而，即使有这样一种活动每一次都重现，我们要不要说“他指的是形状而不是颜色”仍然取决于周边情况——即取决于指之前和指之后的情况。

因为“指向形状”、“意谓形状”这些话的用法和“指向这本书（而非那本）”、“指的是椅子而非桌子”**这类话**的用法是不同的。只请想一想我们怎样学习使用“指这个东西”、“指那个东西”这类话，又怎样**学习**使用“指颜色，而非形状”，“意谓**颜色**”及诸如此类的话，想一想这两种学习过程是多么不一样。

前面说：在某些情况下，特别是在“指形状”或“指数目”的时候，的确有些经验和指的方式是特有的——说“特有”，是因为“意谓”形状或数目时，它们经常（虽并非每一次都）出现。但你是否也有过把一个棋子作为**棋子**来指所特有的经验呢？但还是可以说：“我意谓的是：这个**棋子**叫‘王’，我意谓的不是我指着的这一小块木头叫‘王’。”（辨认、愿望、回忆，等等。）

一会儿用“**这**是蓝的”这话意谓关于所指对象的述说——一会儿又用它来意谓“蓝”这个词的定义，这是怎么回事？在第二种情况下，其实意谓的是“这叫作‘蓝的’”。——那我们竟可以一会儿用“是”这个词意谓“叫作”、用“蓝”这个词意谓“‘蓝’”，而一会儿又用“是”来意谓真正的“是”啦？

一段话本来意在讲一件事情，而某个人却从这话里得到了对某个语词的定义，这也是可能的。〔边注：这里隐藏着一个严重的迷信。〕

我能否用“卜卜卜”来意谓“不下雨我就去散步”？——只有凭借一种语言我才能用某种东西意谓某种东西。这清楚地表明，“意谓”的语法和“设想某事”之类的表达式的语法并不相似。

---

36. 我们这儿的做法正像我们在大量类似情形下的做法一样：因为没有**单独一种**身体动作我们可以举出来称之为指向形状（例如相对于指向颜色而言），我们于是就说和这话相应的是一种**精神**活动。

每当我们的语言让我们揣测该有个实体而那里却并没有实体，我们就想说：那里有个**精怪**。[①]

---

① 这一节里 Körper 先后译作“身体”和“实体”，Geist 先后译作“精神”和“精怪”。——译者注

37. 名称与被命名的事物之间的关系是什么？——好，你说**是**什么关系？看看语言游戏(2)或其他哪个语言游戏！在那里可以看到这种关系意味着什么。在很多种关系里面，也可以有这样一种：听到名称，我们心里就应声出现了所命名的东西的图画；在另外种种关系里面，也可以有：名称写在所命名的东西上面，或一边指向这种东西一边说出名称来。

38. 然而，例如，语言游戏(8)里的"这个"一词是什么的名称？或者指物定义"这叫作……"里面的"这"一词是什么的名称？——如果不想制造混乱，那最好根本不要把这些词叫作名称。——有人却耸人视听，说"这个"才是唯一**真正的**名称。结果我们通常称之为名称的东西倒只是在不精确和近似的意义上才是名称。

这个稀奇的看法，也许可以说，产生于要把我们语言的逻辑拔高到顶点的倾向。对此的真正回答是：我们把**很多很多种**不同的语词称为"名称"；"名称"一词指称出一个词的很多种不同用法，这些不同用法以很多种不同的方式互相联系；——但这种种用法里面却不包括"这个"一词的用法。

的确，我们经常在给予指物定义这类情况下指着所称的东西并且说出它的名称来。我们在给予指物定义之类的时候同样也一面指着一样东西一面说出"这个"一词。而且"这个"一词和一个名称往往在一个句子中的位置相同。但是，用"这是N"(或"这叫作'N'")这样的指物方式来定义一个名称恰恰是名称之为名称的特征。那我们也会这样下定义吗："这叫作'这个'"，或"这个叫作'这个'"？

这同把命名看作偶像崇拜式的活动有关系。命名似乎是一个词和一个对象的奇特联系。——哲学家为了揭示名称和所称的东西之间的**独一无二**的那个关系，盯着面前的一个对象，一遍一遍重复一个名称甚至重复"这个"一词，于是乎这种奇特的联系当真发生了。因为只有在语言**休假**的时候，哲学问题才会产生。**这时候**我们当然可以把命名想象为任意一种令人惊异的心灵行为，仿佛在给对象施行命名洗礼。我们甚至可以**向**这个对象说"这个"一词，就像在用"这个"和它**打招呼**——这是这个词的一种奇特的用法，大概只有在从事哲学的时候才会出现。

39."这"这个词明明**不是**名称，那为什么人们偏偏想到要把这个词弄成名称呢？——原因正在这里：因为人们被诱导对通常叫作名称的东西提出异议。这种异议可以这样表达：**名称本来应该标示单纯的东西**。人们大概可以这样推论出这一点："诺统"[①]这个词在通常的意义上是一个专有名称。诺统是由其各部分以某种特定方式构成的。如果各个部分以其他方式构成，则诺统不存在。但显然"诺统有锋利的剑刃"这句话是**有意义的**，无论诺统全剑犹在还是已经粉碎。如果说"诺统"是一个对象的名称，那么诺统一旦粉碎，这个对象也就不复存在，既然没有东西与名称对应，这个名称也就没有含义。然而这样一来，"诺统有锋利的剑刃"这句话就包含了一个没有含义的词，因此这个句子就是无意义的。可是它的确有含义；因而构成这个句子的诸语词必然始终对应着某种东西。所以，通过意义分析，"诺统"这个词必定会消失，而由一些

---

① Nothung，亚瑟王的魔剑。——译者注

命名单纯事物的语词取代。我们将乐于把这些词称为真正的名称。

40. 让我们先来讨论这条思路的这一点：一个词如无对应物就没有含义。确立下面一点是很重要的：用“含义”一词来标示与词相对应的东西，不合语言习惯。这样做混淆了名称的含义和名称的**承担者**。N. N. 先生死了，我们说这个名字的承担者死了，而不说这个名字的含义死了。这样说是荒唐的，因为假如名称不再有含义，说“N. N. 先生死了”就毫无意义。

41. 我们在第 15 节把专有名称引入了语言(8)。现在假定其名称为“N”的工具破碎了。A 不知道这一点，给了 B 符号“N”。这个符号这时有含义，还是没有含义？——B 得到这个符号时该怎么做？——我们对此还什么都没约定。或许可以问：他**将**怎么做？也许他会站在那里不知所措，或者指给 A 看那些碎片。在这里**可以**说：“N”变得没有含义了；而这个说法所说的是，在我们的语言游戏里不再用得上符号“N”(除非我们给它一个新用法)。“N”也可能通过另一种方式变得没有含义，那就是，人们由于这种那种原因给了那个工具另一个标记而不再在语言游戏里使用符号“N”了。——不过我们还可以设想一个约定：一件工具破碎了，而每逢 A 给 B 这件工具的符号，B 就要以摇头的方式回答他。——那就可以说，即使这件工具不再存在，命令“N”仍然被吸收进了语言游戏，而即使其承担者停止存在，符号“N”仍然具有含义。

42. 然而，**从未**用于一个工具的名称在那个游戏中也有含义吗？——那让我们假定“X”就是这样的一个符号，A 把这个符号给予 B——连这样的符号也可以吸收到语言游戏里来，而 B 也许会摇摇头来回答这种符号。（可以把这个情形设想为两人之间的一种玩笑。）

43. 在使用“含义”一词的一大类情况下——尽管不是在**所有**情况下——可以这样解释“含义”：一个词的含义是它在语言中的用法。

而一个名称的**含义**有时是由指向它的**承担者**来解释的。

44. 我们说过，即使“诺统”已经残碎，“诺统有锋利的剑刃”这句话仍有意义。的确是这样，因为在这个语言游戏中，即使其承担者不在场，名称仍然被使用着。但我们可以设想一种使用名称（即，使用我们也一定会称其为“名称”的那些符号）的语言游戏，在这里，唯当承担者在场才使用这些名称，从而这些名称就**总是**可以由一个指示代词和指示的手势所代替。

45. 指示性的“这个”永远不能没有承担者。也许有人这样说：“只要有一个**这个**，‘这个’一词就有含义，无论**这个**是简单的还是复合的。”——但这并不能使这个词变为一个名称。正相反；因为一个名称不是跟着指示的手势使用的，而只是通过这个手势来解释的。

46. 名称本来标示着简单物，——这一说法里面是些什么？——苏格拉底在《泰阿泰德篇》中说：“假如我没有弄错，我曾听有人这样说过：对于**基本元素**——姑且这样称谓它们——即对于我们以及其他万物都由它们复合而成的东西来说，是不存在任何解释的；因为凡自在自为者，只能用名称加以**标示**而已；其他任何一种规定性都是不可能的，既不能确定**其是**又不能确定**其不是**……但我们只好不靠其他所有规定性……为自在自为者命名。因此，我们不可能用解释的方式谈论任何基本元素；因为对它来说，只有名称，别无其他；它所有的只是它的名称。由这些基本元素编织起了复杂的景物，同样，它们的名称这样编织成了可以用来解释的言语；因为言语的本质是名称的编织。”①

罗素所讲的“individuals〔个体〕”和我讲的“对象〔Gegenstände〕”（见《逻辑哲学论》）也都是这种基本元素。

47. 然而，什么是合成实在的简单成分呢？——一把椅子的简单成分是什么？——是制成椅子的小木块吗？抑或是分子，是原子？——“简单”的意思是：非复合的。这里的要点是：在什么意义上“复合”？绝对地谈论“一把椅子的简单成分”毫无意义。

或者：我对这棵树、这把椅子的视觉图像是由部分组成的吗？它们的简单成分是什么？复合色是复合性的一种；另一种，如由一小段一小段线段组成的间断轮廓。一条曲线可以说是由一段渐渐上升的弧线和一段渐渐下降的弧线合成的。

如果我对某人说：“我现在眼前看到的东西是复合的”而不做任何进一步的解释，他就有理由问我：“你说‘复合的’是什么意思？因为什么都可以这样说！”——已经确定了所问的是哪一种复合，即确定了这个词的哪一种特别用法，“你看见的东西是复合的吗？”这个问句当然是有意义的。假使已经确定，只要我们不仅看到树干，而且也看到树枝，我们对树的视觉图像就应称作“复合的”，那

① 用的是 Preisendanz 的德译。——原注

么“这棵树的视觉图像是简单的还是复合的?”或“它的简单成分是什么?”这些问题才会有清楚的意义——有清楚的用法。当然,第二个问句的答案不是“树枝”(这样就是在回答一个**语法**问题:“在这里什么叫**作**‘简单成分’?”),而是对一根一根树枝的描述。

然而,像棋盘这样的东西不是明显地、绝对地复合的吗? ——你想的大概是32个白格子和32个黑格子的复合。但是我们不也可以说,例如,棋盘由黑白两种颜色以及方格的网状图案复合而成吗? 既然我们有完全不同的方式观看棋盘,你仍然要说棋盘是绝对“复合的”吗? ——在一个特定的语言游戏**之外**问“这个对象是复合的吗?”这就像曾有一个小男孩所做的那样:他本应回答某些例句里所用的那些动词是主动态还是被动态,却绞尽脑汁去琢磨诸如“睡觉”这样的动词所意谓的事情是主动的还是被动的。

我们以无数不同的而互相又有着不同联系的方式使用“复合的”(因而还有“简单的”)这个词。(棋盘上方格的颜色是简单的还是由纯白色和纯黄色组成的? 白色是简单的还是由彩虹的颜色组成的? ——2厘米的长度是简单的还是由两个各长1厘米的长度组成的? 但为什么不是由3厘米长的一段和相反方向上计量的1厘米长的一段组成的?)

“这棵树的视觉图像是复合的吗? 它的组成部分是什么?”若这是从**哲学上提出的**问题,正确的回答是:“那要看你怎样理解什么是‘复合的’。”(这当然不是一个答案,而是对这个问题的拒斥。)

48. 让我们把(2)中的方法应用于《泰阿泰德篇》中的表述。让我们考察一个那种表述在那里确实说得通的语言游戏。我们用这种语言来表述一个平面上有色方格的组合。这些方格构成棋盘那种样子的组合体。有红色、绿色、白色和黑色的方格。这种语言的词汇(相应地)是:“红”、“绿”、“白”、“黑”,而一个句子是这些词的一个系列。它们以下面的次序描述方格的排列:

1	2	3
4	5	6
7	8	9

因而,像“红红黑绿绿绿红白白”这样的句子描述的就是这种排列:

红	红	黑
绿	绿	绿
红	白	白

这里,句子是名称的复合体,与它对应的是元素的复合体。基本元素是有色的方格。“但它们是简单的吗?”——我不知道在这个语言游戏里还有什么东西应当更自然地被称为“简单的”。但在其他一些情况下,我也许会称一个单色方格为“复合的”,或许由两个长方形复合而成,或者由颜色和形状复合而成。但复合的概念甚至可以这样延伸:一个较小的平面可以说是由一个较大的平面和一个从其中减去的平面“复合”而成。比较一下“力的合成”,以及用线段外的一点“分割”一条线段;这些说法表明在有些情况下甚至倾向于把较小的东西看成是较大的东西复合的结果,把较大

的东西看成是较小的东西分割的结果。

然而我竟不知道我们语句描述的这个图形应该说是由四个元素组成的还是由九个元素组成的！那个句子是由四个字母还是由九个字母组成的呢？——哪个是它的元素：是字母的种类，还是字母？如果我们在特定情形下避免了误解，这么说那么说不都是一回事吗？

49. 然而说我们无法解释（即描述）这些元素而只能称谓它们，这是什么意思？这可以是说，在某一极端情况下，一个复合体只由**一个**方格组成，而对它的描述就简简单单只是这个有色方格的名称而已。

这里我们可以说——虽然这很容易导致各式各样的哲学迷信——符号“红”或“黑”等等有时可能是一个词，有时可能是一个句子。而它“是个词还是个句子”取决于说出它或写下它的情境。例如，A 要对 B 描述有色方格的复合体而他在这里只使用单词“红”，那么我们就能说这个词是一种描述——一个句子。但假如他是默记着这些词及其含义，或者在教别人这些词的用法，在指物教法中说出这些词，我们就不能说它们是句子。在这种情境下，“红”一词不是描述之类；人们用它来命名一种元素——但若因而说一种元素**只**能被命名，那就稀奇了！命名和描述并不在**同一个**平面上：命名是描述的准备。命名还根本不是语言游戏中的一步——就像在棋盘上把棋子摆好并非走了一步棋。可以说：为一个事物命名，还**什么都没有**完成。除了在语言游戏里，事物甚至没**有**名称。弗雷格说：一个词只有在句子的上下文之中才具有含义，说的也就是这个意思。

50. 讲到元素，说我们既不能说它们存在，也不能说它们不存在，这是什么意思？——有人可能会说：我们称之为“存在”和“不存在”的一切东西都在于元素间有某些联系或没有某些联系，那么，说一种元素存在（不存在）就没有意义；正如我们称为“毁灭”的，就在于元素的分离，因而谈论元素的毁灭没有意义。

但有人会说：不能把存在作为元素的属性，是因为假如元素不存在，我们甚至无法给它命名，更不可能谈论它了。——但我们来考察一下一个类似的例子！有一**件**东西，我们既不能说它是一米长，也不能说它不是一米长；这就是巴黎的标准米。——但是，这当然不是把某种奇异的属性加在它上面，而只是标明它在用米尺度量的游戏中起着一种独特的作用。——让我们设想，像标准米一样，在巴黎存放着各种颜色的色样。我们定义：“褐墨色”即是在巴黎密封保存的那个标准褐墨色的颜色。那么无论说这个色样有这种颜色或没有这种颜色就都没有意义。

我们可以这样来表达这一点：这个色样是我们用来谈论颜色的语言手段。它在这个游戏中不是被表现的东西，而是表现手段。——我们用为它命名的方式说出“红”这个词，而它就成为语言游戏(48)中的一个元素：我们借此在我们的语言游戏里给了这样东西一个角色；它于是就是表现**手段**。说“**假如**它不存在，它就不能有名称”不多不少就等于说：假如这个东西不存在，我们就无法在我们的游戏里使用它。——看似必须存在的东西，是属于语言的。它是我们的语言游戏里的范型；是被用来作参照的东西。

确认这个范型，可以说是做出了一个重要的确认；但它仍是涉及我们的语言游戏的——涉及我们表现方式的——一种确认。

51. 在描述语言游戏(48)时我说，“红”、“黑”等词与方格的颜色相对应。但这种对应在于什么？在何种程度上可以说方格的一些颜色同这些符号对应？(48)的定义只不过设定了这些符号和我们的语言中的某些词(颜色名称)之间的联系。——我们已经假定这些符号在语言游戏里的用法是通过其他方式教会的，尤其是通过指向范型的方式教会的。好吧；可是说在**语言实践**中某些元素与符号对应，说的是什么？——是否在于描述有色方格复合体的人见到红方格就说“红”，见到黑方格就说“黑”，等等？但若他在描述时弄错了，看到一个黑方格却误说了“红”呢——该根据什么判定这是一个**错误**？——抑或“红”标示一个红方格就在于：使用这种语言的人用到“红”这个符号时，总有一个红方格在心里浮现出来？

要看得更清楚，就像在无数相似的情况下那样，我们在这里也必须把所发生的事情的诸种细节收入眼帘；必须**从近处考察**这些事情。

52. 假如我倾向于认为老鼠是从破灰布和土灰里生出来的，那我就该仔细探究这些破布，看看老鼠怎样可以藏在里面，怎样可以钻到里面之类。但若我确信老鼠不可能从这些东西里生出来，那么这种探究也许就是多余的了。

但首先我们必须学着弄懂，是什么东西在哲学中阻碍着这种对细节的考察。

53. 在我们的语言游戏(48)里,在**多种不同的**可能性下,在多种不同的情况下,我们会说一个符号在游戏里是某某颜色的方格的名称。例如,如果我们知道,使用这种语言的人是用某某方式学会使用这些符号的,我们就会这样说。又如,用图表之类的形式写好:这种元素同这个符号相对应;然后采用这张图表来教语言,引用它来解决争执,这时我们也会这样说。

而我们也可以设想,这样一张图表是语言使用的一种工具。那么,描述一个复合体就是这样一件事情:描述复合体的人带着一张图表,在上面查出复合体的每一种元素,从每一个元素转向一个符号(听到描述的人也可以用图表把描述所用的话转译成有色方格的画样)。可以说这里的图表代替了其他情况下记忆和联想所起的作用。(通常执行"给我拿朵红花来"这个命令时,我们并不是在颜色表上查出红色,然后对照着找出和它颜色相同的花送过去;不过,在选择或调配某一特定的红色时,我们有时的确也利用色样或图表。)

如果我们把这个图表称为语言游戏里某种规则的表达,那可以说,我们称之为语言游戏规则的东西,在游戏里可能会扮演非常不同的角色。

54. 让我们想一下都在哪些情况下我们会说一个游戏是根据一个特定的规则进行的!

规则可以是教人玩游戏的一种辅助。学习者被告知规则,练习应用这个规则。——或者它是游戏本身的一种工具。——或者规则既不用于教人,也不用于游戏自身;而且也不列在一张规则表上。我们可以通过看别人玩一种游戏学会它。但我们说，这个游戏是按照某些规则进行的，因为旁观者能够从实际进行着的游戏看出这些规则，——就像游戏所服从的一项自然法则。——可是在这种情况下，旁观者怎样区分出游戏者的错误和正确的玩法呢？——游戏者的行为举止为此提供出某些标记。想一下一个人话没说对想要纠正自己时的那种颇具特征的样子。即使我们不懂他的语言，我们似乎也能够看出这种情况。

55.“语言中名称所标示的东西必定是不可毁灭的：因为我们一定可以描述凡可毁灭的东西都已毁灭的状态。这种描述里将会有语词；而与这些语词对应的东西就不应被毁灭，因为否则这些语词就没有含义。”我不应把我坐在其上的树枝锯断。

当然可以立刻反驳说，描述本身也必须免于毁灭。——但对应于描述的语词的那些东西，即当描述为真时不应毁灭的东西，正是给予这些语词以含义的东西，——没有它们这些语词就没有含义。——但这个人在某种意义上是对应于他的名字的东西。他却是可毁灭的，而他的名字并不在承担者毁灭后失去其含义。——和名称对应的那个东西，缺了它名称就没有含义的那个东西，在语言游戏里是和名称连在一起使用的一个范型，或诸如此类。

56.但若语言不包括这种样本，而我们**心里记住**了一个词标示的（例如）颜色，情况会是怎样呢？——“如果我们心里记住了这种颜色，那么我们说出这个词的时候，这种颜色就会浮现在我们心灵的眼睛之前。因此，如果我们有可能任何时候都可以把这种颜色回忆起来，那么它自然就是不可毁灭的了。”——但我们用什么作为标准来判定我们记忆的正确呢？——当我们用色样而不靠记忆操作的时候，有些情况下我们说这种色样变了色，而我们是根据记忆做这个判断的。但在有些情况下我们不也能说（例如）我们记忆的影像暗淡了吗？我们听凭记忆的摆布，不是一如听凭样本的摆布吗？（因为有人也许想说："假如我们没有记忆，我们就得听凭样本的摆布了。"）——或者由某种化学反应摆布。设想你要涂一种特定的颜色"F"，这种颜色是化学物质 X 同 Y 混合后人们看到的颜色。——假定有一天这种颜色你看来比另一天鲜亮；在某些情况下你不是会说："我一定弄错了，这颜色肯定和昨天的颜色一样？"这表明我们并不总是把记忆所说的当作无可上诉的最高判决来服从的。

57."红色的东西可以被毁灭，但红色是无法被毁灭的，因此'红色'一词的含义不依赖于某种红色的东西的存在。"——诚然，说红这种颜色（不是说红颜料）被撕碎或踩碎是没有意义的。但是我们不也说"红色[①]在消褪"吗？不要总固执己见，以为即使再没有红色的东西存在，我们总能在心里唤起红色。那就等于你要说：那总会有产生红色火焰的化学反应呀。——你要是再也记不起这种颜色了，情况又怎样呢？——如果我们忘记了具有这个名称的是何种颜色，这个名称就对我们失去了含义；即，我们不再能用它来进行某种语言游戏了。这种情形就好比是：这范型曾是我们语言的一种工具，而它现在沦失了。

---

① die Röte，亦作余晖、红晕。——译者注

58.“我将把‘**名称**’只用来称谓不能在‘X存在’这样的句式中出现的东西。——从而就不可以说‘红色存在’，因为假如没有红色，就根本不能谈论它。”——更正当的说法是：如果“X存在”说的不过是：“X”有含义，——那么它就不是关于X的命题，而是关于我们语言使用的命题，即关于使用“X”一词的命题。

我们说：“红色存在”这话没有意义，我们这么说好像是在谈论红色的本性似的。好像在说：红色“自在自为”地存在着。同样的想法——这是关于红色的形而上学命题——在我们说“红色是无时间性的”这话里也表达出来，也许用“不可毁灭”这个词表达得更加强烈。

其实我们真正**想要的**只是把“红色存在”看作“‘红色’一词具有含义”这样一个命题。也许更正当的说法是：把“红色不存在”看作“‘红色’没有含义”。我们并不想说：这句话**说出了**这个意思；而是说：**假使**它有含义，那它一定说的是**这个意思**。但这个说法由于企图说出这个意思而自相矛盾——恰因为红色“自在自为”地存在。矛盾只是在于这个命题看起来是说颜色的，其实应该是在说“红色”一词的用法。——但在现实中，我们挺习惯说某种颜色存在；这相当于说某种有这个颜色的东西存在。第一种说法同第二种说法同样精确，尤其所说的“有颜色的东西”不是一个物体。

59.“**名称**标示的总是实在的**元素**。无法毁灭的东西；在一切变化中保持不变的东西。”——但那是什么呢？——我们说这句话之际，它已在我们心里浮现！那我们是在说一个特别的意象；是在说我们想要使用的一幅特别的图画。因为经验可不向我们显示这些元素。我们看见某件复合物(例如一把椅子)的**组成部分**。我们说椅背是椅子的一部分,但椅背又是由各式各样的木块组成的;相对之下,椅腿则是简单的组成部分。我们也看见某个东西的整体改变了(被毁坏了),而它的组成部分却保持不变。我们就是用这些材料制作出实在的那幅图画。

60. 我说:“我的扫帚在墙角那里”,——这真是关于扫帚把和扫帚头的命题吗?反正可以用说明扫帚把和扫帚头位置的命题来代替它。这个命题是第一个命题的进一步分析过的形式。——但是为什么我称它是“进一步分析过”的?——扫帚在那里,就意味着扫帚把和扫帚头也在那里,而且两者相互所处的位置是确定的;这一点先前仿佛隐藏在句子的意思里,而在经过分析的句子里**说了出来**。那么,说扫帚放在墙角的人真的意谓:扫帚把和扫帚头都在那里,扫帚把插在扫帚头上?——我们随便问哪个人他是不是这个意思,他大概都会说他根本没有特别想到扫帚把或扫帚头。这恐怕是**正确的**回答,因为他既没有特别想谈扫帚把也没有特别想谈扫帚头。设想你对某人说:“给我把扫帚把和插在扫帚把上的扫帚头拿来!”而不说:“给我把扫帚拿来!”——你听到的回答岂不是:“你是要扫帚吗?你干吗把话说得这么别扭?”——他会更清楚地领会进一步分析过的句子吗?——有人会说,这个句子和通常的句子效果是一样的,只不过绕了个弯。——设想一个语言游戏:某人得到命令,把某些由许多部分组成的东西递过来,或搬来搬去,或诸如此类。有两种玩法:一种(a),复合物(扫帚、椅子、桌子等)各有名称,如同在第 15 节中;另一种(b),只有组成部分有名称，而整体物要借助它们的名称来描述。——在何种程度上第二个游戏的命令是第一个游戏的命令的分析形式？前一个命令隐含在第二个命令里而只有通过分析才抽取出来？——不错，把扫帚把和扫帚头分开，扫帚就拆散了；但"拿扫帚来"这个命令因此也是由相应的部分组成的吗？

61."但你不会否认，(a)里的某个命令和(b)里的某个命令所说的相同；如果你不把第二个称为第一个的分析形式，你会怎么称呼它？"——我当然也会说(a)里的命令和(b)里的命令意思相同；或者像我先前表达的那样：它们达到了同样的效果。这就是说：如果你指着(a)里的命令问我："(b)里的哪个命令和这个意思相同？"或者也可以是："(b)里的哪个命令和这个矛盾？"我就会如此这般回答。但这并不是说我们**在普遍意义上**对于使用"意思相同"或"效果相同"等说法取得了一致意见。即，我们可以问：我们是在何种情况下说"这只是同一个游戏的两种不同形式"。

62.设想执行(a)和(b)里的命令的人在按要求拿来一样东西之前，必须先查看一张表，表上一一排列着名称和图画。他在执行(a)里的命令和(b)里相应的命令时，所做的是**同样的事情**吗？——也一样也不一样。你可以说："两个命令的**要义**是相同的。"我在这里也会这样说。——但是应被称为命令的"要义"的东西并非在任何地方都是清楚的。（同样，人们也会说某些东西是作这个用的，作那个用的。本质之点在于：这是一盏**灯**，它是用来照明的——拿它来装饰屋子，填充一块空白之类则是非本质的。然而什么是本质的什么是非本质的，并不总划然有别。）

63. 而说(b)里的句子是(a)里的句子的“经过分析”的形式，容易误导我们把前者认作是更加基本的形式；认为只有它才把后者的意思明白地表示出来，等等。我们会想：谁只具有未经分析的形式，谁就漏掉了分析；但若谁知道经过分析的形式，谁就样样占全了。——但难道我不能说：后面这个人**正像**前面那个人一样，也失去了事情的一种景貌〔Aspekt〕？

64. 设想我们把语言游戏(48)改变一下，那些名称不标示单色的方格，而标示由两个这种方格组成的长方块。一半红一半绿的长方块叫作“U”；一半绿一半白的叫作“V”，等等。难道我们不能设想一些人，他们有这些颜色组合的名称，但没有单个颜色的名称？想一下在某些情况下我们说：“这种颜色排列(例如法国的三色旗)很有特点。”

在何种程度上这个语言游戏的符号是需要加以分析的？在何种程度上这个游戏**可以**用(48)的游戏代替？——它是**另一个**语言游戏；即使它与(48)有亲缘关系。

65. 现在我们撞上了所有这些考虑背后的大问题。——因为人们可以反驳我说：“你避重就轻！你谈到了各种可能的语言游戏，但一直没有说什么是语言游戏的，亦即语言的本质。什么是所有这些活动的共同之处？什么使它们成为语言或语言的组成部分？可见你恰恰避开了探讨中曾让你自己最头痛的部分，即涉及**命题和语言的普遍形式**的那部分。”

这是真的。——我无意提出所有我们称为语言的东西的共同之处何在，我说的倒是：我们根本不是因为这些现象有一个共同点而用同一个词来称谓所有这些现象，——不过它们通过很多不同的方式具有亲缘关系。由于这一亲缘关系，或由于这些亲缘关系，我们才能把它们都称为“语言”。我将尝试解释这一点。

66. 例如，我们可以考察一下我们称为“游戏”的活动。我指的是棋类游戏、牌类游戏、球类游戏、角力游戏等等。它们的共同之处是什么？——不要说：“它们**一定**有某种共同之处，否则它们不会都叫作‘游戏’”——而要**看看**所有这些究竟有没有某种共同之处，——因为你睁着眼睛看，看不到**所有这些活动**有什么共同之处，但你会看到相似之处、亲缘关系，看到一整系列这样的东西。像上面说的：不要想，而要看！——例如看看棋类游戏，看看它们的各式各样的亲缘关系。现在转到牌类游戏上：你在这里发现有很多和第一类游戏相应的东西，但很多共同点不见了，另一些共同点出现了。再转到球类游戏，有些共同点还在，但很多没有了。——它们都是“**消闲**”吗？比较一下象棋和三子连珠棋。抑或总有输家赢家或在游戏者之间总有竞争？想一想单人牌戏。球类游戏有输赢；可小孩对着墙扔球接球玩，这个特点又消失了。看看技巧和运气在游戏中扮演的角色；再看看下棋的技巧和打网球的技巧之间的不同。再想一想跳圈圈这种游戏：这里有消闲的成分，但是多少其他的特点又不见了！我们可以这样把很多很多其他种类的游戏过一遍；可以看到种种相似之处浮现出来，又消失不见。

这种考察的结果是这样的：我们看到了相似之处盘根错节的复杂网络——粗略精微的各种相似。

67. 我想不出比“家族相似”更好的说法来表达这些相似性的

特征;因为家族成员之间的各式各样的相似性就是这样盘根错节的:身材、面相、眼睛的颜色、步态、脾性,等等,等等。——我要说:各种“游戏”构成了一个家族。

同样,各种数也构成一个家族。我们为什么要称某种东西为“数”?有时因为它与一向被称为数的某些东西有一种——直接的——亲缘关系;于是又可以说它和另一些我们也称为数的东西有着一种间接的亲缘关系。我们延展数的概念,就像我们纺线时把纤维同纤维拧在一起。线的强度不在于任何一根纤维贯穿了整根线,而在于很多根纤维互相交缠。

但若有人要说:“所以,这些构造就有某种共同之处,——即所有这些共同性的选言结合。”——那么我将回答说:现在你只是在玩弄字眼。人们同样可以说:有某种东西贯穿着整根线,——那就是这些纤维不间断的交缠。

68.“好吧,那你是把数的概念解释为那些个别的、相互有亲缘关系的概念的逻辑和:基数、有理数、实数,等等;同样,你把游戏的概念解释为相应的子概念的逻辑和。”——却并非必须这样。因为我**可以**照这样给“数”这个概念划出固定的界线,即用“数”这个词来标示一个具有固定界线的概念;但我也可以这样使用它:即这个概念的范围并**不**被一条界线封闭。而我们正是这样使用“游戏”一词的。因为我们怎么把游戏的概念封闭起来呢?什么东西仍算作游戏,什么东西不再是游戏呢?你能说出界线来吗?不能。你可以**划**界线:正因为从前并未划过界线。(但你一向使用“游戏”一词却还不曾感到过什么不便。)

“但是这样一来这个词的用法就不受规则限制了；我们用这个词所做的‘游戏’就不受规则限制了。”——它并非处处被规则限定着；然而，打网球时也没有规则限制你把球扔多高或打多重；网球却仍然是一个游戏，仍然是有规则的。

69. 我们会怎么向别人解释什么是游戏呢？我想我们会向他描述**一些游戏**，也许还会加上一句：“这个，**以及诸如此类的**，就叫‘游戏’。”难道我们自己知道得更多些，只是无法确切告诉别人什么是游戏吗？——但这并不是无知。我们不识界线是因为没划出界线。前面说了，我们可以划一条界线——为一个特殊的目的。但划了界线才使这个概念有用吗？根本不是！除非是对于那个特殊的目的。就像用不着给出“一步＝75 厘米”这个定义才使“一步”这个长度单位变得有用。你要愿意说：“但在这之前它不是一个精确的长度单位”，我就会回答说：好吧，它是一个不精确的长度单位。——但你还欠我关于“精确”的定义。

有人对我说：“教这些孩子玩种游戏。”我教他们掷骰子赌博，那人就说“我指的不是这种游戏”。他给我下命令的时候，一定事先排除了掷骰子的游戏吗？

---

70. “但若‘游戏’的概念是这样没有界限的，那你就不知道你用‘游戏’意谓的究竟是什么。”——我描述说：“植物覆盖了这整片地面”，——你会说我如果不能给“植物”下个定义我就不知道自己在说什么吗？

也许我会拿一张画来解释我的意思，说“地面看上去差不多是这样的”。我甚至会说：“地面看上去**准准确确**就是这样。”——那么，地面上是不是恰恰有**这些**草**这些**树叶准准确确在这些位置上呢？不是的，这不是我的意思。在**这个**意义上我不会承认任何图画是精确的图画。

71. 我们可以说“游戏”概念是一个边缘模糊的概念。——“但模糊的概念竟是个**概念**吗？”——一张不清晰的照片竟是某人的照片吗？用一张清晰的照片代替一张模糊的照片总会更好些吗？那张不清晰的照片不正经常是我们需要的吗？

弗雷格把概念比作一个区域，说界线不清楚的区域根本不能称为区域。这大概是说我们拿它没法干啥。——然而，说“你就差不多停在这儿”毫无意义吗？设想一下我和另一个人站在一个广场上说这句话。我这时不会划出任何界线，只是用手做了个指点的动作——仿佛是指给他某个确定的**点**。而人们恰恰就是这样来解释什么是游戏的。举出些例子，希冀这些例子能在特定的意义上得到领会。——但我的说法并非意谓他应该从这些例子看出我由于某种原因说不出来的某种共同点；而是：他应该以特定的方式**使用**这些例子。举例在这里并不是——由于缺少更好的办法而不得不采用的——**间接的**解释办法。因为任何一般的解释也都可能被误解。而我们正是**这样**来做游戏的（我意谓使用“游戏”一词的语言游戏）。

72. **看到共同之处**。假定我给一个人看一些多种颜色的图片，说：“你在所有这些图片上都看到的颜色是‘赭色’。”——这是一种解释，那个人寻找那些图片的共同之处，看到共同之处，于是领会了这种解释。然后他就能够去看去指这个共同之处。

试比较：我给他看各种形状不同的图形，都涂着同样的颜色，说："这些图形的共同之处是'赭色'。"

试再比较：我给他看各种深浅不同的蓝色样本，说："我把所有这些色样的共同之处称为'蓝色'。"

73. 一个人要给我解释颜色的名称，指着色样说"这种颜色叫'蓝色'，这种叫'绿色'……"；这种情况在许多方面可以比作：他把一张表格交到我手上，表格上的色样下面都写着字。——尽管连这种比较在有些方面也会引起误解。——人们则倾向于把这个比较加以扩展：理解了某个解释就是说在心里具有被解释之物的概念，它或是一个样本或是一幅图画。现在别人给我看各种不同的树叶，告诉我说"这叫'树叶'"，于是我就获得了关于树叶形状的概念，心里的一幅树叶图画。——但若这幅树叶图画不显示任何特定的形状，而是"一切树叶形状的共同之处"，它看上去是什么样子的？"我心里的绿色样本"——所有色调的绿色所共有的样本——是什么色调的？

"但不可能有这种'一般的'样本吗？比如树叶的示意图，或者一种纯粹绿色的样本？"——当然！但这个示意图被领会为**示意图**而不被领会为特定叶子的形式，图表上的一小片纯粹绿色被领会为所有绿色东西的样本而不是纯绿的样本——这些都取决于样本的用法。

问问你自己：绿色的样本必须是什么形状？应该是长方形吗？

那它会不会是绿色长方形的样本？——那么它该是“不规则”的形状吗？那又有什么东西防止我们把它仅只看作——即仅只用作——不规则形状的样本？

74. 这里的讨论还涉及下面这种想法：把这片叶子看作“叶子一般形状”的样本，或把它看作某些特定形状的样本，所**看到**的是不一样的。即使真是那样——虽然实际上不是这样——，那也不过是说，就经验而言，你以某种方式**看到**一片叶子，你就是以如此这般的方式或按如此这般的规则使用它。当然，事实上我们**有时这样看，有时那样看**；也有这样的情况：无论谁**这样**看一个样本，一般就会**这样**使用它；那样看，就会那样使用它。例如，把立方体的示意图看作由一个正方形和两个菱形组成的平面图形，或把它看作三维图形，也许就会以不同的方式执行“给我拿来这种东西”这一命令。

75. 什么叫作知道什么是游戏？什么叫作知道却说不出来？知道在这里相当于没有道出的定义吗？那么，它一经道出，我就能认出它，认为它表达了我所知道的？难道我关于游戏的知识、关于游戏的概念在我所能给予的解释里不曾完整表达出来了吗？即当我描述各式各样游戏的例子；当我指出可以怎样比照这些游戏用各种方式构造出另外一些游戏；当我说这种那种活动恐怕不应该还称作游戏了；诸如此类。

76. 假如有人划出一条明确的界线，我不能承认它原是我也始终想划的或是我在心里已经划出的界线。因为我根本不曾想划过。于是可以说，他的概念和我的不同，但有亲缘关系。这种亲缘关系是这样两张图画的亲缘关系:一张由界线模糊的色块组成,另一张由形状和分布相似,但界线分明的色块组成。其中的亲缘相似性就像其中的差异一样不容否认。

77. 把这个比较再推进一步,我们就会明了,清晰的图画与模糊的图画在何种程度上**能够**相似取决于后者的模糊程度。设想你要画一张界线清晰的图画来"对应"一张界限模糊的。这张界线模糊的图画里有一个模糊的红色长方形;你现在则要画一个清晰的。当然——可以画出不止一个清晰的长方形来和这个不清晰的长方形对应。——但若原图上各种颜色混在一起,看不出界线的痕迹,那么画一张与模糊的图画相对应的清晰图画不就成了毫无希望的任务吗?那么你不就得说:"我在这里画个圆形或画个心形也和画个长方形一样了,反正所有的颜色都混在一起了。什么都对;又什么都不对。"——举例来说,在美学或伦理学里寻找与我们的概念对应的定义,你的处境就是这样的。

在这样的困境里你要时时问自己:我们究竟是如何**学会**这个词(如"好")的含义的?通过什么样的例子?通过哪些语言游戏?那你就比较容易明白这个词一定有着一个各种含义组成的家族。

78. 比较一下**知**和**说**:

勃朗峰高多少米——

"游戏"一词是如何使用的——

单簧管的声音是什么样的。

如果你奇怪,怎么可能知道一件事却说不出来,那么你大概想的是第一个例子。你肯定想的不是第三个例子。

79. 考察一下这个例子:一个人说"摩西没有存在过",这可以有各式各样的意思。可以是:以色列人撤出埃及时并没有**唯一的**领袖——或:他们的领袖不叫摩西——或:从不曾有过一个人做了《圣经》上说摩西所做的一切——或诸如此类。——我们可以跟着罗素说:"摩西"这个名称可以由各种各样的描述来定义。例如定义为"那个带领以色列人走过荒漠的人","那个生活在彼时彼地、当时名叫'摩西'的人","那个童年时被法老的女儿从尼罗河救出的人"等等。我们假定这一个或那一个定义,"摩西没有存在过"这个命题就会有不同的意思,而且其他关于摩西的命题也是这样。——有人对我们说"N 没有存在过",我们会问:"你是什么意思?你是想说……还是……?等等。"

但我现在说出一个关于摩西的命题,——我总是准备好了用诸种描述中的**一种**来代替"摩西"吗?我也许会说:说到"摩西",我理解的是那个做了《圣经》里说摩西做过的那些事的人,或者是做了其中大部分的那个人。可到底是多少?我是否已经决定了其中多少证明为假之后,我就认我的命题为假而加以放弃?"摩西"这个名称是否在所有可能的情况下对我而言都有一种固定的单义的用法?——实际上像不像是:我准备着一系列支撑物,抽掉一根,我就依靠另一根;反之亦然?——再考虑一下另一种情况。我说"N 死了",名称"N"的含义可能是:我相信曾经活着的那个人,(1)我曾在某某地方见到过,(2)看上去是某某样子(像照片上这样),(3)做过某某事,(4)在社交圈子里用"N"这个名字。——问到在"N"的名下我所理解的是什么,我会列举所有这些,或其中的一部分,场合不同所列举的也不同。那么我对"N"的定义大致是"符合这一切的那个人”。——但若现在证明其中某一条是假的呢！——我是否打算宣称“N死了”这句话是假的呢——即使表明为假的东西在我看来无足轻重？但“轻重”的界线又在哪里？——假如我在这样一种情况下已经给这个名称下了定义，那我现在乐于修改。

这一点可以这样表达：我不在**固定的**含义上使用名称“N”。（但这并不削弱它的用途，就像使用一张桌子，用了四条腿来代替三条腿，而有时会因此有点摇晃。）

我用到一个我不知其含义的词，就该说我在胡说吗？——随你怎么说，只要它不妨碍你看到事情是怎么回事。（你要是看到了，有些话你就不会说了。）

（科学定义的摆动：我们今天当作现象A的副现象经验到的东西，明天会被用作现象A的定义。）

80. 我说“那儿有把椅子”。我走过去，想要拿它，而它突然从我眼前消失了，这怎么办？——“那它就不是椅子，而是某种幻觉。”——但是过了一会儿，我们又可以看见它，能够摸到它，等等。——“那么椅子的确在那儿，而它的消失是某种幻觉。”——但假设过了一会儿它又消失了——或似乎消失了。我们现在应该说什么？你有没有现成的规则来说明这类情况——说明这时我们还该不该把它称作“椅子”？但我们在使用“椅子”一词时是否觉得缺少了这些规则？我们是否要说：我们其实没有把任何含义和这个词连在一起，因为我们没有就一切可能的情况为使用这个词配备好规则？

81. 拉姆西跟我谈话时曾经强调说，逻辑是一门“规范性科学”。我虽然不知道他当时的确切想法，但这想法无疑同我后来渐渐悟出的道理紧密相关，即：我们在哲学里常常把使用语词和具有固定规则的游戏和演算相比较，但我们不能说使用语言的人**一定**在做这样一种游戏。——但你若说我们的语言表达**只是近似于**这类演算，那么你就紧站在误解的边缘上了。因为这样就显得我们在逻辑里好像谈的是一种**理想**语言。好像我们的逻辑是为真空而设的逻辑。——其实，不能像说自然科学处理一种自然现象那样来说逻辑处理语言——以及思想，最多可以说，我们**构筑**种种理想语言。但这里的“理想”一词很容易引起误解。因为听起来好像这些语言比我们日常交往所用的语言更好、更完善；好像得有个逻辑学家，好让他最终向人类指明一个正确的句子是什么样子的。

然而，只有当我们对理解、意谓和思想这些概念更为清楚之时，这一切才会在适当的光照里显现出来。因为只有到那时才会清楚，是什么会误导我们（确曾误导过我）去认为：说出一句话并且**意谓**这句话或**理解**这句话，就是在按照确定的规则进行演算。

82. 我把什么称作“他依之行事的规则”？——也许是一种假设——这种假设满意地描述了我们所观察到的他如何使用语词的情况？抑或是他使用符号时去核查的规则？抑或是我们问他根据的是什么规则时他所答的规则？——但若观察没有让我们认清任何规则，而询问也没让哪条规则大白于世，那又怎么样？——因为，我问他在“N”的名下所理解的是什么，他就给了我一个解释，但他又随时准备撤回或修改他的解释。——那么我应该怎样确定他做游戏时所遵循的规则呢？他自己也不知道这规则是什么。——抑或更正确的问题是："他依之行事的规则"这个说法在这里还会是在说什么？

83.语言和游戏的类比这时不是为我们投下一道光线吗？我们很可以设想一群人以这样的方式来打球娱乐：他们开始时玩的是各式各样现有的游戏，但有些游戏却不进行到底，而是在中间把球漫无目标地扔到空中，笑着闹着拿球扔这个砸那个，等等。而现在有人说：这些人这段时间一直在玩一种球类游戏，从而是按照某些确定的规则来扔每一个球的。

我们不是也有"边玩边制订规则"这样的情况吗？而且也有我们边玩边修改规则的情况。

84.我说过，一个词的应用并不是处处都由规则限定的。但一个处处都受规则限定的游戏会是什么样子？——这个游戏的规则天衣无缝，不容任何怀疑可乘之隙。——我们不能设想要有一种规则来规定如何应用这个游戏的规则吗？不能设想一个要由**这个**规则来排除的疑问吗？——等等。

但这不是说，我们产生疑问是因为我们可以**设想**一个疑问。我很可以设想某人每次打开家门前都怀疑门后挖出了一个大坑，而在进门前查看确实（而且某一次也许证明他怀疑得对），——但我却并不因此在同样的情况下产生怀疑。

85.一条规则立在那里，就像一个路标。——路标不容我怀疑我该走的是哪条路吗？它是否指示出我走过路标之后该往哪个方向走？是沿着大路还是小径，抑或越野而行？但哪里又写着我应该在什么意义上跟从路标——是沿着箭头的方向还是(例如)沿着箭头的反方向？——但若不是一个路标，而是一串相互衔接的路标，或者地上用粉笔做的记号——难道它们只有**一种**解释吗？——那么，我可以说，路标留下某种怀疑的余地。或更恰当的是说：它有时留下了，有时没留下。而这已不再是一个哲学命题，而是一个经验命题了。

86. 现在借助一张图表来进行(2)那样的语言游戏。这次，A给B的是一些书写符号。B有一张图表；第一列是游戏中使用的符号，第二列是建筑石料的图画。A对B显示这样一个书写符号；B在图表上把它查出来，然后看与它位置对应的图画，等等。因此图表是他执行命令时遵循的一项规则。——在图表上查找图画是通过训练学会的，训练的一部分是学生学着用手指在图表上自左至右水平移动：于是也就学会了画一系列水平直线。

现在来设想采用了各式各样的读表方式。其中一种如上所述，是按照下面的格式：

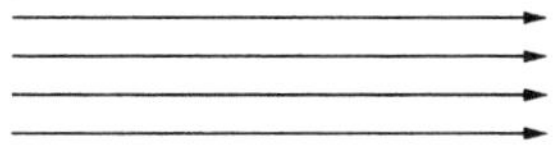

另一种则按照这样的格式：

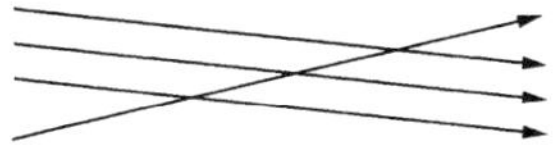

或按其他格式。——于是，这些格式就成为图表的补充，提供如何使用图表的规则。

但我们就不能想象出进一步的规则来解释**这**一规则吗？另一

方面，第一张图表没有这些箭头格式就不完整吗？其他图表没有它们的格式就不完整吗？

87. 假定我解释说："只要曾有那么个人带领以色列人逃离埃及，我在'摩西'名下所理解的，就是那个人，无论他当时叫什么，无论他做过没做过其他的事。"——但对这一解释里的语词也可能提出类似关于"摩西"的疑问（你称作"埃及"的是什么？你称作"以色列人"的是谁？等等）。我们追问到"红色"、"黑暗"、"甜"等语词，这些问题也一样没个尽头。——"但若一个解释不是最终的解释，它对我的理解又有何补益？那么解释就总没个了结；于是我就仍旧不理解而且永远不理解他的意思是什么！"——仿佛一个解释若没有另外一个解释的支持就悬在半空中似的。其实，一个解释虽可能依栖在已经给出的另一个解释之上，但什么解释都不需要另一个解释——除非**我们**为了避免误解而要求一个。也许可以说：解释就是用来消除或防止误解的——即那种也许不加解释就会发生的误解，而不是所有我能设想出来的误解。

看起来颇像是：每一个疑问都只是把基础上已有的一个裂隙**显示出来**；因此我们只有首先把**可以**怀疑的一切都怀疑一遍，然后把所有的这些怀疑都消除掉，才能获得可靠的理解。

如果一个路标在正常的情况下能起到它的作用，它就是合适的。

88. 我对人说"你差不多就站在这儿！"——这个解释不是充分有效的吗？而任何一个别的解释不也可能无效吗？

"但难道这个解释不是不够精确的？"——是的，干吗不可以说它“不精确”？可我们先得明白“不精确”的含义是什么。因为在这里它的含义可不是“不合用”。让我们考虑一下，相对于这个解释，我们把什么称为“精确”的解释。也许是用粉笔线划出来的一个区域？这时我们立刻想到线是有宽度的。那么，粉笔线颜色的边界要更精确些。但这种精确在这里还有什么作用？岂非无的放矢？而且我们还没有确定什么才算越过了这条鲜明的界限，用什么方式什么仪器来确定。等等。

我们懂得什么叫把怀表调到准确的钟点，或把它的走时校准确。但若问道：这个准确是理想的准确吗，或它同理想的准确有多接近，我们该怎样回答？——当然，我们可以说到另一些测量时间的方式，它们有着不同的准确度——我们会说这些时间度量比怀表的时间度量更准确。在那一类时间度量那里，“把表调到准确钟点”这话就有着不同的，虽然是相关联的含义，“报时间”则是一个不同的过程，等等。——我对某人说：“你来就餐应该更准时些，你知道我们准一点钟开始”——这里就真的谈不上**准确性**吗？就因为人们可以说：“想想实验室或天文台是怎么确定时间的，**在那儿**你就明白‘准确’的含义是什么了。”

“不精确”其实是贬，而“精确”是褒。但这是说，不精确的不能像较精确的那样充分达到目的。于是关键就在于我们称为“目的”的东西。我说出太阳离我们的距离没有准确到一米，或告诉木匠桌子的宽度没有准确到千分之一毫米，那是不精确吗？

从来没有规定出准确性的**唯一**理想；我们不知应该怎样来想象这种理想——除非你自己设定应该把什么称作这个理想。但你会发现很难遵守这样一个设定，遵守一个使你自己满意的设定。

89. 这些考虑把我们带到这样一个问题面前：在何种意义上逻辑是崇高的东西？

因为逻辑似乎有一种特殊的深度——一种普遍的含义。逻辑似乎位于一切科学的根基处。——因为逻辑考察所研究的是一切事物的本质。它要一直探入事物的根基，而不应该为实际发生的是这是那操心。——它产生出来，不是因为对自然事实有兴趣，也不是由于把捉因果关系的需要；而是出自要理解一切经验事物的基础或本质的热望。但并非我们仿佛要为此寻觅新的事实；而是：不要通过它学习任何**新的东西**正是我们这种探究的要点。我们所要的是对已经敞开在我们眼前的东西加以**理解**。因为**这**似乎正是我们在某种意义上不理解的东西。

奥古斯丁（《忏悔录》卷十一第十四节）说："时间是什么？无人问我，我明白；要想解释给问我的人，我就不明白了。"[①]——对于自然科学问题（例如："氢的比重是多少？"）就不能这样说。有的事情别人不问时我们明白，一旦要我们解释它我们就不明白了；而这正是我们必须**留心思索**的东西。（显然，由于某种原因这也是我们不易留心思索的东西。）

90. 我们的眼光似乎必须**透过**现象：然而，我们的探究面对的不是**现象**，而是人们所说的现象的**可能性**。也就是说，我们思索我们关于现象所做的**陈述**的方式。因此奥古斯丁也在思索关于事件的持续，关于事件的过去、现在或未来的各式各样的陈述。（这些当然不是关于时间、过去、现在与未来的**哲学**命题。）

---

① 奥古斯丁的句子原著引用的是拉丁文。——译者注

因此，我们的考察是语法性的考察。这种考察通过清除误解来澄清我们的问题；清除涉及话语用法的误解；导致这类误解的一个主要原因是，我们语言的不同区域的表达形式之间有某些类似之处。——这里的某些误解可以通过表达形式的替换来消除；这可以称作对我们表达形式的一种“分析”，因为这一过程有时像是拆解一样东西。

91. 我们的语言形式于是似乎有一种最终分析那样的东西，从而一个表达式就有**唯一一种**充分解析的形式。即，我们习用的表达形式似乎就本质而言是尚未分析的。似乎有某种东西藏在其中，需要加以揭示。做到了这一点，表达就充分澄清了，我们的任务就完成了。

也可以这样说：把我们的表达弄得更加精确，就可以消除一些误解；现在我们却好像在追求一种特定的状态，完全精确的状态；似乎这就是我们进行探索的真正目的。

92. 这表现在对语言、句子、思想的**本质**的追问中。——若说我们的探索也试图理解语言的本质——它的功能、它的结构，——那**这**却不是那些追问的着眼点。因为这些追问就本质所看到的，并不是已经敞亮的、经过整理就可以**综观**的东西；而是某种表层**下面**的东西。某种内部的东西，某种我们得透过事情来看才看得见的东西，某种得由分析挖掘出来的东西。

“本质对我们隐藏着”：这是我们的问题现在所取的形式。我们问：“**什么是**语言？”“**什么是**句子？”对于这些问题要给予一劳永逸、独立于任何未来经验的答案。

93. 一个人会说:“句子,那是世界上最寻常的东西。”另一个会说:“句子——那可是个很奇特的东西!”——后者不会简简单单地查看一下句子是怎样起作用的。因为我们谈论句子和思想时的表达形式挡住了他的路。

为什么我们说句子是某种奇特的东西?一方面,因为它被赋予极大的重要性(这是对的)。另一方面,这一重要性以及对语言的逻辑的误解诱使我们以为:句子必定有某种非同小可、独一无二的功能。——由于一种**误解**,我们竟觉得句子在**做着**些稀奇的事情。

94. “句子,好奇特的东西!”这里已含有把全体表达〔形式〕拔高的倾向;在句子**符号**和事实之间假定纯粹中介者①的倾向;甚至要纯化、拔高符号本身的倾向。——因为,我们的表达形式把我们送上了猎取奇兽②的道路,多方多面地妨碍了我们看清句子符号是在和寻常的东西打交道。

95. “思想一定是某种与众不同的东西。”我们说、我们**意谓**:这件事情是如此这般;这时我们意谓的东西所对应的不折不扣是个事实:**这件事情-是-如此这般的**。但这个悖论③(它却具有自明之事的形式)也可以这样表达:我们能够**思想**实情之所不是。

96. 其他幻觉从四面八方接到我们所讲的这个特殊幻觉上。于是在我们看来,思想、语言似乎是世界的独特的对应物,世界的

① ein reines Mittelwesen,维氏自己译作 a pure(immaterial) entity mediating between〔借以调解二者的纯粹(非物质的)存在者〕。——译者注

② Chimären,希腊神话中的吐火兽,狮首羊身龙尾,转喻奇思异想。——译者注

③ 我们意谓的事情可能并不存在、尚未存在。——译者注

图画。命题、语言、思想、世界，这些概念前后排成一列，每一个都和另一个相等。（但这些词现在是用来干什么的呢？应用它们的语言游戏阙如。）

97. 思想被一个光轮环绕。——思想的本质，即逻辑，表现着一种秩序，世界的先天秩序；即世界和思想必定共同具有的**种种可能性**的秩序。但这种秩序似乎必定是**最最简单的**。它先于一切经验，必定贯穿一切经验；它自己却不可沾染任何经验的浑浊或不确——它倒必定是最纯粹的晶体。这种晶体却又不是作为抽象出现的，而是作为某种具体的东西，简直是最具体的，就像是世界上**最坚实**的东西（《逻辑哲学论》第5.5563节）。

我们有一种幻觉，好像我们的探索中特殊的、深刻的、对我们而言具有本质性的东西，在于试图抓住语言的无可与之相比的本质。那也就是句子、语词、推理、真理、经验等等概念之间的秩序。这种秩序是——可以说——**超级**概念之间的**超级**秩序。其实，只要"语言"、"经验"、"世界"这些词有用处，它们的用处一定像"桌子"、"灯"、"门"这些词一样卑微。

98. 一方面很清楚，我们语言里的每个句子"现在这样子就挺合适"[①]。即，我们不**求取**什么理想：好像我们寻常的、含混的句子还没有完全无可非议的意义，我们还得重新构造一种完善的语言。——另一方面似乎也很清楚，要有意义，就得有一种完满的秩序。——于是，在最含混的句子里也一定藏着完满的秩序。

① 这里译作"合适"的是 in Ordnung，在德文里和"秩序"（Ordnung）相连。——译者注

99.人们会说,句子的意义当然可能在某些方面不很确定,但它必须有**唯一一种**确定的意义。不确定的意义——那其实就是**根本没有**意义。——这就像是:划一条不鲜明的界线,那其实就是根本没划出界线。人们在这里想的大概是:我说"我把这个人锁在了屋子里——只有**一扇**门还敞开着"。那我等于根本没有把他锁起来。他只是假模假样被锁在那里。在这里,人们也许会倾向于说:"所以你等于什么都没做。"一圈围墙,上面有个洞,等于**根本没有**围墙。——但真是那样吗?

100."要是**规则**里有点含混,那就根本算不上是个游戏了。"——那它就不是游戏啦?——"对。也许你愿意把它称作游戏,但无论如何它不是个完善的游戏。"即:那它就混有杂质,而我现在感兴趣的是经过提纯的东西。——但我要说:我们误解了理想在我们的表达方式中所扮演的角色。即:我们原来是会把它称作游戏的,只不过我们被理想迷了眼,因而看不清"游戏"一词实际上是怎么用的了。

101.我们愿说,逻辑中不可能有任何含混。我们生活在这样的想法里:现实里"**一定**"有着理想。即使人们仍看不到理想是怎样在现实里的,而且也不理解这个"一定"的本质。我们相信,理想一定藏在现实里;因为我们相信已在现实中看到它了。

102.句子的逻辑结构的严格清晰的规则,在我们看来,似乎是背景里的某种东西——隐藏在理解的媒介里的某种东西。我现在已经看到了这些规则(尽管是透过某种媒介),因为我的确理解符号,用符号来意谓事情。

103. 在我们的思想里，理想稳如磐石。你无法脱离理想；你终必返回理想。也根本没有理想之外；外边没有氧气。——这都是从哪儿来的？这想法像我们鼻子上架的一副眼镜，我们要看，就要透过它看。我们简直从未想到过把这副眼镜摘掉。

104. 人们把属于表述方式的东西加到事物头上。两者可能加以比较，这给了我们深刻的印象，于是我们以为这种比较的可能性就是对最一般的事况①的感知。

105. 我们一旦相信一定会在实际语言里发现那个秩序、发现理想，我们就对寻常生活中称为“句子”、“语词”、“符号”的东西不满了。

逻辑所处理的句子和语词应该是纯洁而分明的东西。于是我们为**真正**符号的本质绞尽脑汁。——也许它是符号的**意象**？或者是此时此刻我们具有的意象？

106. 在这里很难保持清醒，——看到我们必须耽留在我们日常思考的事情上，而不要误以为我们好像必须描述至精至极的东西；于是又觉得用我们的手段远不够描述它们。我们觉得仿佛要我们用手指来修补一片撕破的蜘蛛网。

107. 愈细致地考查实际语言，它同我们的要求之间的冲突就愈尖锐。（逻辑的水晶般的纯粹原不是我得出的**结果**；而是对我的要求。）这种冲突变得不可容忍；这个要求面临落空的危险。——我们

① Sachlage，参考《逻辑哲学论》3.21：对象在事况中的配置，同简单符号在命题符号中的配置相应。——译者注

踏上了光滑的冰面，没有摩擦，因此在某种意义上条件是理想的，但我们也正因此无法前行。我们要前行；所以我们需要**摩擦**。回到粗糙的地面上来吧！

108. 我们的认识是，我们称为“句子”、“语言”的东西不具有我前面想象的形式上的统一，而是或多或少具有亲缘的家族。——但现在逻辑成了怎样的？它的严格性在这里好像脱胶了。——但这样一来逻辑不就完全消失了吗？——因为逻辑怎么可以失去严格性？当然不是因为我们对它的严格性打了折扣，逻辑就会完全消失。——只有把我们的整个考察扭转过来才能消除这晶体般纯粹的**先入之见**。（可以说：必须把考察旋转过来，然而要以我们的真实需要为轴心。）

逻辑哲学谈到句子和语词，和我们日常谈到句子和语词，意义没什么两样。例如我们日常说：“这里写着一句希腊文”，或“不，它只是看起来像文字，其实是装饰”，等等。

我们谈论的是在空间、时间中的语言现象，而不是某种非空间、非时间的非物。[①] 但我们谈论语言就像我们在讲述行棋规则时谈论棋子那样，这时我们不是在描述它们的物理属性。

“一个词到底是什么？”这个问题类似于“棋子是什么？”

法拉第在《**蜡烛的化学史**》里说：水是一种个体物——从不变化。

---

① 只不过人们可能以不同的方式对一种现象感兴趣而已。——维特根斯坦边注

109. 说我们的考察不可能是科学考察，这是对的。“同我们的成见相反，我们可以设想如此这般的情况”——无论这句话是什么意思，这种经验不会引起我们的兴趣。（把思想看作注入生命的东西。）我们不可提出任何一种理论。我们的思考中不可有任何假设的东西。必须丢开一切**解释**而只用描述来取代之。这些描述从哲学问题得到光照，就是说，从哲学问题得到它们的目的。这些问题当然不是经验问题；解决它们的办法在于洞察我们语言是怎样工作的，而这种认识又是**针对**某种误解的冲动进行的。这些问题的解决不是靠增添新经验，而是靠集合整理我们早已知道的东西。哲学是针对借助我们的语言来蛊惑我们的智性所做的斗争。

110. “语言（或思想）是种独一无二的东西”——这已证明是由语法的欺幻产生出来的一种迷信（不是错误！）。

而这种迷信的狂热又反过来落向这些幻觉、这些问题。

111. 由于曲解我们的语言形式而产生的问题，有某种**深度**。它们在深处搅扰我们；它们的根像我们的语言形式本身的根一样，深深扎在我们身上；它们意义重大，重如我们的语言本身。——我们问问自己：我们为什么觉得语法笑话具有**深度**？（那的确是一种哲学深度。）

112. 被我们语言形式吸收的某个譬喻造成一种假象，这种假象使我们不安。“不是**这样**的！”——我们说。“但它只能**是这样**！”

113. “它就是**这样**的——”我一遍一遍对自己说。我觉得只要能够目不转睛地**盯准**这个事实，把它集中在焦点上，我就一定会抓住事情的本质。

114.《逻辑哲学论》(4.5):“命题的一般形式是:事情如此这般。”——这是人们会对自己重复无数次的那类句子。人们认为自己在一次又一次地追踪自然,其实只是沿着我们考察自然的形式兜圈子。

115. 一幅**图画**囚禁了我们。我们逃不脱它,因为它在我们的语言之中,而语言似乎不断向我们重复它。

116. 当哲学家使用一个语词——“知”、“在”、“对象”、“我”、“句子”、“名称”——并试图抓住事情的**本质**时,我们必须不断问自己:这个语词在语言里——语言是语词的家——实际上是这么用的吗?

我们把语词从形而上学的用法重新带回到日常用法。

117. 你对我说:“你懂得这句话吧?那好——那我就是在你所熟悉的那个含义上使用它的。”——仿佛含义是一种氛围,语词无论被用到哪里,都随身携带着这种氛围。

例如,你说“这个在这儿”这句话对你有意义(你同时指着面前的一件东西),这时你应当问问自己:事实上你是在哪些特定情况下用到这句话的。那这句话就在这些情况下有意义。

118. 我们的考察是从哪里获得重要性的?——因为它似乎只是在摧毁所有有趣的东西,即所有伟大而重要的东西(就像摧毁了所有建筑,只留下一堆瓦砾)。我们摧毁的只是搭建在语言地基上的纸房子,从而让语言的地基干净敞亮。

119. 哲学的成果是揭示出这样那样的十足的胡话,揭示我们的理解撞上了语言的界限撞出的肿块。这些肿块让我们认识到揭示工作的价值。

120. 我要对语言(词、句等等)有所说,我就必须说日常语言。这种语言是否对我们想说的东西有点太粗糙太笨重了? **另外构造一种怎么样**? ——真奇怪,我们竟多多少少用得上我们现有的语言!

在对语言进行解释的时候,我已经必须使用成熟完备的(而不是某种预备性的或临时的)语言,这已经表明,我关于语言只能提供出外部事实。

是啊,但这样的做法怎么能使我们满意呢? ——可你的问题恰恰是用这种语言做成的;如果确有一问,它们就必须用这种语言表达!

而你的疑虑是些误解。

你的问题关系到语词,所以我必须谈谈语词。

你说:问题不在于语词,而在于语词的含义;而你在这里又把含义想成是即使和语词有别也总是和语词同类的东西。这儿是词,这儿是含义。这是钱,那是可以用钱买的牛。(与钱和牛对照的是:钱和钱的用法。)

121. 有人可能以为:如果哲学又谈论"哲学"一词的用法,那就必须有一种第二层次的哲学。并不是这样;这里倒很像正音法中的情况,正音法也可以为"正音法"一词正音,而这里并不需要一种第二层次的正音法。

122. 我们的不理解的一个主要根源是我们不能**综观**语词用法的全貌。——我们的语法缺乏综观。综观式的表现方式居间促成理解，而理解恰恰在于：我们"看到联系"。从而，发现或发明**中间环节**是极为重要的。

综观式的表现这个概念对我们有根本性的意义。它标示着我们的表现形式，标示着我们看待事物的方式。（这是一种"世界观"吗？）

123. 哲学问题具有这样的形式："我找不着北"。

124. 哲学不可用任何方式干涉语言的实际用法，因而它最终只能描述语言的用法。

因为它也不能为语言的用法奠定基础。

它让一切如其所是。

它也让数学如其所是，它不能促进任何数学发现。对我们来说，"数学逻辑的首要问题"也是个数学问题，就像任何其他数学问题一样。

125. 借助数学或逻辑-数学的发现去解决矛盾，这不是哲学的事业。哲学的事业是让困扰我们的数学状况、让矛盾解决之前的状况变得可以加以综观。（而这并不意味着绕开困难。）

这里的基本事实是：我们为一个游戏定下规则——一项技巧——，而当我们跟从规则的时候，发生的事情却与我们原来设想的不一样。于是我们就像被我们自己的规则绊住了。

我们的规则里的这类羁绊是我们想要弄懂的，即想要加以综观的。

这种羁绊有助于我们看清“意谓”这一概念。因为在这些情况中,事情同我们原先所意谓的所预见的不一样。出现了矛盾,或在诸如此类的情况下,我们就说:“我意谓的不是这个。”

矛盾的市民地位,或矛盾在市民世界中的地位:这是哲学问题。

126. 哲学只是把一切摆到那里,不解释也不推论。——既然一切都公开摆在那里,也就没什么要解释的。而我们对隐藏起来的东西不感兴趣。

也可以把一切新发现和新发明**之前**的可能性称作“哲学”。

127. 哲学家的工作是为了某种特定的目的采集回忆。

128. 无论谁愿在哲学里提出**论点**,都永不会有人同他辩论,因为所有人都同意这些论点。

129. 事物对我们来说最重要的方面由于其简单平常而被掩蔽着。(你不会注意它——因为它一直都在你眼前摆着。)一个人的研究工作的真正基础对他并不瞩目。除非有时候恰恰是**这一点**引起了他的**注意**。——这等于说:一旦看到了就是最触目最有力的东西,我们通常熟视无睹。

130. 我们的清楚简单的语言游戏并不是为将来给语言制定规则所做的预备性研究——仿佛它们是向充分的规则走出的第一步,暂不考虑摩擦和空气阻力。毋宁说这些语言游戏立在那里作为**参照物**,它们将通过相似性以及不相似性来帮助我们领会我们的语言是怎样一种情形。

131. 为了使我们的主张不致流于武断或空洞，我们就得把范本作为它所是的东西，作为参照物——就像作为一把尺子——摆在那里；只有这样做，而不是把范本当作现实**必须**与之相应的成见（这是我们从事哲学时极容易陷入的独断主义）。

132. 我们想在关于语言使用的知识中建立一种秩序：为了某种特定目的的秩序；许多可能秩序中的一种；而不是**唯一**的秩序。我们将为了这个目的不断**突出**我们的日常语言形式容易让人忽视的种种区别。由此可能会产生一种印象，似乎我们是以改革语言为己任。

为了特定的实用目的改革语言，为了避免实际使用中的误解而改善我们的术语，这些当然是可能的。但这些不是我们必须处理的事。让我们操心的那种迷乱发生在语言仿佛是在空转的时候，而不是它正常工作的时候。

133. 我们要做的不是用前所未有的方式把语词用法的规则系统弄得精粹或完善。

我们所追求的清晰当然是一种**完全**的清晰。而这只是说：哲学问题应当**完全**消失。

真正的发现是这一发现——它使我能够做到只要我愿意我就可以打断哲学研究。——这种发现给哲学以安宁，从而它不再为那些使**哲学自身**的存在成为疑问的问题所折磨。——现在毋宁是：我们用举例来表明一种方法，而这一串例子是可以从中打断的。——一些问题得到解决（困难被消除了），而不是**单独**一个问题。

并没有**单独一种**哲学方法，但确有哲学方法，就像有各式各样的治疗法。

134. 让我们考察一下“事情如此这般”这个句子——我怎能说这就是句子的一般形式呢？——它首先**自己**就是个句子，一个汉语句子，有主语有谓语。但人们是怎样使用这个句子的？即怎么在我们的日常语言里使用这个句子的？因为我只能**从日常语言那里**得到这个句子。

例如，我们说：“他向我说明了他的境况，说事情如此这般，因此他需要预支。”就此而论，可以说“事情如此这般”这个句子可以代表任何说法。这个句子被用作一个句子**格式**；但之所以能用作句子格式，**只**因为它具有一个汉语句子的结构。人们蛮可以不这样说，而说“情况是这样这样”，“情形这般那般”，等等。也可以干脆用一个字母，一个变项，像在符号逻辑里那样。但谁也不会把字母“p”称为句子的一般形式。再说一遍：“事情如此这般”可以被当作一般形式，只因为它本身就是我们称为汉语句子的东西。它是一个句子，却被用作一个句子变项。说这个句子与现实一致（或不一致）显然荒唐。它却从而表明了：我们的句子概念的**一个**特征是：**听上去是个句子**。

135. 但我们不就对句子是什么、对我们在“句子”名下所理解的是什么有了一个概念吗？——是的；就此而论，我们对在“游戏”名下所理解的东西也有一个概念。当人们问到什么是句子——无论我们是回答别人还是回答我们自己——我们都会举出一些例子，而这些例子就包含着可以称为句子的归纳系列的东西。在**这种**方式上，我们具有句子的概念。（比较一下句子的概念和数的概念。）

136. 说到底，把"事情如此这般"当作句子的一般形式相当于这样定义：凡可以为真或为假的东西就是句子。因为我也可以不说"事情如此这般"，而说"如此这般的是真的"（但也可以是"如此这般的是假的"）。然而

"p"是真的＝p

"p"是假的＝非 p

说一个句子是可以为真或为假的东西等于在说：**在我们的语言**里我们对之应用真值函项演算的东西我们称之为句子。

句子是可以为真或为假的东西，这就是说：合于"真"这个概念的，或"真"这个概念与之相合的，便是句子，于是看上去这个定义似乎已经规定了什么是一个句子。因此，我们似乎有了可以用来决定什么是句子、什么不是句子的东西，即真与假的概念。和真之概念**咬合**的（就像咬合一个齿轮），就是句子。

但这是一幅糟糕的图画。这仿佛是说"象棋中的王是**唯一**能够被叫将的那个棋子"。但这不过是说，在象棋里我们只能将对方的王。正如"只有**句子**可以是真的或假的"这句话不过是说：只有对于我们称为句子的东西，我们才用"真"和"假"来作述语。什么是一个句子，这在**一种**意义上是由句子构造的规则（例如德语句子的构造规则）决定的，在另一个意义上则是由语言游戏中符号的用法决定的。而"真"和"假"这两个词的用法也可以是这个游戏的组

成部分；这时，“真”和“假”的用法对我们来说就**属于**句子而不是“**合于**”句子。就像我们也可以说，叫将**属于**我们对象棋里的王的概念（就仿佛是这个概念的一个组成部分）。说“叫将”不**合于**我们对于小卒的概念，可以是说，要是卒子也可以被将，要是丢了个卒子就算输棋，这样的游戏就没意思了，或太愚蠢了，或太复杂了，诸如此类。

137. 我们能不能用“谁或什么……？”这样的提问来学习怎样确定句子的主语？——这里倒的确说得上主语才“**合于**”“谁或什么……？”这一问题；[①]否则我们怎样会通过这个提问来找出什么是主语呢？我们在这里所做的，就像我们要知道字母表中“K”后面的字母是什么，就顺着字母表一直读到“K”。在何种意义上字母“L”合于从 A 到 K 这一系列字母呢？——正是在**这种**意义上，我们可以说“真”与“假”合于句子。我们可以这样教一个孩子区分句子和其他表达方式：“问问自己能不能在它之后说‘是真的’。如果可以，如果相合，那它就是个句子。”（同样我们也蛮可以说：问问自己，能不能在它前面放上“事情**如下**：”。）

138. 我理解这个词的含义，也理解这句话的意思；这个词的含义不可以合于这个句子的意思吗？或一个词的含义合于另一个词的含义？——当然，如果含义就是我们对语词的**使用**，谈什么“相合”就没意思了。可听见一个词说出一个词的时候，我们的确**理解**它的含义；我们一下子抓住它，而我们一下子抓住的东西当然不同

① 德语词 wer 是主格，与宾格 wen 有别，所以从“Wer und was...？（谁或什么……？）”这一提问可以看出问的是主语。——译者注

于延展在时间之中的"使用"!

我一定**知道**我是否理解一个词吗?我不也有时候以为自己理解一个词(就像以为自己理解一种计算方式),后来又认识到自己并不曾理解吗?("我原以为我知道什么叫'相对'运动和'绝对'运动,但现在明白我并不知道。")

139.例如,对我说"立方体"这个词,我知道它的含义是什么。但我这样**理解**它的时候,这个词的全部**使用**能够在我心里浮现出来吗?

但另一方面,词的含义难道不是由它的这些用法规定的吗?这些规定会不会彼此矛盾?我们这样**一下子**抓住的东西能够符合某种用法吗?能够合于或不合于某种用法吗?而一瞬间显现在我们面前、一瞬间在我们心里浮现的东西怎么能够合于一种**用法**呢?

我们**理解**一个词时,在我们心里浮现的究竟是什么?——难道不是图画一类的东西吗?它不能**是**一幅图画吗?

好吧,假定你听见"立方体"一词的时候,心里的确浮现出一幅图画。例如一幅立方体的草图。在何种意义上这幅图画能够合于或不合于"立方体"这个词的某种用法?——你也许说:"这很简单;——我心里浮现出这幅图画而我却指着一个三棱柱之类说,这就是立方体,那么这个词的用法就不合于这幅图画。"——它不相合吗?我特意选择了这个例子:很容易想象一种**投影**方法,使得这幅图画竟是相合的。

立方体的图画当然**提示了**一种特定的用法，但我还是能够以不同的方式使用它。

(a)“我相信在这种情况下正确的词应该是……”这不是表明一个词的含义是某种浮现在我们心里的东西吗？而这种东西就像一幅图画，不多不少正是我们在这种情况下要用的？设想我在“庄重的”、“高贵的”、“骄傲的”、“可敬的”这些词中挑选一个词；那不就像我从一个画册挑选一幅图画吗？——不；我们谈到**恰当**的词，这并不**表明**有某种诸如此类的东西存在。毋宁说，我们之所以说到那种图画式的东西，倒是因为我们能够感觉到一个词是恰当的；因为我们在几个词中做选择，那情形往往就像我们在相似但不尽相同的图画间做选择；因为图画常常用来代替语词，或用来图解语词；等等。

(b)我看见一幅图画：它表现的是一个老人拄着拐杖上一个陡坡。——何以是这个？假如他以那个姿势在往下滑，看上去不可能是一个样吗？也许火星人会这样描述这幅图画。我无需解释**我们**为什么不这样描述。

---

140. 那么我所犯的是哪种错误呢？这个错误是否可以这样表达：我当时还认为那幅图画迫使我以某种特定的方式来使用它呢。我当时怎么可能那样认为？我**当时**究竟是怎样认为的？竟有一幅图画或类似图画的东西可以迫使我们以某种特定的方式来使用它吗？如果真是那样，那我的错误就在于把一幅图画同另外一

幅混淆起来了？——因为我们也可能倾向于这样表达自己的意思：我们受到的至多是心理上的强制，而不是逻辑上的强制。于是看起来很像是我们知道这里会有两类情形。

我这番讨论得出什么了？它让我们注意（让我们回忆起）：在某些情况下，我们会把某种不同于原来所设想的做法也称为“立方体图形的应用”。所以，“我以为这幅图画迫使我以某种特定的方式使用它”是由于我只想到一种情形，而未想到另一种情形。“还有另一种解决办法”就是说：还有其他东西我也愿称之为“解决办法”；就是说：我也可以把如此这般的一幅图画、如此这般的一个类比用在“解决办法”上，等等。

这里本质的东西是要看到：听见一个词，我们心里浮现出来的可以是同样的东西，但这样东西的应用仍可能不同。这个词是否在两种应用中都有**同样**的含义呢？我想我们会说不是。

141. 如果不仅立方体的图画浮现出来，而且投影方法也一道浮现，又将如何呢？——我怎样来设想这种情况呢？——也许我看见了投影方式的示意图；例如一幅图画，上面的两个立方体由投影线连接着。——但这能从根本上让我们获得进展吗？现在我不是又可以设想这幅示意图的不同应用吗？——可以；但那么一种**应用方式**不也能在我心里**浮现**吗？——能；不过我们需要把**这种**表达法的应用弄得更清楚些。假定我对某人分析各种不同的投影方法，以便他能够应用这些方法；让我们问问，在什么情况下我们会说在他心里浮现的就是我所意谓的**那个**投射**方法**。

很清楚，我们承认了两种标准：一方面是时不时浮现在他心里的图画（无论是什么样子的），另一方面是他——在时间过程中——对这个意象的应用。（难道还不清楚吗：这幅图画以幻象的形式在他心里浮现，这一点绝无本质意义；这幅图画蛮可以是他面前的一幅草图或模型，也可以是他自己当作模型的东西。）

图画和应用会不会发生冲突？会的——我们用另一种方式使用这幅图画，而人们却预期这样使用它，因为人们通常是这样来应用**这幅**图画的。

我要说：我们在这里有一种**正常的**情形和一些不正常的情形。

142. 只有在正常的情形中，语词的用法才是明确规定好的；在这种那种情形下该说什么，我们知之不疑。情形越不正常，我们该说什么就越有疑问。假如事情同实际情况大不相同——例如：假如我们没有用来表达疼痛、恐惧、高兴的特定语词；假如规则成为例外而例外成为规则；或假如两者的出现差不多一半一半——那我们正常的语言游戏就茫然失措了。——我们用天平来称奶酪，按天平偏转多少来定价钱；假如奶酪经常没有明显原因就突然胀起来了或瘪下去了，这个程序就会失去意义。等我们讨论表达式和感觉之间的关系以及诸如此类的时候，我们这里所讲的会变得更加清楚。

我们为了解释一个概念的含义——我指的是概念的重要性[1]——而必须说到的，往往是些极其普通的自然事实：这些事实

① Bedeutung，兼有“含义”和“重要性”两义。——译者注

由于甚为普通而几乎从不被提起。

143.现在我们来考察下面这样一种语言游戏:B应根据A的命令按照某种特定的规律写下一系列符号。

其中的第一个系列,是十进位自然数的系列。——他是怎样学会理解这个进位法的?——先把这个数目系列给他写下来,督促他跟着写。(无需担心“数目系列”这个说法,它用在这里没什么错。)学生在这里已经会有正常的和不正常的反应。——起初我们可以手把手教他抄写从0至9的系列;但唯当他独立地写下去,**才可能说他的理解和我们一致**。——我们现在可以设想,他的确独立地抄写着这些数目,但写的次序不对,一会儿这样一会儿那样没个规律。**这里**就不再有理解的一致性。——他也可能在排列次序上〔大致正确,但时而〕“**出错**”。——这种情形和第一种情形的区别当然是频率的区别。——或者,他犯的是**系统的**错误;例如,他抄下的是隔位的数字,或把0,1,2,3,4,5,……这个系列抄写成:1,0,3,2,5,4,……这时我们几乎想说他把我们理解错了。

但请注意:无规律的错误和系统的错误并没有鲜明的区别。即,你倾向于称为“无规律的错误”和“系统的错误”的两种情况没有鲜明的区别。

也许可能使他戒掉系统的错误(如戒掉一种恶习)。或者也可以把他的抄写方式接受下来而试着把正常的方式当作他的方式的一种变式、一种变形来教他。——而我们的学生的学习能力在这里同样可能中止。

144. 我说“学生的学习能力在这里**可能**中止”，我是什么意思？我是在传达我自己的经验里的某种东西吗？当然不是（即使我有过这种经验）。那我干吗说这句话？我也许希望你说：“是的，是可以设想有这种情况。”——但我是要设法让某个人注意到他有能力想象这件事情吗？——我是要把那幅图画放在他面前；而他**接受了**这幅图画，就在于他现在倾向于以某种不同的方式来考察一件给定的事情：即拿它和**某个特定**系列的图画作比较。我改变了他的**观看方式**。（印度数学家们：“看看这个图形。”）

145. 现在这个学生好好地写下了从 0 到 9 的系列。——只有他**经常**写对了才算，写了一百次只对一次是不行的。现在我引导他继续这个系列并且让他注意第一个系列在个位数上的重现；然后注意它在十位数的重现。（这说的只是：我强调这一点或那一点，在符号下划上线，把一个数字写在另一个数下面，诸如此类。）——终于，他独立地把这个系列写下去了——或者他没有。——但是说这干吗？**这**是不言自明的呀！——当然是；我只是想说：任何进一步的**解释**的效力都取决于他的**反应**。

但我们现在假定，教师做了一番努力之后，学生把这个系列正确地继续下去了，就是说，做得和我们一样了。那我们现在可以说他掌握了这个进位系统。——但他必须正确地把这个系列继续到哪一步我们这么说才适当呢？显然，你无法在这里给出一个界线。

146. 我现在问：“他把这个系列写到百位的时候，他是否理解了这个系统？”或者——如果我们的原始语言游戏里不该说到“理解”——他要能正确地把这个系列继续**到了那儿**，他就接受这个系统了吗？——也许你会回答说：接受这个系统（也不妨说理解这个系统）不在于把这个系列写到**这个**数字**那个**数字：**这**只是理解的应用；理解本身却是一种状态，**从那里**产生出正确的使用。

你真正想着的是什么？是不是从一个代数式里推导出一个数字系列？或是与此相仿的什么？——但那个我们已经讨论过了。我们恰恰能够设想一个代数式不止有**一种**应用；而每一种应用方式本身又可以写成代数式，但这样做显然得不到什么进展。——应用始终是理解的一个标准。

147.“但应用怎么会是一个标准？当**我**说我理解一个系列的规则，我这么说可不是根据我到现在为止一直都如此这般地应用这个代数式的**经验**！我自己每次都知道我意谓的是如此这般的系列，事实上我把这个系列展开到哪一步无关紧要。”——

那你的意思是：即使完全不考虑是否记得实际上都曾把这个系列应用到什么特定的数字上，你照样知道这个系列的规则的应用。你也许会说：“当然！因为这个系列是无限的，而我能展开的那个特定系列是有限的。”

148.但这个知是什么？我要问：你都在**哪些时候**知道那种应用？一直知道？日日夜夜？还是只有当你正想着这个系列的规则的时候？即，你知道它的方式同你知道字母表和乘法表的方式一样？或者你称为“知”的是一种意识状态或活动——例如“想着一件事”那样的状态或活动？

149.如果说，知道字母表是一种心灵状态，那么人们想的是某种心灵器官（也许是大脑）的状态，我们借这种器官的状态来解释这种知的**外部表现**。人们把这样一种状态称为性向〔Disposition〕。但在这里来讲心灵状态不是无可指摘的，因为这种状态应当有两个标准：在器官的作用之外，还有对器官构造的认识。（再没有比用“有意识的”和“无意识的”这两个词来形容意识状态和性向两者的对照引起更多混乱的了，因为这对词掩盖了一种语法上的差异。）

(a)“理解一个词”：一种状态。一种**心灵**状态？——沮丧、兴奋、痛苦，我们称这些为心灵状态。做一下这种语法考察：我们说

“他整天都很沮丧。”

“他整天都处于极大的兴奋之中。”

“他从昨天起一直处于持续的痛苦中。”——我们也说“从昨天起我理解了这个词”。那么是“持续地”？——诚然，我们可以讲理解的中断。但在什么样的情况下？比较一下：“你的痛苦什么时候减轻的？”和“你什么时候停止理解那个词的？”

(b)假设有人问：你都什么时候会下棋？所有时候？或只在你走一着棋的时候？那么走每一步棋的时间里你都会下整盘象棋？——多奇怪，会下象棋只需要这么短的时间，而下一盘棋的时间却长那么多。

---

150. “Wissen〔知〕”一词的语法显然与“können〔能〕”、“imstande sein〔处于能做某事的状态〕”这些词的语法很近。但也同“verstehen〔理解、领会、会〕”一词的语法很近（“掌握”一种

技术)。

151. 但是"知道"一词也有**这种**用法:我们说"噢,我知道了!"——同样"噢,我能了!""噢,我会了!"

我们来想象这样一个例子:B看着A写一系列数字并试图在数字顺序里发现规则。他忽然发现了,就喊道:"现在我能继续下去了!"——所以,这种能力,这种理解,是某个瞬间出现的东西。那我们来看一下,这里是什么东西出现了。——A写着1,5,11,19,29这些数字;这时B说他知道怎样写下去了。这时发生了什么呢?发生的可以是各式各样的事情。例如,当A一个一个慢慢地写那些数字的时候,B在试着把不同的代数式套在写下来了的数字上。A写下了19这个数的时候,B试着$a_n = n^2 + n - 1$这个式子;而下一个数字证实了他的假设。

但也可能:B没有想到任何公式。他看着A往下写数字,心情有几分紧张,各种各样模糊的想法掠过了他的脑海。最后他问自己:"这里差数的系列是什么?"他发现那是4,6,8,10,于是说:现在我会写下去了。

或者他看了一眼就说:"噢,**这个**系列我知道"——于是就写下去了。例如A要写的是1,3,5,7,9这个系列他就会是那样的。——或者他什么都不说就写下去了。也许他有一种感觉,可以称作"这个很容易!"的感觉。(这种感觉可以是,像人在有点吃惊时,轻轻地迅速地吸进一口气。)

152. 但我在这里描述的这些过程就是理解吗?

"B理解这个系列的规律"当然不仅仅是:B想到了

a_n＝……这个式子。因为很可以想象他想到了这个式子却没有理解。“他理解”所含的内容一定多于:他想到这个式子。同样也多于:任何一种伴随着理解并或多或少指称出理解的特征的过程或外部表现。

153. 人们总想把握理解的心灵过程，这一过程似乎隐藏在那些比较粗糙因而落入了我们眼帘的伴随现象后面。这尝试并未成功;或说得更适当:它还根本算不上真正的尝试。因为，即使假定我发现了在理解的所有那些实例中都有某种东西发生，——为什么**那**就应该是理解呢？的确，如果**因为**我理解了所以我说“现在我理解了”，那么理解的过程怎样能够隐藏着呢？如果我说它是隐藏着的——那么我怎样知道我要找的是什么东西呢？我是一团糊涂。

154. 且慢！——要是“现在我理解这个原则了”不等于说“我想到了……这个式子”(或“我说出这个式子”，“我写下这个式子”等等)——那是否可以推出，我在用“现在我理解了……”或“现在我会继续下去了”这句话描述某个过程，而这个过程伴随着说出这个公式的过程，或躲在它的后面？

如果在“说出这个公式的后面”一定要有什么东西的话，那它就是**特定的周边情况**，这些情况使我在想起公式的时候有道理说:我会继续下去了。

根本别把理解想成“心灵过程”！——因为这正是把你弄糊涂的讲法。而要问问自己:在哪种情形下，在哪些周边情况中，你想到这个公式的时候会说“我现在知道怎样继续下去了”？

在某种意义上，的确存在着一些标识出理解的特征的过程（包括心灵过程）；正是在同样的意义上，理解不是一个心灵过程。

（痛觉减弱、增加，听见一个曲调、一个句子：心灵过程。）

155. 因而我要说：当他忽然知道怎么继续下去，当他忽然理解了那个规律，他也许有一种特殊的体验——如果我们问他："你忽然掌握了那个规律的时候，发生了什么？"他会描述那种体验，类似我们上面描述的那样——但对我们来说，那使得他在这样一种情况下有道理说他理解了、他知道如何继续了的东西，乃是他具有这样一种体验时所处的**周边情况**。

156. 如果我们对另一个词，**"读"**[①]，也做一番考察，这一点会更加清楚。首先我必须说明这里所做的考察没有把理解所读到的内容算作"读"的一部分：读在这里是朗读写下来或印出来的东西这样一种活动；但也包括听写、抄写，以及照着乐谱演奏之类。

我们当然极熟悉这个词在日常生活环境里的用法。但对这个词在我们生活中所起的作用，以及我们用这个词进行的语言游戏，即使粗略地加以描述也够难的。一个人，比方说一个德国人，在家或在学校接受了我们普通所受的那种教育，通过这种教育学会了读他的母语。后来他读书、读信、读报、读其他东西。

以读报为例吧。这时发生的是什么呢？他的目光掠过——如我们所说——印刷的文字，他念出来——或只是对他自己念；有些词在念的时候抓住的是印出来的整个形状；有些词他的眼睛只抓

① lesen，这个词我有时译作"读"，有时译作"阅读"。——译者注

到前几个音节;有些词他一个音节一个音节地念,有些也许是一个字母一个字母地念。——如果他后来能够逐字重复或几乎逐字重复一个句子,那么即使他读的时候没有大声念也没有对自己念出来,我们也还会说他读了这个句子。——他也许注意到了所读的东西,但也许——我们可以说——他只是像个阅读器似的,我的意思是:大声地正确地读出来但没有注意所读的内容;也许他的注意力是在完全不同的地方(因此若立刻问他,他就说不出刚刚读的是什么)。

我们来拿一个初学者和这个读者比较一下。初学者读着这些词,一个词一个词吃力地拼读着。——然而,有些词他可以根据上下文猜出来,或也许他事先已经心里记住了这段文章的一部分〔这些词句就念得比较流利〕。于是老师说他并不是在真正地**读**这些词(而在某些事例中他只是假装在读)。

如果我们想一想**这种**阅读、这个初学者的阅读,问自己**阅读**是什么,我们将倾向于说:阅读是心灵的一种特殊的自觉活动。

我们也说:"当然只有这个学生自己知道他是在真正阅读,抑或只是在背诵。"(我们以后还将讨论"只有**他自己**知道……"这类句子。)

但我要说:我们必须承认——就念出任何**一个**印刷出来的词而言——在那个"假装"在读这个词的学生的意识里和在那个真在"读"的熟练读者的意识里,发生的事情可以是同样的。我们讲到初学者和讲到熟练的读者,"读"这个词的用法是**不一样**的。——现在我们当然想说:熟练的读者和初学者在念那个词的时候,心中发生的事不可能是一样的。这种差异如果不是在他们对之有所意识的活动中，那就是在他们心灵的无意识活动中，要么就在大脑中。——因此我们会要说：这里反正是两种不同的机制。一定能通过他们内心发生的事把读和没有读区别开来。——但这两种机制当然只是假设，是模型，用来解释、概括你所感知到的东西。

157. 考虑一下下面这种情况。我们用人或另一种生物来作阅读机器。我们为此训练他们。训练者说他们之中有些已经会读了，有些还不会读。以一个此前没有参加过训练的学生为例：让他看看一个书写的字，他会随便这样那样发音，时而“碰巧”，发音大致对头。旁观者这时听见了，说：“他在读。”但老师说：“不，他不在读；那只是碰巧。”——但假设给了这个学生更多的词，他仍然反应得对头。过了一会儿，老师说：“现在他会读了！”——但那第一个词是怎么回事？老师该说：“我刚才说错了，他刚才**委实**在读”，还是：“他只到后来才真正开始读”呢？——他是什么时候开始读的呢？哪个是他开始**读**的第一个词？这个问题在这里没有意义。除非我们下个定义：“一个人‘读’的第一个词是他第一次正确读出一系列五十个词中的第一个”（或诸如此类）。

反过来，如果我们用“读”来表示对符号转变为说出声音的体验，那么说他真正开始读的**第一个**词就蛮可以有意义。那么他就可以说，（例如）“到这个词我第一次感觉到‘现在我在阅读了’”。

再设想阅读机器的一种不同的情形：有点像自动钢琴那样把符号转变成声音。这里有可能说：“只有把机器这样装配以后——把这些部件用导线连接起来以后，机器才开始**阅读**的；它刚才读的第一个符号是……”

但对于活的阅读器来说,"读"叫作:以某某方式对书写符号做出反应。这个概念因此完全无关乎心灵机制或其他机制的概念。——老师在这里也不能这样说到接受训练的人:"到这个词,也许他已经在读了。"因为对于他已经在做什么,无可疑问。——学生开始阅读时所发生的变化是他**行为举止**的变化;在这里讲"新状态下的第一个词"是毫无意义的。

158. 但这是否只因为我们对大脑与神经系统中的过程知道得太少呢?假如我们对这些过程了解得更准确些,我们也许会看到哪些联系是通过训练建立起来的,于是我们可以注视着大脑说:"现在他**读**这个词了,现在阅读联系建立起来了。"——一定是这样的——否则我们怎么会那么肯定有这样一种联系?它是先天如此——还是或然如此?多高的或然率?还是问问自己:你对这些东西都**知道**些什么?——但若它是先天的,那就是说,它是一种让我们十分明白的表述形式。

159. 反复思考之后,我们会很想说:真正可以判明一个人的确在**阅读**的唯一标准是阅读的自觉行为,从字母读出声音来的自觉行为。"人自己知道他是在读还只是假装在读!"——假设 A 想让 B 相信他能读西里尔文[①]。他心里默记着一句俄语,看着印刷的西里尔文说出这句话,好像在阅读这些文字。我们在这里当然要说,A 知道自己不是在读,而且他假装在读的时候感觉到的正是他不在读。因为当然有不少或多或少指称着阅读印刷文字所特有

① 9 世纪传教士西里尔发明的字母,现代数种斯拉夫字母的来源。——译者注

的感觉。回忆这些感觉并不困难:想想生涩的感觉、细看的感觉、读错的感觉、通顺或不通顺的感觉,等等。同样也有指称着说出熟记的东西所特有的感觉。在上面的例子中,A 就不会有任何这类阅读所特有的感觉,他倒会有一组欺骗所特有的感觉。

160. 但设想这样一个例子:我们让一个能流利阅读的人读一篇他从未见过的课文。他对我们读着——但却有一种感觉,好像他是在说着已经熟记的东西(这可以是某种药物的效果)。在这样一种情况下,我们会不会说他其实不是在读呢? 从而,我们在这里会不会让他的感觉作为衡量他在不在读的标准呢?

或者:假设给一个处在药物影响下的人一组书写符号,这些符号不必属于任何现存的文字;他现在按照这些符号的个数念出些词来,仿佛这些符号是些字母;而且他还有阅读的所有外在标记和阅读的感觉。(我们在梦中有过这种经验,我们醒来后就说:“我当时好像在读一些文字,其实那根本不是文字。”)在这样一种情况下,有人也许会说这人是在**读**那些符号;另一些人却说他不在读。——假设他以这种方式把一组四个符号读作(或解释作)OBEN——我们又把同样的字倒过来让他看,他读作 NEBO,而且在更多的实验中始终对这些符号做相同的解释:这里我们多半会说:他自己编造了一份特殊的字母表,然后照着它来读。

161. 还应记住:一个人背诵出他本应读出的东西,另一个人不借助通过上下文来猜测也不借助默记而一个字母一个字母地读每一个词,这两种情况之间,有着一连串的过渡。

请你试着从 1 说到 12,然后看着你的表盘**读**出这串数字。——这里你称为“读”的是什么？即：把前一种做法转变成**读**，你都做了什么？

162. 我们来试试这个定义：阅读是从原件**推导**出复制品。我称为“原件”的，是所读所抄的那个本文；所记录的听写词；所演奏的乐谱；等等。——例如，我们现在教会了一个人每个西里尔字母是怎么发音的，然后把一篇阅读材料放在他的面前；他读这篇材料，每个字母都按照我们所教的那样发音。于是，我们蛮可以说，他借助我们给他的规则，从字形推导出词的声音。这也是阅读的一个清晰的例子。（我们可以说我们教给他了“字母表的规则”。）

但我们为什么说他从印刷的语词**推导**出了所说的语词？难道我们所知道的不过是：我们教给他每个字母如何发音，然后他大声把语词读了出来？我们也许会回答：这个学生表明他正在借助我们给他的规则把印刷的语词转变成发音的语词。——我们换一个例子，就会更清楚地看到人们是怎么来**表明**上面这一点的——这个学生现在不再诵读这篇课文，而是把它从印刷体抄写成手写体。因为在这个例子里，我们可以用图表的形式把规则给他：一排是印刷体字母，另一排是手写体的字母。他不断查对图表，这就表明，他在从印刷体推导出他的手写体。

163. 但若他总把 A 转写成 B，把 B 写成 C，把 C 写成 D，一直到把 Z 写成 A，那会怎样呢？——这我们仍应说是根据图表的推导。——我们可以说，他现在使用这个图表根据的是第 86 节的第二种格式，而不是第一种格式。

即使用来表示推导方式的箭头格式没有任何简单的规律性，

他仍然蛮可以是在按照图表推导。

但假设他不停留在一种单一的转写方式上，而是根据一条简单规则做出改变：每次他把 A 写成 N，那他就要把下一个 A 写成 O，把再下一个 A 写成 P，等等。——但这个程序和一个无规则的程序之间的界线在哪里呢？

但这是不是说“推导”一词其实并没有含义呢？因为我们追究下去，它的含义似乎就消解于无形了。

164. 在(162)的例子里，“推导”一词的含义显得很清楚。但我们对自己说，这只是推导的一个很特殊的例子，穿着很特殊的外衣；假如我们想认识推导的本质，就必须剥除这外衣。于是我们剥掉了那些特殊的遮盖；然而此时推导本身也消失了。——为了发现真正的洋蓟，我们剥光了它的叶子。(162)当然是推导的一个特殊的例子；但推导的本质的东西并非隐藏在这个例子的外表下面；这个“外表”就是来自推导事例的家族里的一例。

同样，我们也把“读”这个词用于一群事例的家族。在不同的情况下，我们应用不同的标准来判明一个人是不是在读。

165. 我们也许会说，阅读可是一种很特别的活动！读它一页书，你自己就明白了；所发生的是某种特殊的事情，某种极富特征的事情。——我读这一页时发生的究竟是什么？我看见印刷的语词，念出语词。当然，这不是全部，因为我可以看见并念出语词却并不在读——即使我念的这些语词就像这些印刷出来的语词按照现存的字母表**应当**念的那样。你说阅读是一种特别的体验，那么你是不是按照人们普遍认可的字母规则来读，就无所谓了。——

所以，阅读体验的特征是什么呢？——这时我也许想说：“我念的语词的声音是以特殊的方式**到来**的。”例如，假如我编造一些语词，它们的声音就不会像这样到来。——话音自己就来了。——但这也还是不够；因为也可能我茫然看着印出的语句而语句的声音就在耳边响了起来，我却并不因此就在读这些话。——我还可以加上说，并非像是有什么东西让我**想起了**有声的语词，有声的语词才在我耳边响起来。例如我不愿说：印刷出来的“无”这个词总让我想起“无”这个声音。——而是有声的语词仿佛是在阅读之际溜进来的。我简直不可能看着一个印刷的德文词而不经历内在地听到话音这样一种特别的过程。

“一种很特别的”（气氛）这个说法的语法。

人说“这张脸有一种很特别的表情”，并寻找话语来描述它。

---

166. 我说在阅读之际有声语词“以一种特殊的方式”到来：但以什么方式呢？这不是一种虚构吗？我们来看着单个的字母，注意字母的声音是怎么来的。读 A 这个字母。——好，声音是怎么来的？——我们简直不知道该说什么。——现在写下一个小写的拉丁字母 a。——你写的时候手的动作是怎么来的？和前一个实验里的声音不一样吗？——我看着印刷的字母，写下了手写体的字母；不知还有其他。——现在看着  这个符号，同时让一种声音出现；再念出这个声音。对我出现的声音是“U”；但我说不出这个声音**到来**的方式里有什么本质的差异。差异在于刚才那种处境有些

不同。我已经事先告诉自己要让一个声音出现;在声音到来之前有某种紧张感。我不曾像看到字母U那样自动地说出"U"的声音来。我对那个符号也不像对字母那样**熟悉**。我似乎挺紧张地看着它,琢磨着它的形状;这时我想到了一个反写的Σ[①],——设想你必须把这个符号当作一个常规字母使用;于是你一看到它就习惯地发出一个特定的声音,比方说"sh"这个声音。我们不是只能说:一段时间以后,我们看见这个符号,这个声音就自动来了吗?这就是说:我看见它时不再问自己"这是个什么字母?"——当然也不再说:"我要把这个符号念成'sh'的声音",或"这个符号怎么就让我想起了'sh'的声音"。

(拿这一点和下面这种看法比较一下:记忆意象由于某种特殊的标记而有别于其他的心理意象。)

167. 现在"阅读是'一种很特别的过程'"这话还有什么意思呢?它大概是说:阅读之际有**唯一**一种我们可以**识认**的特定过程发生。——但若我这次读一个印刷的句子,下次又把它写成了摩尔斯电码——这里发生的真是相同的心灵过程吗?但另一方面,读一页印刷文字的体验中当然有着某种齐一性。因为这个过程是一个齐一的过程。的确不难明白,这个过程不同于看见乱画的线条而想到一些语词。因为,只要看一行印刷的语词,就看得到那是极富特征的,即,那是一幅非常特殊的图画:字母都差不多大小,形状也挺接近,而且不断重复出现;语词也大部分一再重复,我们对它们极其熟悉,就像看见熟识的面孔。——想一想语词的拼法改

① Σ,西格马,希腊语字母表的第十八个字母。——译者注

变时我们感到的那份别扭。（再想想语词的拼写法之争所激起的更强烈的感情。）当然，并不是每一种符号形式都在我们心里印得这么**深**。例如，逻辑代数中的一个符号可以由随便什么别的符号代替而不激起我们很深的感觉。

请记住：我们熟悉一个词的外形的程度，一如我们熟悉它的声音。

168. 扫一眼印刷的字行也不同于扫一眼一行潦草的字体和一行花体字。（我在这里讲的不是可以通过观察阅读者的眼睛的运动来确定的东西。）可以说，眼睛特别顺溜地扫过，无阻无碍；而且并不**打滑**。同时在意象中不自觉地在说着。我读德语和读其他语言，读印刷的和手写的，读各式各样写法的，所发生的也不相同。——但所有这些之中，什么对于阅读是那种本质的东西呢？没有一个特征出现在所有这些阅读的事例之中！（比较一下阅读通常的印刷体和阅读全部由大写字母印刷的语词——有时候字谜的谜底就是这样印的。多么不同的事情！——或者从右往左读我们所写的。）

169. 但我们阅读时难道不觉得字形是以某种方式导致我们念出声来的原因吗？——读一个句子！——再看看下面这一行

&8 §≠§≠?B+ % 8!'§*

从头到尾看这一行，同时念一个句子。我们是不是觉得，在读一个句子时，念和看见符号是联在一起的，而在第二个例子中，说和看齐头并行却没有联系？

但你为什么说我们感觉到了一种因果联系呢？因果关系是我

们通过实验确立的东西，例如观察某些事件有规律地共生。那我怎么能说我**感觉**到了某种要由实验确立的东西呢？（其实，我们倒不是只通过观察到有规律的共生来确立因果关系的。）有人也许宁愿说，我感觉到这些字母是我为什么如此这般读的**根据**。因为如果有人问我"你为什么**这样**读？"，我就用摆在那里的字母作根据。

我会说我用这作根据，我会想我用这作根据，但什么叫我**感觉**到我用这作根据呢？我会说：我读的时候感觉到这些字母对我的某种**影响**。——但我没有感觉到那一串随意的花体字①对我说的东西有什么影响。——我们再拿一个单独的字母和这种花体字比较一下！我在读"i"的时候也会说感觉到了它的影响吗？我看见"i"时说"i"这个音和我看见"§"时说"i"这个音当然是有区别的。这区别可以是：看见这个字母时，我内心可以自动地甚至违乎所愿地听见"i"的声音；我念出这个字母，比我看着"§"发这个音要来得轻易。这里是就我**着意**为之而言的；如果我碰巧在看着记号"§"的时候说了一个包含"i"这个音的词，情况当然就不是这样了。

170. 假使不是把看字母和看随意的笔画相比较，我们就从来不会想到阅读时我们**感觉**着字母对我们的**影响**。我们做此比较时却注意到了一种**差异**。我们把它解释为受到影响和不受到影响。

如果我们有意地慢慢阅读——可以说在有意地让字母**带领**〔führen，引、导、带、领〕着自己——为了看看阅读之际究竟发生的

① 本节开始所列的那串符号在早期手稿里是一串随意的笔画和花体字。——译者注

是什么，我们就会格外倾向于这种解释。但这种“被带领”却又无非是认真地看字母——不受其他杂念的干扰。

我们想象自己通过某种感觉而觉察到在字词的外形和我们说出的声音之间有一种类似联结机制的东西。因为我谈到体验到了影响、因果作用、被带领等等，而这些所说的应当是：我似乎感觉到了某种类似连杆的东西把看见字母和说出字母连结在一起。

171. 为了适当地表达我读一个词的体验，我也可以换用别的说法。我可以说，书写的语词**提示给**〔eingebe〕我声音。——也可能：阅读时，字母和声音形成了**统一体**——像合金似的。（例如，名人的面孔和他们名字的声音也有类似的融合。我们会觉得只有用这个名字来表达这张面孔才合适似的。）当我感觉到这个统一体时，我可以说，我在这个书写的词里看见了或听见了它的声音。——

但现在拿一份印刷品来读上几行，就像你平时没想着阅读的概念那样来读。然后问问自己读的时候是否有过那种对统一体、对受影响之类的体验。——别说你在无意识中有过！也别说“切近察看”时自会显现出这些现象来——这种形象说法足以把我们导入歧途。如果我要描述的是一个对象从远处看起来是什么样子的，那么我说这个对象切近察看时可以注意到什么什么并不能使描述更加准确。

172. 我们来想一想被带领这种体验！例如，问问自己：被带领着**行进**是怎样一种体验？——设想以下的事例：

你在一个游戏场上，眼睛用布蒙着，一个人用手带着你，一会儿向左，一会儿向右；你必须随时准备跟着他的拉动走，又必须当心他突然一拉你会跌一跤。

或者：某人强拉着你的手带你去一个你不愿去的地方。

或者：跳舞时舞伴带着你；你尽量随和，以便猜测他的意向，顺从他最轻微的推压。

或者：某人带你去散步；你们一边走一边交谈；他往哪里去你就往哪里走。

或者：你沿着一条跑道走，好像是让它带领着你。

所有这些情况彼此都很相像；但什么是所有这些体验的共同之处呢？

173.“但被带领着当然是一种特别的体验！”——对此的回答是：你现在**想的是**被带领的一种特别的体验。

我们前面的事例里有一个说的是某人在写的时候受到印刷的文本和图表的带领。如果我现在来设想这个人的体验，我就会想象“一丝不苟”的查找等等。我这时甚至会想象一种特定的面目表情（例如一个一丝不苟的账房先生的表情）。这幅图画里，**小心翼翼**是特别重要的；在另一幅图画里，丝毫不让自己的意志干扰却是特别重要的。（但再想象一件平常人们漫不经心做的事情，某个人却带着小心翼翼的表情来做——其实〔岂止表情?〕带着小心翼翼的感觉又有何不可？——那他就是小心翼翼的吗？设想一个仆人带着小心翼翼的那些外在标志把茶盘和茶盘上的东西都脱手摔在地上。）如果我设想这样一种特别的体验，那它对我似乎就是被带领的（或阅读的）**唯一**体验。但我现在问自己：你在做着什么？——你在看这些符号，你有这种表情，你细心写着这些字母（等等）。——原来那就是被带领的体验？——我于是会说："不，那不是；那是某种更加内在、更加本质性的东西。"——就仿佛起初所有这些或多或少不够本质的事情都被某种特别的气氛笼罩着，而我一加审视，这种气氛就消散了。

174. 问问自己你怎样"**认真**"地画一条同已知直线相平行的线——另一次认真地画一条同已知直线成交角的直线。什么是认真的体验？你马上想到一种特定的表情、姿势——而你接着又要说："这恰是一种**特别的**内心体验。"（当然，这话没说出任何更多的东西。）

（这里和意图、意愿的本质问题有关。）

175. 在纸上随便画点儿什么。——再在旁边照着画一个，让原画带领着你。——我要说："当然了，我现在受到带领。但这时发生了什么富有特征的事情呢？——如果我说出发生的是什么，它对我就不再作为富有特征的东西出现了。"

但请记住：我被带领的**那段时间里**，一切都很简单，我没有注意到任何**特别的**东西；但**在那之后**，当我问自己当时发生了什么的时候，却似乎有某种无法描述的东西曾在那里。在那之后，任何描述都不令我满意。似乎我无法相信我只是看了看，带着某种表情，画着一条线。——但我**记起**其他东西了吗？没有；而我却觉得——当我对自己说"**带领**"、"**影响**"之类的词——那里似乎一定曾有过其他什么。我对自己说："我当时确实是被**带领**着呀。"——于是就出现了关于那个虚无缥缈、无迹可寻的影响的观念。

176. 我事后想到这种体验的时候，我觉得这种体验里的本质的东西是“体验到了受影响”、体验到了联系——这与任何一种单纯的现象共时性相对：但同时我又不想把体验到的现象称为“体验到了受影响”（这里已含有“意志不是一种**现象**”的观念）。我想说我经验到了“**因为**”，但我不想把任何现象称为“体验到了因为”。

177. 我想说：“我体验到了因为。”不是因为我记得这种体验，而是因为当我回想在这种情况下我所体验到的东西，我是以“因为”（或者“影响”、“原因”、“联系”）这个概念为中介来看这种东西的。——因为，说我在原件的影响下画了这条直线当然没错：但这不单单在于我画这条线时感觉到了什么——在某些情况下，它可以在于我画了一条与它平行的直线等等；尽管这一点对被带领这回事也不具有普遍的本质意义。

178. 我们也说：“你明明**看见**我是被带领着”——那你看见了什么呢？

我对自己说：“我确实是被带领着”，这时我也许用手做一个表达带领的动作。——请你做一下这个动作，好像你带领着一个人，然后问问自己，这个动作哪一点是在**带领**。因为你并没有带领任何人。但你仍然可以把这个动作称为“带领”动作。所以，这个动作，以及这里的感觉，并不包含着带领的本质，但你仍不得不使用这个说法。正是带领的**某一种现象形式**迫使你采用这种表达法。

179. 我们再回到（151）的例子。显然我们不会因为 B 想到了那个公式就说，他现在可以切实说“我现在知道怎样继续下去了”，——除非经验表明在想到——或说出、写下——那个公式和实际继续那个系列之间有一种联系。显然有着这种联系。——现在人们也许会以为:“我能继续”这句话说的无非是“我有一种体验;经验表明这种体验可以引导我把这个系列继续下去”。但当B说他能继续时是这个意思吗?这句话在他的心里浮现?抑或他准备好了拿这句话来解释他的意思?

都不是。他想到公式时说“现在我知道怎样继续下去了”,这句话用得对头——当然是在某些条件下,例如他学过代数,以前已经用过这类公式。所有这些条件构成了我们的语言游戏的舞台。但这并不意味着,B说的话只是对这些条件的描述的简写。想一想我们是怎么学会用“现在我知道怎样继续下去了”,“现在我能继续了”这类说法的;想想我们是在什么语言游戏家族中学会使用它们的。

我们也可以想象这种情况:B心里什么也没有浮现,只是突然说“现在我知道怎样继续下去了”——也许带着松了口气的感觉;而且事实上他的确不靠公式就继续把这个系列算了下去。在这种情况下我们还是会说——在某些条件下——他的确知道怎样继续下去了。

180. **这些话就是这样用的**。在最后的这个情况以及类似的情况下,把这些话称作“心灵状态的描述”完全是误导。在这里倒不如把它们称为一种“信号”;我们根据他接下去进行的情况来判断这个信号用得对不对。

181. 为了理解这一点,我们还必须考虑下面的事例:B说他知道怎样继续下去了,——但他要继续下去时又迟疑起来了,继续不下去了。那么，我们应该说他刚才说他能继续下去是说错了呢，还是应该说他刚才能继续下去，只是现在又不能了？——很清楚，在不同的情况下我们说的也会不同。（请考虑一下两种情况。）

182.“适配”、“能够”和“理解”的语法。练习：（1）什么时候说圆柱体 Z 装在空圆柱体 H 里正适配？只有当 Z 恰恰卡入 H 吗？（2）有时说 Z 在某某时候装在 H 里不再适配了。在这个事例里，用什么标准评判是在这个时间不再适配的？（3）一件物体当时不在秤上，什么东西可以被视为标准来评判这件物体在某一时间改变了重量？（4）昨天我可以背一首诗；今天却不能背了。在哪些情况下问“我什么时候不再会背这首诗的？”才有意义？（5）有人问我：“你能举起这个重量吗？”我回答：“能。”他接着说“那你来！”——而我却举不起来。在哪些情况下可以有根有据地说“我刚才说‘能’的时候我是**能**举起来的，只是现在举不起来了”？

“适配”、“能够”、“理解”的通行标准比乍一看时要复杂得多。即，用这些词进行的语言游戏，以这些词为手段的语言交流的使用，要更为错综——它们在我们语言中扮演的角色，和我们所愿相信的不是一样的。

（要解决哲学悖论，这种角色是我们必须了解的。下个定义通常不足以解决这些悖论；而宣布一个词“无法定义”就更不够了。）

183.然而，（151）的例子中，“现在我能继续了”和“现在我想起那个公式了”说的是一回事，还是两回事？可以说，在这类情形下，两句话的意思一样（导致一样的结果）。但**一般来说**，这两个句子有不同的意思。我们也说：“现在我能继续了，我的意思是我知道公式了”，就像我们说：“我能走去，我的意思是我有时间”；但我们也说：“我能走去，我的意思是我已经够健壮了”；或者：“我能走去，就我的腿的情况来说”，这时我是拿行走的**这个**条件和其他条件对照而言的。但我们在这里必须留心，不要以为和这个事例的本质相对应存在着全部条件的**总和**（例如，一个人走去的条件的总和），如果这些条件都具备了，他似乎就非得走去不可。

184. 我想记起一个曲调却记不起来；我忽然说“我现在知道了”并且唱了出来。我忽然知道的时候情形是怎样的？我不可能一下子把这个曲调**整个**记起来吧！——你也许说：“这是一种特别的感觉，好像它现在就在**那儿**了”——但它**是**在那儿吗？假设我开始唱却又立刻卡住了？——但我在那一刻不可以**担保**我知道这个曲调吗？那么说在某种意义上它当时的确**在那里**！——但在什么意义上？若把它从头唱完或在心里从头听到了尾，你当然会说这个曲调就在那里。我自然不是在否认“曲调在那里”这个命题也可以被给予一个完全不同的意义——例如，这个曲调就写在我手里的一张纸上。——那么，他“担保”、他知道，相当于什么？——当然我们可以说：如果有人确信无疑地说：现在他知道这个曲调了，这时这个曲调（以某种方式）在那一刻整个地出现在他心里——而这就是“这个曲调整个出现在他心里”这个说法的一个定义。

185. 我们现在回到（143）的例子。这个学生现在——根据通常的标准来判断——掌握了基数的系列。我们再教他写下另一些基数系列，直到教他根据“＋n”这种形式的命令写下

0, n, 2n, 3n,

等等形式的系列；于是根据“＋1”的命令他将写下基数系列。——我们做了练习，在 1 000 以内的数里对学生的理解做了测验。

现在我们让这个学生写一个系列（比方是＋2）一直写到 1 000 以上，——而到了 1 000 他写下的是 1 000，1 004，1 008，1 012。

我们对他说：“瞧瞧你做的！”——他不明白。我们说：“你应该加 2；看看你是怎样开始这个系列的！”——他回答说：“是啊，这不对吗？我还以为**应当**这样做呢。”——或者假设他指着这个系列说：“可我是在用和以前一样的方式做呀。”——这时再说“可你就看不出来……吗？”，再重复原来的解释和例子已经毫无用处了。——在这种情况下我们也许可以说：这个人通过我们的解释理解到了那样一个命令，可谓本性使然，就像**我们**听到：“加 2 直加到 1 000，加 4 直到 2 000，加 6 直到 3 000，等等。”

这个例子同下面的例子很相像：一个人本性使然地对别人手指的姿势做出反应是从指尖向手腕的方向看，而不是从手腕向指尖的方向看。

186.“那么，你归根到底是说：为了正确执行‘＋n’的命令，每一步都需要新的洞见——直觉。”为了正确执行！在某一特定点上什么是正确的步骤，这是怎样决定的？——“正确的步骤就是同命令符合的步骤——即同当时命令的**意思**相符合。”——那么你当时给出＋2 的命令，你的意思是他应在 1 000 之后写下 1 002——你当时的意思还有他应在1 866 之后写下 1 868，在 10 034 后面写下 10 036，等等——你的意思是无穷多的这类命题吗？——“不；我当时的意思是，在**每一个**所写的数字后面，他应该写下隔过一个数字的第二个数字;由此自然得出了所有那些命题。”——但在任何一处从那个句子得出的是什么——这恰恰是问题所在。换言之——在任何一处我们应该把什么叫作和那个句子“相符合”(或者说和你当时给予那个句子的**意思**相符合——无论这个意思是些什么)。说在每一点上都需要一种直觉,几乎还不如说在每一点上都需要一个新的决定来得更正确些。

187.“但我当时给出命令的时候的确已经知道他应该在 1 000 以后写下 1 002。”——当然;你甚至可以说你当时的确是这个**意思**;只不过你不应该让“知道”和“意思”这些词的语法引入歧途。因为你的意思不是你当时想到了从 1 000 到 1 002 的步骤——即使你想到了这个步骤,你也没有想到其他的步骤。你说“我当时已经知道……”这大致是说:“假如别人当时问我他在 1 000 之后应写什么数字,我会回答说‘1 002’。”这一点我不怀疑。这同下面这个假设同类:“假如他当时掉到水里,我会跳下去救他的。”——那么,你先前的想法错在哪里了?

188. 在此我首先要说:你先前的想法是,命令里的那个意思已经以自己的方式完成了所有的步骤:就仿佛你的心靠着意谓飞到前面,在你借助这样或那样的有形方式完成那些步骤之前已经先行完成了所有的步骤。

于是你曾倾向于这样表达:“即使我还不曾在笔头上、口头上或思想上完成这些步骤,它们**真正说来**已经完成了。”仿佛它们以某种**独特的方式**事先决定好了,预计好了——就像说单单意谓就能够对现实做好预计。

189.“然而，这些步骤**不**是由代数公式决定的吗？”这个问法包含着一个错误。

我们的确使用“这些步骤是由某某公式决定的”这样的表达式。我们**怎样**使用它的呢？——我们所谈的事情也许是，人们通过教育（训练），从而这样来使用 $y=x^2$ 这个公式；若把同样的数目代入 x，大家总是算出同样的 y 值。或者我们可以说：“这些人经过训练，得到‘加 3’的命令，他们在同一点上都采取同样的步骤。”这一点我们可以这样来表达：对这些人来说，“加 3”的命令完全决定了他们从一个数目到另一个数目的每一个步骤。（相对于接到这个命令不知该做什么的人，或者相对于得到这个命令后大家都很有把握，但每个人各行其是。）

另一方面，我们可以拿不同种类的公式和适合于公式的不同用法（不同的训练）相对照。然后我们把一类特定的公式（及与之相属的用法）**称为**“给定的 x 值决定 y 值的公式”，把另一种公式称为“给定的 x 值不决定 y 值的公式”。（例如 $y=x^2$ 属于第一种，$y\neq x^2$ 属于第二种。）于是，“公式……决定 y 值”就是一个关于公式形式的命题——从而我们就必须把“我写下来的这个公式决定 y 值”或“这儿有一个决定 y 值的公式”这类命题同“公式 $y=x^2$ 由给定的 x 值决定 y 值”这种命题区分开来。这样一来，“那个公式是不是决定 y 值？”这个问题就等于在问“那个公式是这种公式还是那种公式？”而我们要是问“$y=x^2$ 是一个由给定的 x 值决定 y 值的公式吗？”不加说明就弄不懂这个问题要问的是个什么。这个问题可能是用来测验一个学生是否理解“决定”一词的用法；也可能是道数学题，要求在一个特定的系统中证明 x 只有一个平方值。

190. 现在可以说："公式的意思是什么，这决定了应该采取哪些步骤。"用什么标准来决定公式的意思是什么？是我们一向使用公式的方式，是我们被教会使用公式的方式。

例如，有个人使用一个我们不懂的符号，我们会对他说："如果你用 x!2 的意思是 x^2，你就得到**这个** y 值，如果你的意思是 2x，你就得到**那个** y 值。"——现在问问你自己：人怎么就能用"x!2"来**意谓**这个或**意谓**那个的？

在这个意义上，意谓什么就能够事先决定该采取什么步骤。

191. "我们似乎可以一下子抓住这个词的全部用法。"——就像抓住**什么**呢？——就不**能**——在某种意义上——一下子抓住用法吗？在**何种**意义上做不到这一点？——然而我们似乎能在一种更直接得多的意义上"一下子抓住"。——但你有一个说明这一点的范本吗？没有。呈现到我们面前的只是这个表达方式而已。不同图画交叉的结果。

192. 你没有这个超级事实的范本，却被引诱去使用一个超级表达式。（我们可以称之为哲学的最高级。）

193. 机器之为其作用方式的象征：机器——我首先可以说——似乎从一开始就在自身中包含着它的作用方式。这是什么意思呢？——如果我们了解这台机器，那么其他一切，即它将造就的各种运转，似乎已经完全决定好了。

我们这样说，似乎这些零件只能以这种方式而不会以其他方式运转。怎么会这样呢？——难道我们忘了它们可能弯曲、断裂、熔化等等了吗？是的；在许多情况中我们根本不考虑这些。我们把一台机器或者一台机器的图纸用来当作一种特定运动的象征。例如，我们把这样一张图纸给某个人，同时就认为他从中能推导出各个部件的运转情况（就像我们对某人说，这个数是1，4，9，16……这样一个数列里的第25个数，这样我们也就把这个数告诉他了）。

“机器似乎从一开始就在自身中包含着它的作用方式”是说：我们倾向于把机器未来的运转的确定性比作已经放好在抽屉里的东西的那种确定性——我们现在又可以把这些东西拿出来。——但我们在预测一台机器实际上会怎么工作的时候，我们并不这样说。这时我们一般并不忘记零件可能变形，等等。——然而，如果我们现在考虑的是怎样才能把机器用作某种特定运转方式的象征，我们就会这样说，——因为机器运转起来也可能完全是另一个样子的。

我们可以说，一台机器，或它的图纸，是一系列图画的第一张，而我们是从这一张学会推导出后面整个系列的。

但若想到这台机器本来也可能以不同的方式运转，我们就会觉得作为象征的机器所包含的运转方式一定远比实际的机器所包含的运转方式更为确定。那本来是从经验上预先确定的运转，但似乎这还不够，真正说来——在一种神秘的意义上——这种运转必须已经是**现存**的。这一点倒不假：我们是以不同的方式来预先确定作为象征的机器的运转与任何特定的实际机器的运转的。

194. 人们什么时候会认为机器反正已经以某种神秘的方式包含着它的运转了？——做哲学的时候。是什么误导我们这样认为？是我们谈论机器的方式。例如，我们说：一台机器**有**（具备）如此这般运转的可能性，这时我们讲的机器是按理想方式固定不移的机器，**只能**以如此这般的方式运转。运转的**可能性**，这是什么呢？它不是运转，但它似乎也不仅仅是运转和活动的物理条件——例如轴承和轴杆之间有个间隙，轴杆在轴承里卡得不是太紧。因为虽然从经验上说这是运转的条件，我们却也可以设想事情是另一个样子。运转的可能性倒应该是像运转本身的影子那样。但你见过这样的影子吗？我在"影子"名下理解的不是运转的任何一幅图画，因为这幅图画不必正好是**这一**运转的图画。然而这种运转的可能性却必须是这种运转而非其他运转的可能性。（瞧瞧语言的浪头在这里卷得多高哇！）

一旦我们问自己如下问题，浪潮就会平息：当我们谈论某台机器的时候，我们是怎样使用"运转的可能性"这个短语的？——然而，那些古怪的想法是从哪儿来的呢？好，我现在用一幅运转的**图画**向你显示运转的可能性："所以可能性是某种和实在相像的东西。"我们说："它还不在运转，但它已经有可能运转起来"——"所以可能性是某种非常接近实现的东西"。虽然我们可以怀疑如此这般的物理条件是否使得这样一种运转成为可能，但我们从不争论**这**是这种或那种运转的可能性："所以运转的可能性同运转本身处于一种独特的关系之中；这种关系比图画和实物的关系更紧密"；因为可以怀疑一幅图画是这件实物还是那件实物的图画。我们说"经验会告诉我们这是否给了轴杆这种运转的可能性"，但我们不说"经验会告诉我们这是不是这样一种运转的可能性"："所以，这种可能性恰好是这样一种运转的可能性，这一点并不是一个经验事实”。

我们留心自己在谈论这些事情时的表达方式；但我们不理解这些表达方式，而加以错误地解释。我们从事哲学的时候就像野蛮人、原始人，听到文明人的说法，做出错误的解释，再从这类解释得出最离奇古怪的结论。

195.“但我的意思并不是我现在（即在抓住用法之时）所做的是**以因果方式**、以经验方式来确定未来的用法；而是：通过某种**稀奇的**方式，用法本身在某种意义上是现存的。”——“在**某种**意义上”它当然是现存的！你这话里真正的错误只在“通过某种稀奇的方式”这个说法。其他的都对；我们实际上的确使用这样的句子；只有当人们把它设想为一个与实际使用有别的语言游戏，这个句子才显得稀奇。（有个人告诉我，他小时候听到裁缝“**会缝衣服**”，觉得很奇怪——他还以为这是说把一条线一条线缝在一起，这样就可以缝出一件衣裳来。）

196.我们没弄懂语词的用法，就把它解释成在表达一种稀奇的**活动**。（就像把时间想作一种稀奇的媒介，把心灵想作一种稀奇的存在物。）

197.“就仿佛我们可以一下子抓住一个词的全部用法。”——我们的确说我们是这样做的。即：我们有时的确用这样的话来描述我们是怎么做的。所发生的事情那里却根本没有令人惊异感到稀奇的东西。唯当我们被诱导去认为未来的发展必定以某种方式已经现存于抓住用法这回事里面而它并不现存在那里，这才变得稀奇。——因为我们说：我们无疑懂得这个词，而另一方面，它的含义就在于它的用法。好，我现在肯定想下棋，而象棋之为象棋全在于它的整套规则(等等)。那么，不到我**下过了**棋我就不知道我当时想玩的是什么游戏吗？抑或所有的规则都包含在我产生意向这一步之中？是经验教会我有了这种意向之后通常会跟着发生这一种游戏吗？那么我就不可能十分肯定自己当时打算做的是什么吗？如果这是胡话，——那么在有所打算这一步和打算做的事情之间存在着什么样的超固定联系？——“咱们来下盘棋”这话的意思和象棋的全部规则之间的联系是在何处形成的？——好，在象棋游戏的规则表里，在棋艺课上，在下棋的日常实践中。

198.“但一条规则怎么能告诉我在**这个**地方必须做的是什么呢？无论我怎么做，经过某种解说都会和规则一致。”——不，不应这样说。而是：任何解说都像它所解说的东西一样悬在空中，不能为它提供支撑。各种解说本身不决定含义。

“那么无论我怎么做都和规则一致啦？”——我这样来问：一条规则的表达——譬如一个路标——同我的行动有什么关系？这里有什么样的联系？好，可以是这样：我被训练来对这个符号做出某种特定的反应，而我现在就是这样反应的。

但你这样只提供了一种因果联系；只说明了我们现在照着这个路标走是怎么来的；你没有说明这个“遵循符号”真正是怎么回事。不然；我也已经提示出，唯当存在着一种稳定的用法，一种习俗，才说得上一个人依照路标走。

199.我们称为“遵从一条规则”的事情，会不会是只有**一个**人能做，在他一生中能只做**一次**的事情？——这当然是对“遵从规则”这个表达式的**语法**注解。

只有一个人只那么一次遵从一条规则是不可能的。不可能只那么一次只做了一个报告、只下达了或只理解了一个命令，等等。——遵从一条规则，做一个报告，下一个命令，下一盘棋，这些都是**习惯**（风俗、建制）。

理解一个句子就是说：理解一种语言。理解一种语言就是说：掌握一种技术。

200. 当然可以设想，有那么个部落不知游戏为何物，却有两个人坐在棋盘两端，一步一步在那里走棋；甚至具备所有的心灵伴随现象。**我们**假如看见了，我们会说他们在下棋。但请你现在设想根据某些规则把下棋转换为一系列我们通常不会和**游戏**联系在一起的行为——例如转换为尖叫和跺脚。那两个人现在不是按照我们所习见的形式下棋，而是叫啊跺啊；不过，根据适当的规则，这些活动是可以转换为一盘棋的。我们现在还愿说他们在玩一种游戏吗？又有什么道理那样说呢？

201. 我们刚才的悖论是这样的：一条规则不能确定任何行动方式，因为我们可以使任何一种行动方式和这条规则相符合。刚才的回答是：要是可以使任何行动和规则相符合，那么也就可以使它和规则相矛盾。于是无所谓符合也无所谓矛盾。

我们依照这条思路提出一个接一个的解释，这就已经表明这里的理解有误；就仿佛每一个解释让我们至少满意了一会儿，可不久我们又想到了它后面跟着的另一个解释。我们由此要表明的是，对规则的掌握**不**尽是〔对规则的〕**解说**；这种掌握从一例又一例的应用表现在我们称之为“遵从规则”和“违反规则”的情况中。

于是人们想说：每一个遵照规则的行动都是一种解说。但“解说”所称的却应该是：用规则的一种表达式来替换另一种表达式。

202. 因此“遵从规则”是一种实践。**以为**〔自己〕在遵从规则并不是遵从规则。因此不可能“私自”遵从规则：否则以为自己在遵从规则就同遵从规则成为一回事了。

203. 语言是道路的迷宫。你从这**一边**来，就认得你的出路；你从另一边来，到的是同一个地点，却认不得你的出路了。

204. 在现有情况下，我可以发明一种从来没有人玩过的游戏。——但若人类从未玩过任何游戏，竟可能也有个人发明出一种游戏来吗(那当然是从来没有人玩过的游戏)？

205. “但这正是**意向**之为心灵活动的奇特之处：它无需习俗、技术的存在。例如，可以设想两个人在一个没有其他游戏的世界里下棋，哪怕他们只是刚开始下——接着就被打断了。”

但象棋不是由它的规则定义的吗？而这些规则怎样现存在打算下棋的人心里的？

206. 遵从一条规则类似于服从一道命令。我们通过训练学会服从命令，以一种特定的方式对命令做出反应。但若一个人**这样**另一个人**那样**对命令和训练做出反应，那该怎么办？谁是对的？

设想你来到一个陌生的国度进行考察，完全不通那里的语言。在什么情况下你会说那里的人在下达命令，理解命令，服从命令，抗拒命令，等等？

共同的人类行为方式是我们借以对自己解释一种未知语言的参照系。

207. 让我们设想在那个国家里，人们从事着通常的人类活动，看上去也显然使用着一种清晰的语言。细看他们从事各种活动，他们的做法是可以理解的，在我们看来是“合乎逻辑的”。但我们想要学习他们的语言之时却发现那是不可能的。这在于，他们所说的、他们的声音，和他们的行动之间并没有合乎规则的联系；然而，这些声音仍不是多余的，因为如果我们堵住一个人的嘴，后果会和在我们这里的后果一样：没有那些声音，他们的行动就会——我要这样说——陷入混乱。

我们应该不应该说这些人有一种语言，诸如命令、报告等等呢？

比照我们称之为“语言”的，这里还缺少合乎规则的特性。

208. 那么我是在用“合乎规则”来解释什么叫“命令”什么叫“规则”啦？——我又怎样对某人解释“合乎规则”、“一致”、“一样”的含义呢？——对一个只会讲法语的人，我会用相应的法语语词解释这些词汇。但对一个还不具备这些**概念**的人，我会通过**例子**或通过**练习**来教他使用这些词。——这时我教给他的东西并不比我自己知道的少。

教他的时候，我就会指给他看一样的颜色，一样的长度，一样的形状，会让他指出这类东西，做出这类东西，等等。我会指导他，让他在听到相应的命令后“照原样”把某些装饰图案继续画下去。——也指导他把一些级数展开。例如把 · ·· ··· 这样展开：·

…　……　……。

我示范，他跟我的样子做；我通过同意、反对、期待、鼓励等各种表现来影响他。我让他做下去，让他停下来；等等。

设想你目睹这样一场教学。这里没有哪个词是用那个词本身去解释的；没有什么逻辑循环。

连“余此类推”、“余此类推以至无穷”这些表达式也是用这种教学法解释的。在种种方法中也可以包括使用某种姿势。意味着“就这样做下去”或“余此类推”的姿势所起的作用，相当于用手指着一个东西或一个地点所起的作用。

我们应把作为省略记号的“等等”和**不**是省略记号的“等等”加以区别。“余此类推以至无穷”就**不**是省略记号。我们写不出 π 的所有位数，这并不像数学家有时认为的那样是人类的一种缺陷。

有时所教的东西限于已经给出的例子，这种教学不同于“**举一反三**”这类[①]教学。

209.“但难道理解不是超出所有的例子吗？”——一个非常奇特的表达；当然超出啦！——

但**就**这些？难道就没有一个更深入的说明？或者，难道就不必对这种说明有更深的**理解**？——我自己有一种更深的理解吗？比起我在说明里提供的，我**有**更多的理解吗？——那么，我的理解要更多些这种感觉又是从哪儿来的呢？

这是不是有点像我把一个没有界划出来的东西解说成了超出

① 或译“超出给定例子的教学”，这样就和下文连得更紧些。不过原文里先用的是 hinausweisen，下文用的是 weiterreichen。——译者注

任何长度的长度？

210.“但你真的把你自己的理解都向他说明了吗？难道你不是让他去**猜**最重要的东西吗？你给他举例，——但他得去猜这些例子指向何处，猜你的意图。”——我能对自己说明的我也都对他说明了。——“他去猜我的意思是什么”却会是说：我的说明的种种不同解说都浮现在他眼前，他在其中猜一个。在这种情况下他可以问我；而我可以回答他，而且也会回答他。

211.“无论你怎么教他继续把装饰图案画下去，——他怎么**知道**他自己将怎样继续下去？”——那**我**又怎么知道？——这说的要是：“我有没有根据？”那么答案是：我的根据很快就会用完。接着我将行动，没有根据。

212.当一个让我害怕的人命令我继续这个系列，我做得很快，很有把握，而缺乏根据一点也不令我困扰。

213.“但这个系列的开端显然可以有各种各样的解释（例如通过某些代数表达式），这样你最初必须在这些解释中选择出**一种**。”——完全不是！在某些情况下，可以有怀疑。但这不是说我的确怀疑过，甚至不是说我当时能够怀疑。（和这联系在一起的，要说说一个过程的心理“气氛”。）

当时只有直觉能消除这种怀疑？——如果直觉是一个内在的声音，——我怎么知道我应该怎样服从它？我怎么知道它不是在误导我？因为它如果能正确引导我，它也就能误导我。

（（直觉，画蛇添足而已。））

214. 如果必须靠直觉才能展开 1,2,3,4……这个系列,那么要展开 2,2,2,2……这个系列也必须靠直觉。

215. 但至少,相同是:**相同**。难道不是吗?

就相同而言,我们似乎有一个错不了的范型:一个东西和它自身相同。我将说:"这里不可能有不同的解说。他在眼前看见一个东西,他也就看见了相同。"

那么,两个东西相同,是否就像**一个**东西那样相同呢?而我又该怎样把**一个**东西所显示的应用到两个东西上面呢?

216. "一物与自身相同一。"——没有更好的例子来说明一个无用的命题了,但它仍然和想象的某种把戏有关。这就像我们在想象中把一个东西塞到它自己的外形里,看见它正好吻合。

我们也可以说:"每个东西都自相吻合。"换个说法:"每个东西都合乎自己的形状。"这时我们看着一样东西,想象那里原是空白的,而它现在恰恰嵌入这处空白。

这个墨迹与白色的周界"吻合"吗?——但如果墨迹所在之处原本是个窟窿,而现在墨迹刚好嵌在里面,那么**它看上去就正好是这个样子**。"它吻合"这个表达并不单单描述这一图形。不单单描述这一**情境**。

"每个色块都与它的周界正好吻合"是多多少少经过特殊化的同一律。

217. "我怎样能够遵从一条规则?"——如果这不是在问原因,那么它就是在问我**这样**来遵从这个规则的道理何在。

如果我把道理说完了,我就被逼到了墙角,亮出我的底牌。我就会说："反正我就这么做。"

（记住：我们有时要求解释并不是为了解释的内容，而是为有个解释的形式。我们的要求是建筑学上的要求，房檐装饰般的解释，并不支撑什么。）

218. 这种想法是从哪里来的——一个系列的开头部分仿佛是一条铁轨的可见部分，而铁轨一直延伸，渐不可见直到无限？好，我们可以不想规则而想想铁轨。无限长的铁轨相当于规则的无限应用。

219. "真正说来，所有的步骤[①]都已完成"是说：我别无选择。规则一旦封印上特定的含义，它就把遵循规则的路线延伸到无限的空间。——即使真这样延伸到无限，那对我又有什么帮助？

不然；你必须在象征的意义上理解我的描述，它才有意义。——我本该说：对我来说是这样的。

我遵从规则时并不选择。

我**盲目地**遵从规则。

220. 但那个象征性的命题目的何在？它本来要突显的应是以因果方式决定和以逻辑方式决定之间的区别。

221. 我的象征性表达真正说来是对规则使用的神话式描述。

222. "这条线向我提示应该怎么进行。"——但那当然只是一幅图画。假如我判定它让我觉得这样或那样，好像它自己不负责任似的，那我就不会说我把它作为规则来遵从。

---

① 规则的应用，公式的展开，等等。——译者注

223. 我们不感到总要等着规则点头示意（面授机宜）。正相反。我们并不眼巴巴地等着规则又要告诉我们些什么；它始终告诉我们同样的东西，我们就照它告诉我们的去做。

我们对接受我们训练的人说："你看，我始终是这样做的；我……"

224. "一致"这个词和"规则"这个词**同出**一族，它们是堂兄弟。我教给一个人怎样使用其中一个词，他也就学会了另外一个词的用法。

225. "规则"一词的用法和"同样"一词的用法交织在一起（正如"命题"的用法和"真"的用法）。

226. 假设某个人根据 $2x+1$ 这个系列写下 1，3，5，7……这个系列。[①] 现在他问自己："但我做的一直是同样的，还是每次做的都不一样？"

一个人日复一日答应说"明天我来看你"——他每天说的都一样，还是每天说的都不一样？

227. "假如他每次做的都**不一样**，我们就不会说：他在遵从规则。"这么说有意义吗？**毫无**意义。

228. "对于我们，一个系列**只有一副**面孔！"——好吧，然而是哪一副呢？——代数式的面孔，还是一段数列的面孔？抑或这个系列还有另外一副面孔？——"但所有的都已经在那里面了！"——然而，这却不是对该系列中某一段做出的断言，或对我们

① MSS 上作：假设某个人根据 x^2+1 这个系列写下 1，3，5，7……这个系列。——英译者注

在这一段里面窥见的某种东西的断言；这里表达的是：我们怎样**做**，只看规则怎样开口，而不再诉诸其他任何引导。

229. 我相信自己在系列的一段中精致入微地察觉到了某种蓝图，察觉到了一个与众不同的特征，只需再加上“等等”就可以达到无限。

230. “这条线让我觉得我应该怎么进行”，这只不过转述了：让这条线成为我该怎么进行的**最后**仲裁者。

231. “可你明明看见……！”好，这恰是受到规则驱迫的人的典型表达。

232. 假设有条规则让我感觉到我应该怎样遵从它；就是说，当我的目光跟着这条线走的时候，就有一个内在的声音对我说：“**这么画！**”——遵从某类灵感和遵从一条规则，这两种过程有什么区别？因为它们确实不一样。在遵从灵感的情形下，我**等待**指示。我将无法教给别人怎么遵从那条线的“技术”。除非是说我教给他某一类倾听方式，某一类感受性。但那样的话我当然就无法要求他像我那样来遵从那条线了。

这些都不是我根据灵感行动的经验和遵从规则行动的经验；而是语法注释。

233. 也可以设想以这种方式来教某种算术。在这里，孩子们能够各以自己的方式进行计算，——只要他们倾听内心的声音并遵从它。这种计算就像一种作曲。

234. 难道我们就不可能像我们实际所做的那样进行计算（大

家做得都一致，等等），而做每一步都觉得受规则引导就像受魔法引导，也许还奇怪我们怎么做得都一致呢？（这种一致性大概要感谢神灵。）

235. 日常生活里称为“遵从规则”的做法有一种面相学，而你从我们上面的讨论中只看到所有那些属于面相学的东西。

236. 计算天才得到了正确的结果却说不出怎样得到的。我们该不该说他们并不计算呢？（各种事例形成的一个家族。）

237. 设想某人按下面的方式用一条线作为规则：他拿着一副圆规，使圆规的一脚在规则线上移动，另一脚则跟着规则线移动。沿着规则线这样行进的时候，他时时改变圆规的张角，看上去他极精确地做着这件事，一直看着规则线，仿佛它规定着他的做法。而我们认真观察他这样做，却看不到圆规张角的增减有任何规律性。我们无法从他那里学到他跟从规则线的方式。在这里也许我们实际上会说：“那条原线似乎让他**觉出**了他该怎么进行。但它不是规则。”

238. 要让我觉得规则事先就产生出了它的所有后件，它对我就必须是**不言自明**的。就像把这种颜色叫作“蓝色”一样不言自明。（“这对我‘不言自明’”——这一点都有哪些标准。）

239. 他听见“红色”的时候怎么会知道该挑选什么颜色？——很简单：听到这个词，浮现出来的是什么颜色的图像，就挑选什么颜色。——但他怎么会知道“浮现出来的图像”是哪种颜色的图像呢？为此需不需要一个进一步的标准呢？（当然有这样的事：听到……一词时浮现出来的是哪种颜色就选中那种颜色。）

"'红色'意味着我听到'红色'一词时浮现出来的颜色"——这或许是个**定义**。这话不曾解释通过语词来指称是**怎样一回事**。

240. 人们（例如在数学家之间）并不对是否遵从了规则争吵。例如，人们并不为此动手打起来。这属于我们的语言据以起作用（例如做出某种描述）所赖的构架。

241. "那么你是说，人们的一致决定什么是对，什么是错？"——人们**所说的内容**有对有错；就所用的**语言**来说，人们是一致的。这不是意见的一致，而是生活形式的一致。

242. 通过语言进行交流不仅包括定义上的一致，而且也包括（无论这听起来多么奇怪）判断上的一致。这似乎要废除逻辑，其实不然。——描述度量方法是一回事，获得并陈述度量的结果是另一回事。但我们叫作"度量"的，也是由度量结果的某种稳定性来确定的。

243. 一个人可以鼓励自己，命令及服从自己，责备及惩罚自己，他可以自问自答。我们甚至可以设想一些人只对自己讲话；他们一边做事一边自言自语。——一个研究者观察他们，悉心听他们谈话，最终有可能把他们的语言翻译成我们的语言。（于是他就可能正确预言这些人的行动，因为他也听得见他们下决心、做决定。）

但是否也可以设想这样一种语言：一个人能够用这种语言写下或说出他的内心经验——他的感情、情绪等等，以供他自己使用？——用我们平常的语言我们不就能这样做吗？——但我的意思不是这个，而是：这种语言的语词指涉只有讲话人能够知道的东西;指涉他的直接的、私有的感觉。因此另一个人无法理解这种语言。

244. 语词是怎样**指涉**感觉的?——这似乎不成其为问题;我们不是天天都谈论感觉,称谓感觉吗?但名称怎么就建立起了和被称谓之物的联系?这和下面的是同一个问题:人是怎样学会感觉名称的含义的?——以“疼”这个词为例。这是一种可能性:语词和感觉的原始、自然表达联系在一起,取代了后者。孩子受了伤哭起来;这时大人对他说话,教给他呼叫,后来又教给他句子。他们是在教给孩子新的疼痛举止。

“那么你是说,‘疼’这个词其实意味着哭喊?”——正相反;疼的语言表达代替了哭喊而不是描述哭喊。

245. 怎么一来我竟能够要借助语言插入疼痛的表现和疼痛之间呢?

246. 在什么意义上我的感觉是**私有**的?——那是,只有我知道我是否真的疼;别人只能推测。——这在一种意义上是错的;在另一种意义上没意义。如果我们依正常的用法使用“知道”这个词(否则我们又该怎么用!),那么我疼的时候别人经常知道。——不错,但还是不如我自己知道得那么确切!——一个人一般不能用“我**知道**我疼”这话来说他自己(除非是在开玩笑之类)。——这话除了是说我**有**疼痛[①]还会是说什么呢?

---

① Ich habe Schmerz,我通常译作“我疼”、“我在疼”,但有时为了表明这个德文用语的结构而译作“我有疼痛”,虽然汉语没有这样表达的。例如在这里就这样译,以便和下文“我有这些感觉”对应。——译者注

不能说别人仅只从我的行为举止中得知我的感觉,——因为我不能用得知自己的感觉这话说到我自己。我**有这些感觉**。

正确的是:说别人怀疑我是否疼痛,这话有意义;但不能这样说我自己。

247.“只有你自己能知道你有没有那种意图。”我可以这样说;这时我是在向你解释“意图”一词的含义。这句话于是就是说:我们是**这样**使用这个词的。

(而“知道”在这里是说:表达不确定性没有意义。)

248.“感觉是私有的”这个命题可以和“单人纸牌是一个人玩的”相比较。

249.婴儿的笑不是假装的,——我们这种假定也许过于草率?——我们的假定基于哪些经验?

(像别的语言游戏一样,说谎是逐渐学会的。)

250.为什么狗不会伪装疼?是它太诚实了吗?能教会一条狗假装疼吗?也许可以教会它在某些特定场合虽然不疼却好像疼得吠叫。但它的行为总还是缺少正当的周边情况以成为真正的伪装行为。

251.我们说:“我想象不出反过来是什么样子的”或者“不是这样还能是什么样子呢?”——例如有人说,我的意象是私有的,或者,只有我自己知道我是否感到疼,诸如此类——这些说法都意味着什么?

“我想象不出反过来是什么样子的”,在这里当然不是说:我的想象力达不到。我们用这些话防止自己把实际上是语法句子的东西因为其形式而误认作经验句子。

但我为什么说："我想象不出反过来是什么样子的"？为什么不说："我想象不出你说的那东西"？

例如："每根棍子都有长度。"这大致是说：我们把某种东西（或**这种**东西）称为"一根棍子的长度"——而不把任何东西称为"球体的长度"。那我现在能想象"每根棍子都有长度"了？我想象的就是一根棍子，如此而已。只不过，这幅图画和这个命题联系在一起所扮演的角色，完全不同于某幅图画和"这张桌子和那张桌子长度相同"这个句子联系在一起时所扮演的角色。因为在这里我明白什么叫作形成一幅相反的图画（而且不必是想象的图画）。

但属于语法句子的图画所能显示的只是被称为"棍子长度"的东西。而关于棍子长度的相反图画会是什么呢？

（关于一个先天命题的否定的评注。）

252."这个物体具有广延。"我们可以回答说："毫无意义！"——却又倾向于回答"当然！"——为什么？

253."别人不可能有我的疼痛。"——哪些是**我的**疼痛？这里什么是同一性的标准？琢磨一下，讲到物理对象，是什么使得我们能说"这两个一模一样"，例如说"这把椅子不是你昨天在这里见到的那把，但同那把一模一样"。

只要说"我的疼同他的疼一样"有**意义**，那么我们两人也就可能有一样的疼痛。（甚至可以想象两个人在同一的——不仅是相应的——部位感到疼痛。例如暹罗连体人就是这样。）

我曾看到有人在讨论这个题目时敲打着自己的胸膛说："但别

人就是不可能有**这个**疼痛!”——对此的回答是:通过强调“这个”一词,并不就为同一性的标准提供了定义。倒不如说,这种强调只是向我们摆明了这样一种标准是通行的,但现在不得不再向我们提醒一下。

254. 用(例如)“同一”来代替“一样”也是哲学里的一个典型策略。仿佛我们谈的是含义的细微差别,问题只在于找到某些语词切中微妙之处。然而,唯当我们的任务是从心理学角度准确地表述我们为什么总被诱惑去采用某一特定的表达方式,那才成为哲学的问题。当然,我们在这样一种情形下“被诱惑去说”的东西并不是哲学;而是哲学的原材料。例如,一个数学家就数学事实的客观性和真实性所倾向于说的东西,就不是数学的哲学,而是哲学须得予以**诊治**的东西。

255. 哲学家诊治[1]一个问题,就像诊治一种疾病。

256. 那该怎么看待描述我的内在经验并只有我自己能够理解的语言呢?我**怎样**用语词指称我的感觉?——像我们通常所做的那样?那么我的感觉语词就和我的感觉的自然外现连结在一起了?这样的话我的语言就不是“私有的”。别人也能够像我一样理解这种语言。——但假使我没有这种感觉的任何自然外现,而只具有感觉,那会怎么样呢?现在我单单把一些名称和这些感觉**联系在一起**[2],在描述中使用这些名称。——

① 这里译作“诊治”的是 behandeln,其较广的意义是“处理”。——译者注

② assoziieren,也作联想。但从 258 节可知这个词和 verbinden 混用。——译者注

257.“假使人类不外现疼痛(不呻吟,不扭歪了脸,等等)会怎么样?那就不可能教给一个孩子使用‘牙疼’这个词。”——好,我们假设这个孩子是个天才,自己给这个感觉发明了一个名称!——而他现在用这个词的时候当然不可能让别人理解。——那就是他理解这个名称却不能向任何人说明它的含义了?——但什么叫作他“为他的疼痛起了个名称”?——为疼痛起名称,他是怎么做成这件事的?!无论他是怎么做的,他有什么样的目的呢?——当人们说“他给予了他的感觉一个名称”,他们忘了:语言中已经准备好了很多东西,以便使单纯命名具有一种意义。如果我们说得上某人给这种疼痛起了个名称,那么“疼痛”这个词的语法在这里就是准备好了的东西;它指示出这个新词所驻的岗位。

258.我们来想象下面的情况。我将为某种反复出现的特定感觉做一份日记。为此,我把它同符号E联系起来,凡是有这种感觉的日子我都在一本日历上写下这个符号。——我首先要注明,这个符号的定义是说不出来的。——但我总可以用指物定义的方式为自己给出个定义来啊!——怎么给法?我能指向这感觉吗?在通常意思上这不可能。但我说这个符号,或写这个符号,同时把注意力集中在这感觉上——于是仿佛内在地指向它。——但这番仪式为的是个什么?因为这看上去徒然是仪式!定义的作用却是确立符号的含义。——而这恰恰通过集中注意力发生了;因为我借此给自己印上了符号和感觉的联系。——“我把它给自己印上了”却只能是说:这个过程使我将来能**正确**回忆起这种联系。但在这个例子里我全然没有是否正确的标准。有人在这里也许愿说:只要我觉得似乎正确,就是正确。而这只是说:这里谈不上“正确”。

259. 私有语言的规则就是关于规则的**印象**?——用来衡量印象的天平却不是关于天平的**印象**。

260. “我相信这又是感觉 E。”——你蛮可以相信你相信这一点!

那么,在日历上记下符号的人**什么都没有**记录下来吗?——不要理所当然地以为,一个人记下符号——例如在日历上——就记录下了某种东西。因为一项记录有一种功能;而这个“E”到现在还什么功能都没有。

(人可以对自己说话。——如果没有其他任何人在面前,说话的人都是在对自己说吗?)

261. 我们有什么根据把“E”称为**感觉**的符号呢?“感觉”是我们共同语言里的词,而不是只有我才理解的语言里的词。因此这个词的使用就需要有大家都理解的理由。——它不必是一种**感觉**;他写下“E”的时候他有**某种东西**——我们说不出更多的;这种说法也无补于事。“有”和“某种东西”也属于共同语言。——于是一个人从事哲学最后会弄到这个地步:他只还能够要发出一个含混的声音。——但这样一种声音只有在我们仍需加以描述的某个特定的语言游戏里才是一种表达。

262. 人们可能说:谁为语词给出了一个私有定义,他现在就必定内在地**决定要**如此这般使用这个词。他怎么决定这样做?我应该假定他发明了这种使用的技巧还是发现了已经现成准备好了的技巧?

263.“但我的确能够(内在地)下决心将来要把这个称为‘疼痛’。”——“但你是不是也能肯定自己已经下了决心呢?你肯定只要把注意力集中在你的感觉上就足以达到这个目的吗?”——稀奇的问题。——

264.“你一旦知道这个字词指称什么,你就理解它了,你就了解它的整个用法了。”

265.我们来设想一张图表,有点像本字典,但只在我们的想象中存在。人们可以靠字典来论证 X 一词应该译作 Y。但若我们只在想象里查这张表,还该不该称为论证?——“那好,那它就是一种主观论证。”——但论证却在于人们可以诉诸某个独立的裁定者。——“但我的确可以从一个记忆追溯到另一种记忆。例如,我不知道我当时是否正确地记下了火车的发车时间,于是我在记忆里唤起列车时刻表里相关页的图画以便检验。这里的情况不是一样吗?”——不是;因为这种活动必须实际上唤起**正确的**记忆。假使时刻表的意象图画是否正确本身就不能得到**验证**,它又怎么能够担保第一个记忆的正确性呢?(就好像有人买了好几份今天的同一种晨报来向自己确保报上所说属实。)

在想象中查图表,并不是查图表,就像对想象的实验的结果的想象并不是实验结果。

266.要知道现在几点钟,我可以看表。但要**猜测**现在是几点钟,我也可以看一个表的表盘;为了同样的目的我还可以把表针拨到我觉得是正确的位置上。所以,钟表的图画能够以不止一种方式来确定时间。(在想象中看表。)

267. 假设我设想建一座桥，我首先以设想的方式进行了桥梁材料的承重试验，要借此来论证桥梁的设计规模。这当然会是关于人们称为论证桥梁规模的设想。但我们也会称之为桥梁规模设想的论证吗？

268. 为什么我的右手不能把钱赠送给我的左手？——我的右手蛮可以把钱交给我的左手。我的右手可以写一张赠送书而左手可以写一张收据。——但再往后的实际后果却不会是赠送的后果。左手从右手拿到了钱，我们会问："好，往后呢？"一个人给予自己一个私有的语词定义，——我的意思是，他对自己说出一个词，同时把注意力集中在一种感觉上，我们也可以问他同样的问题。

269. 请记住，一个人不理解一个词，这事情是有一定的标准来判明的：这个词对他什么都没说，他不知道好拿这个词干什么。也有"他以为理解了这个词"的标准：把某种含义和这个词联系在一起，但那不是正确的含义。最后，还有他正确理解了这个词的标准。在第二种情况下可以谈得到某种主观的理解。别人都不理解而我却"**似乎理解**"的声音可以称为一种"私有语言"。

270. 现在我们来设想把符号"E"记在我的日记本上会有种什么用法。我注意到这样的经验：每次我有一种特别的感觉，血压计就向我显示我的血压升高。于是无需仪器的辅助我也将可以说我的血压升高了。这是一个有用的结果。在这里，我对那个感觉识别得**正确**与否似乎完全无所谓。假设我在识别这种感觉时经常弄错，这也毫无关系。这已经表明，当时认为我弄错了的假设徒有其表。（就仿佛我们转动一个把手，它看上去可以用来启动机器上的什么东西;其实它只是个装饰,同机器的机制毫无联系。)

我们在这里有什么根据把"E"称作某种感觉的名称?根据也许是在这个语言游戏中使用这个符号的方式方法。——为什么说它是一种"特定的感觉",即每次都一样的感觉呢?是啊,我们已经假设好了我们每次写的都是"E"啊。

271."设想有个人,他不能把'疼痛'这个词**所意谓的东西**保持在记忆里——因而一再把别的东西称作'疼痛'——但他对这个词的用法仍然和疼痛的通常征候和前提一致!"——亦即他像我们大家一样使用这个词。这里我要说:一个齿轮,我们能转动它,但其他部分都不跟着动,那这个齿轮就不是机器的一部分。

272.私有经验的本质之点其实不是每个人都拥有他自己的样本,而是没有人知道别人有的也是**这个**,还是别的什么。于是就可能假设——尽管这是无法证实的——人类的一部分对红色有**一种**感觉,另一部分有另一种。

273."红"这个词又是怎么样的呢?——我是否应该说它指称着某种"面对我们大家"的东西,每个人除了这个词其实还应该有一个词来指称他**自己**对红色的感觉?或者是这样:"红"这个词指称着某种我们都认识的东西;此外还对每个人指称着某种只有他自己才认识的东西?(或者更好的说法是:它**指涉**某种只有他自己认识的东西。)

274.不说"它指称"(bezeichnen)而说"它**指涉**"(beziehen)私有的东西当然无助于我们掌握"红"这个词的功用;但对弄哲学时的某种特定体验,"指涉"从心理学上说是个适切的表达。仿佛我在说出这个词的同时瞥一眼自己的感觉，好像为了对自己说：我的确知道我用这个词意谓的是什么。

275.看着蓝天，对你自己说“这么蓝的天！”——你自发地说这话的时候——不怀有哲学意图——不会觉得这个颜色印象只属于**你**。你也会不加思量地对别人发出这样的感叹。你要是指着什么说这话，那你指的就是天空。我的意思是：你没有“指向你自己”的感觉；而人们反思“私有语言”的时候，这种感觉却经常伴随着“为感觉命名”。你也想不到你其实不应该用手，而只应该用注意力指向颜色。（想一想什么叫作“用注意力指向某种东西”。）

276.“但我们注视一种颜色、为这种颜色印象命名的时候，我们不是至少意谓某种相当确定的东西吗？”那倒当真好像我们从所见的对象上面剥下一层薄膜那样剥下颜色**印象**来。（这本该引起我们的怀疑。）

277.但人们怎么竟可能被诱导去认为我们一会儿用一个词意谓大家都认识的颜色，——一会儿又意谓：**我此刻**获得的“视觉印象”呢？这里怎么竟可能有什么诱惑吗？——在这两种情况下我不是用同样方式来调动对颜色的注意的。我意谓（我愿说）单属于我自己的颜色印象的时候，我沉浸到这个颜色里——颇像我对某种颜色“百看不厌”的时候。因此，在看一种鲜明的颜色的时候，或者在看一种给人以深刻印象的色彩组合的时候，比较容易产生这种体验。

278.“我知道绿色在**我**看起来是怎样的”——这话的确有意义！——诚然；你设想的是这个句子的哪种用法？

279. 设想有人说:“我当然知道我个子多高!”同时把手放到头顶上来标志这一点!

280. 有人画了一幅画以表明他是怎么想象一个舞台场景的。现在我说:“这幅图画有双重功用;它向别人传达的是图画或语词通常传达的那些东西——但对传达者来说,它此外还是另一类表现(或传达?):对他来说,它是他想象的图画,而它不可能对其他任何人是这样的图画。这幅图画给他的私有印象对他述说着他当时所想象的东西;而这幅图画不可能在同样的意义上对别人述说着他当时想象的东西。”——如果表现或传达这些语词在前一种情况下用得对头,那我又有什么道理在第二种情形下也说表现或传达?

281. “但你说的最后不就等于,例如,没有**疼痛的行为举动**就没有疼痛?”——它等于:只有说到活人,说到和活人相类似的(和活人有类似行为举动的)生物,我们才能说:它有感觉;它看见;它瞎;它听见;它聋;它有意识,或无意识。

282. “但在童话里,连瓦罐也能看能听呢!”(诚然;然而它还**能**说话呢。)

“但童话只不过杜撰出并非实际的事情;它说的却不是无意义的话。”——不是这样简单。说一只瓦罐会讲话,这是不真呢还是无意义呢?在哪些情况下我们会说一只瓦罐在讲话,对此我们能否形成一幅清楚的图画?(即使一首诗无意义,其无意义的方式仍和小孩咿咿呀呀的那种无意义不一样。)

诚然;我们说到无生命的东西有疼痛:例如在和布娃娃玩的时候。不过,疼痛概念的这种用法是次级用法。让我们来设想一下人们**只**有说到无生物才说疼痛，**只**对布娃娃才生出怜悯，那会是怎样的情形！（孩子们玩火车游戏，这个游戏是和他们对火车的知识联系在一起的。但在一个不知火车为何物的部族，那里的孩子也可能从别人那里学会玩这种游戏，却不知道这游戏模仿着某种东西。可以说，这游戏对这些孩子的**意义**和对我们的**意义**是不一样的。）

283. 某些生物、某些物体，能有所感觉——**单说这个想法**，我们竟是从哪里得来的？

我受的教育是这样把我引导到这个想法的吗——我被教会把注意力集中在我内部的感觉上，然后把这个观念移置到在我之外的客体上？我认识到那里（在我内部）有某种东西，我可以称之为“疼痛”而不和别人对这个词的使用相矛盾？——我不把我的观念移置于石头、植物，等等。

难道我不能设想我有剧烈的疼痛并且在疼痛持续的时候变成了石头吗？的确，要是我闭住眼睛，我怎么知道我没有变成一块石头？——如果发生了这样的事儿，在何种程度上**石头**会有疼痛？在何种程度上可以说到一块石头疼痛？为什么疼痛在这里竟还要有一个承受者？！

能够说石头有灵魂，而**这灵魂**有疼痛吗？灵魂和石头何干？疼痛和石头何干？

只有说到像人那样行为举动的，我们才能说，它**有**疼痛。

因为说疼痛，我们必定在说到身体，或者，如果你愿意，必定在说到身体所**具有**的灵魂。而身体是怎么能**具有**灵魂的？

284. 好生看着一块石头，并且设想它有感觉！——人们对自己说：人怎么竟想得出把**感觉**加到**物体**上？那简直也可以把感觉加到一个数字头上了！——现在来看着一只蠕动的苍蝇，这困难立刻消失了，就仿佛疼痛在这里始有**驻足之处**，而在这之前的一切，对疼痛来说都太**光滑**了。

同样，在我们看来，一具尸体对疼痛也全然无路可通。——我们对待活物和死物的方式不同。我们的所有反应都不一样。——如果有人说："这些不同不可能单单在于活物如此这般活动着而死物则不然"，那么我要提醒他，这里有"从量变到质变"的一例。

285. 想想对**面部表情**的辨认。或想想对面部表情的描写——它不在于给出面孔的尺寸！再想想一个人怎么能够不在镜子里看着自己的脸就模仿别人的表情。

286. 但说**身体**有疼痛不是很荒唐吗？——为什么人们在其中觉出荒唐？在何种程度上不是我的手感到疼，而是我感到我的手疼？

感到疼痛的是**身体**吗？这里的争点是什么？——该怎么解决这争点？为什么在通行的说法里，感到疼痛的**不**是身体？——好，大致是这样：一个人手疼，说疼的不是**手**（除非是写"疼"字），人们并不对手说安慰的话，而是安慰受疼的人；人们这时看着这个人的眼睛。

287. 我是怎样**对这个人**充满同情的？——同情的对象是哪一个是怎么显示出来的？（我们可以说，同情是确信另一个人有疼痛的一种形式。）

288. 我化为石头而我的疼痛持续着。——假使我弄错了，而这不再是疼痛！——但在这里我不可能弄错；怀疑我有没有疼痛毫无意义！——亦即：如果有人说"我不知道我现在有的是疼痛呢还是什么别的东西"，我们大概会认为他不知道"疼痛"是什么含义，会向他解释。——怎样解释？也许通过表情，或者用针刺他一下，说："你瞧，这就是疼。"对语词的这种解释，和其他任何解释一样，他可能理解得正确或错误，也可能根本不理解。在这里像在别处一样，他怎么理解的，要看他将怎么使用这个词。

例如，现在他说："噢，我知道什么叫'疼痛'了；不过我不知道我现在有的**这个**是不是疼痛"——这时我们只好摇摇头，把他的话当作一种稀奇的反应，不知拿这种反应怎么办才好。（有点像我们听到一个人认真说："我记得很清楚，我出生前不久曾相信……"）

这类怀疑的表达不属于语言游戏；但若现在把表达感觉的人类行为排除在外，那么似乎就**容许**我重新怀疑了。我在这里要说的是，人们之所以会把感觉当作与其所是不同的东西，其来源在于：如果我设想正常的语言游戏没有了感觉的表达，我就需要一种识别感觉的标准；于是我们就可能弄错。

289. "当我说'我疼'，无论如何我**在我自己面前**摆明了这么说的理由。"[1]——这是什么意思？是不是："假如另一个人能够知道我称为'疼'的是什么，他就会承认我这个词用得正确？"

用一个词而未摆明理由（ohne Rechtfertigung）不叫用得不正确（Unrecht）。

① 或：对自己是负责任的。——译者注

290. 我所做的当然不是通过标准来识别我有同一的感觉，我是在使用同样的表达。但这并不**结束**语言游戏；它开始语言游戏。

但难道不是要从感觉——从我所描述的感觉——开始吗？——这里也许是“描述”这个词在戏弄我们。我说“我描述我的心态”，说“我描述我的房间”。我们必须回忆一下语言游戏之间的诸种差异。

291. 我们称为“**描述**”的，是服务于某些特定用途的工具。想想摆在机械师面前的机器图纸、剖面图、标有比例尺的正视图。把描述设想为事实的语词图画，这是会起误导作用的：人们大概只想到这些图画挂在我们墙上的那个样子；图画似乎仅仅按照一件物体看起来是什么样子、有什么性质把它描摹一番。（仿佛这些图画是闲摆在那里的。）

292. 不要总以为你从事实里解读出了你的话语，以为你根据规则把事实临摹到了话语里！因为即使是那样，你在把规则应用于特殊事例时也照样得不到引导。

293. 如果就我自己而言我说我只是从自己的情况知道“疼”这个词的含义是什么——那么就他人而言我不也必须**这样**说吗？可我怎能这样不负责任地从这样**一种**事例来进行概括呢？

现在设想每个人都对我说，就他而言他只是从自己的情况知道疼是什么！——假设每个人都有一个盒子，里面装着我们称之为“甲虫”的东西。谁都不许看别人的盒子；每个人都说，他只是通过看**他的**甲虫知道什么是甲虫的。——在这种情况下，很可能每个人的盒子里装着不一样的东西。甚至可以设想这样一个东西在不断变化。——但这些人的“甲虫”一词这时还有用途吗？——真有用途，这个用途也不是用来指称某种东西。盒子里的东西根本不是语言游戏的一部分；甚至也不能作为**随便什么东西**成为语言游戏的一部分：因为盒子也可能是空的。——是的，我们可以用盒子里的这个东西来“约分”，无论它是什么东西，它都会被消掉。

这是说：如果我们根据“对象和名称”的模型来构造感觉表达式的语法，那么对象就因为不相干而不在考虑之列。

294. 如果你说，他看见眼前有一幅私有图画，那就是他正在描述的图画；那你还是假定了他眼前有的是什么。这是说，对这幅图画，你可以做出，甚或正在做出更切近的描述。如果你承认你完全想不出他眼前的东西究竟会是什么——那么，什么又误导你仍然要说有某种东西在他眼前呢？这不就像我这样说到一个人：“他**有**某种东西，但那是钱，是债务，还是空钱匣，我就不知道了。”

295. “我只从我**自己的**情况知道……”究竟会是什么样的命题？经验命题？不是。语法命题？

于是我设想每个人说到自己时都说：他只从自己的疼痛知道疼痛是什么。——并非人们真的说这话，甚或也不是〔被问到时〕准备这样说。然而，**假使**每个人都这样说了——那它可能是某种呼喊。即使它没有传达任何东西，这种呼喊却仍是一幅图画；而我们为什么不该愿意把这样一幅图画唤到我们心里来呢？试着设想用一幅寓言式的图画代替这话。

我们弄哲学的时候向自己内部看，这时我们得以看到的往往正是这样一幅图画。这不折不扣是我们的语法的一幅图画式表达。不是事实;而仿佛是加以图解的习用语。

296.“不错,但还是有某种东西伴随着我疼痛的叫喊!我就是因它之故才叫喊的。而这种东西才是重要的——并且是可怕的。”——只是我们要把这个告诉谁?在什么场合告诉?

297.当然,锅里的水在沸腾,蒸汽就从锅里冒出来;蒸汽的图画也是从锅子的图画里冒出来的。但若有人要说画的锅里一定也有什么在沸腾,又如何是好?

298.我们那么喜欢说“**这**才是重要的东西”——这时我们自说自话地指向感觉——而这已经表明我们多么倾向于说些什么都没有传达出来的东西。

299.当我们沉溺于哲学思考的时候——我们无可转圜地说如此这般,不可抗拒地说如此这般——这并不是说被迫做出某种**假定**,或直接洞见到了或知道了某种事态。

300.人想说,用“他疼”这话所做的语言游戏不仅包括行为的图画,而且也包括疼痛的图画。或者,不仅包括行为的范式,而且也包括疼痛的范式。说“疼痛的图画随着‘疼痛’这话进入了语言游戏”是一种误解。疼痛的意象不是一幅图画,在语言游戏里,这个意象也不能由我们称之为图画的那类东西取代。——疼痛的意象在某种意义上是进入了语言游戏;只不过不是作为图画。

301.意象不是图画,但图画可以与它对应。

302.以自己的疼痛为范本来想象别人的疼痛殊非易事:因为我必须根据我**感觉到的**疼痛来想象我**没有感觉到的**疼痛。这可不是单单在想象中把疼痛从一个部位转移到另一个部位，例如把手上的疼痛转移到臂上。因为我要想象的不是我感觉到他身体的某个部位上的疼痛。（这也是可能的。）

疼痛的行为举止可以指向一个疼痛的部位，——但遭受着疼痛的人才是那个表现着疼痛的人。

303.“我只能**相信**别人有疼痛，但我若有疼痛我就**知道**。”——是的；我们可以决定不说“他有疼痛”而说“我相信他有疼痛”。但如此而已。——这里看来像个定义或像关于心灵过程的陈述的东西，其实是用一个弄哲学时似乎更中肯的说法替换了另一个说法。

试一试——在某种实际情况下——去怀疑别人的恐惧，或别人的疼痛！

304.“但确有疼痛的疼痛举止和没有疼痛的疼痛举止之间是有区别的，这你总会承认吧？”何止承认？还会有什么更大的区别？——“你却再三得出结论说感觉本身子虚乌有。”——不然。它不是某种东西，但也并非乌有！结论只是：凡关于某种东西无可陈述，在那里乌有就仿佛和这“某种东西”作用相同。我们只是在抵制要在这里强加于我们的语法。

别认为语言始终以**单一的**方式起作用，始终服务于同样的目的：传达思想——不管这些思想所关的是房屋、疼痛、善恶，或任何其他东西；唯当我们彻底和这种观念决裂，上述悖论才会消失。

305.“但你总不至于否认，例如，我们在记忆时，有一个内在过程发生。”——为什么会得到我们想否认什么的印象？当人们说“这时的确有一个内在过程发生”时——他们愿继续说：“你的确**看**

见了。”而人们用“记忆”这个词意谓的，正是这个内在过程。——以为我们想否认什么，这种印象是这样引发的：我们不理睬“内在过程”的图画。我们所否认的是：内在过程的图画给了我们使用“记住”一词的正确观念。是的，我们是说这幅图画以及由此而来的种种想法妨碍了我们如其所是地看到这个词的用法。

306. 我倒是为什么要否认有心灵过程呢？但“在我内部现在正有记忆的心灵过程……”所说的无非：“我现在记起了……”否认心理过程等于说否认记忆；否认任何人记起过任何东西。

307. “难道你不是一个伪装的行为主义者吗？难道你归根到底不是在说，除了人类行为之外，一切全是虚构吗？”——我若在谈论虚构，那我谈的是语法上的虚构。

308. 怎么就来了关于心灵过程和心灵状态的哲学问题？来了行为主义的哲学问题？——第一步是完全不为人所注意的一步。我们谈论种种过程和状态，却一任其本性悬而不决！我们以为，也许将来终会对它们知道得更多些。但正由此我们把自己固着在某种特定的考察方式上。因为我们对什么叫作更切近地熟知某个过程有了一个特定的概念。（变戏法的关键步骤已经完成，而正是这一步我们以为最清白无疑。）——那个比喻原要让我们的思想变得可以把捉，在这里却破碎了。于是我们就必须否认尚未加以研究的媒介里的尚未加以理解的过程。于是我们似乎已经否认了心灵过程。但我们当然不想否认这些。

309. 你的哲学目标是什么？——给苍蝇指出飞出捕蝇瓶的出路。

310. 我对一个人说我疼。他对我的态度是相信；不相信；将信将疑；等等。

我们假设他说："不会那么厉害吧。"——这不是证明了他相信在疼痛的表现背后有某种东西吗？——他的态度是他的态度的一种证明。请你不仅设想用本能发出的声音和表情来替代"我疼"这句话，而且也设想用这些来替代"不会那么厉害吧"这个回答。

311. "还有什么区别比这更大！"——就疼痛而言，我认为我可以用私有方式向自己展示这种区别。但一颗碎牙齿和没碎的牙齿之间的区别我却可以展示给任何人。——但为了这种私有展示，你根本无需给自己弄出疼痛来；**想象**一下疼痛就足够了——例如把脸扭曲一些。你是否知道你这样对自己展示的是疼，而不是某种面部表情之类呢？你又怎么知道在没有向自己展示之前你将会向自己展示什么呢？这种私有展示是一种幻觉。

312. 再说，牙齿的例子和疼痛的例子不是很相似吗？因为一例中的视觉相应于另一例的痛觉。我怎么能向自己展示痛觉，就怎么能向自己展示视觉。

让我们设想这种情形：我们周围事物（石头、植物等等）的表面上有一些斑块和区域，一旦接触我们的皮肤就产生疼痛。（也许是这些表层的化学性质所致。不过这我们无需知道。）于是我们会说到叶子上的疼斑，就像我们现在说到某种特定植物上的红斑一样。我想，对这些斑块及其形状的感知对我们将会是有用的，从这些斑块我们可以推论出这些事物的某些重要属性。

313. 我可以展示疼痛，其方式一如我展示红色，展示直和曲，展示树和石头。——我们恰恰**把这称为**“展示”。

314. 如果我想考察我此刻头疼的状态以便弄明白有关感觉的哲学问题，这就表明了一种根本性的误解。

315. **从未**感觉过疼痛的人能够理解“疼痛”这个词吗？——要经验来告诉我然或不然吗？——我们说“除非感觉过疼痛，否则无法设想疼痛”——这我们何从知道？怎样才能决定这话是真是假？

316. 为了弄清“想”这个词的含义，我们在想的时候盯着自己看；我们观察到的竟会是这个词的含义是什么！——但这个概念不是像这样使用的。（这就像我不懂象棋，却想通过仔细观察某盘棋的最后一步琢磨出“将死”一词的含义是什么。）

317. 令人误入歧途的比较：喊叫，疼痛的表达——句子，思想的表达。

似乎句子的目的是让一个人了解另一个的内部状态如何：只不过，这里仿佛说的是他思想器官里的状态而不是他肠胃里的。

318. 当我们边想边说或边想边写——我的意思是像我们平常做的那样——我们一般不会说我们想得比说得快；在这里，思想似乎**不**和表达**分离**。但另一方面，我们也谈论思想的迅速：思想闪电般掠过脑海；问题一下子变得清楚了，等等。因此大概可以问问：在闪电般地思想之际所发生的，和并非不假思索地说话之际所发生的，可是一样的事情——只是极其迅速？于是就仿佛在前一种情况下，钟表的发条是一下子松开的，而在后一种情况下，发条由语词卡着，一步一步松开。

319. 我可以在同样的意义上闪电般地整个看见或理解一个思想，就像我可以用不多几个字甚或几个线条记录下这个思想。

什么使得这个记录成为这个思想的概要？

320. 闪电般的思想和说出来的思想的关系，大概像代数公式和我从中推演出来的数字系列的关系。

例如，给我一个代数函数，我**肯定**我将能够演算出自变数 1，2，3……直到 10 时这个函数的值。我们可以称这种肯定"有充足的根据"，因为我已经学会演算这类函数，等等。在另一些情况下，我的肯定会没有根据——而用成功的演算作为理由。

321. "一个人恍然大悟时发生的是什么？"——这个问题问得很糟糕。若问的是"恍然大悟"这一表达式的含义，答案就不在于指向某个我们称为"恍然大悟"的过程。——这个问题可能意味着：恍然大悟有哪些迹象？恍然大悟所特有的伴随心理现象是哪些？

（没有理由假定一个人会感觉到他面部的表情活动，或某种情绪活动所特有的呼吸变化，及诸如此类。即使他一旦把注意力集中到这些东西上他就感觉得到这些。）（（姿势。））

322. 这种描述回答不了表达式含义的问题，这一点诱导我们推论说理解恰恰是一种特殊的无法定义的体验。但人们忘了，必定引起我们关注的是这样的问题：我们怎样**比较**这些体验；我们把什么**确立**为所发生的体验是否相同的标准？

323. "我知道怎样继续下去了！"是个感叹句；它相应于一个自然的声音，一个振奋的闪念。从我这种感觉当然推不出我试着继续下去的时候我不再会被卡住。——在有些情况下我会说："我当时说我知道怎样继续下去了，**那时**我的确知道。”例如出现了未曾预见的扰乱，我们就会这样说。但这不能只是我未曾预见到我后来会被卡住。

还可以设想一个人再三有一种似是而非的顿悟，——喊道："现在我明白了！"而此后所做的却从不能证明这一点。——他会觉得眼前闪现着一幅图画，可一眨眼又把图画的含义忘掉了。

324. 我肯定能把这个系列继续下去，就像我肯定只要我一松手这本书就会掉在地上；假如我在展开这个系列的时候没有明显的原因就突然被卡住了，我将不胜惊讶，正不亚于这本书悬在空中而不落到地上；我们在这里面对的都是归纳问题。——这样说对不对呢？——对此我将回答：对**这样一种**肯定无疑我们同样不需要任何根据。什么能比成功为肯定无疑提供**更好的**理由呢？

325. “在我有了这种经验以后——例如看见了这个公式以后——我确信我将能继续下去，这种确信简简单单是以归纳为根据的。”这说的是什么？——“火会烧伤我，这种确信是以归纳为根据的。”这可是说我自己推论道“我总是被火烧伤，因此火现在还会烧伤我”？抑或从前的经验是我确信的**原因**而不是其根据？从前的经验可是确信的原因？这取决于我们借以考察确信现象的假说体系、自然规律的体系。

我们的信心有没有理由？——人们把什么当作有理由的，——显示出他们怎样思想怎样生活。

326. **这**理所当然，**那**不合情理。① 但理由之链是有尽头的。

---

① 直译：**这**在预期之中，**那**出乎意外。——译者注

327.“人能不讲话而思想吗?”——什么是**思想**?难道你从不思想?难道你不会观察自己,看到这里发生的是什么?这该是挺简单的。这里你不必像是在等待一个天文事件出现,到时候再匆匆做一番观察。

328.好,我们还把什么称作“想”?我们学会使用这个词是作什么用的?——我说我想过了——这时我一定说对了吗?——这里会有哪**一种类**的错误?有没有那些情况,我们在那里会问:“我刚才做的真是在想吗;我是不是弄错了?”某人在思考的进程中进行一次测量:如果在测量时他不对自己说话,他就打断了思想吗?

329.当我用语言思想时,语词表达式之外并不再有“含义”向我浮现;而语言本身就是思想的载体。

330.想是一种说吗?有人会说它是把思索着的说和不假思索的说区别开来的东西。于是它似乎是说的伴侣。一种过程,它也许还可以伴随其他事情,甚或独自行进。

请说这句话:“这支笔够秃的。得了,就是它吧。”先思索着说;然后不假思索地说;然后不假语词而只想这个思想。——现在,在写作过程中,我可能会试试笔尖,做个苦脸——然后带着无可奈何的表情写下去。——也可能在进行测量的时候,我的做法会让看着我测量的人说:我想到了——不借助语词——两个东西都和第三个大小一样,所以它们两个也就一样。——但这里构成思想的不是某种活动,仿佛说出来的话只要不是不假思索的,这话就必定有这种活动伴随着。

331.想象一下那些只能出声地想的人!(正如有些人只能出

声阅读。)

332.伴随着心灵过程说出句子,这种情况我们的确有时称之为“想”,但我们并不用“思想”来称这种伴随者。——说一个句子并想着这个句子;有所理解地说这个句子!——好,现在不说这个句子,而只做刚才你理解着说它的时候用来伴随这个句子的事情!——(带着表情唱这支歌。现在不要唱,只重复那表情!——在这里可以重复某种东西;例如身体的摆动,较慢和较快的呼吸,等等。)

333.“只有已经确信不疑的人能这样说。”——他这样说的时候,确信是怎样帮助他的?——确信可是在话语的表达边上排着?(抑或它被话语的表达盖住了,就像低声被高声盖住,结果就好像用话语表达确信的时候,我们倒不再听得见它了?)若有人说“为了根据记忆来唱一个调子,必须先在心里听见这个调子,跟着它来唱”——又该怎样?

334.“那你其实是要说……”——我们用这个说法把某人从一种表达形式引向另一种表达形式。人们被引诱使用这样的图画:他其实“要说的”,他“意谓的”,在我们说出来以前就已经现成摆在他心里了。可以通过各式各样的方式使得我们放弃一个表达而用另一个来代替。考察一下数学问题的解答和问题提法的动机和来由之间的关系,将有助于我们明白这一点。“用直尺和圆规三等分一角”这个概念,——设想一个人尝试三等分;另一方面,设想已经证明了这是不可能的。

335.我们努力寻找——例如在写信的时候——正确地表达我

们思想的语词之际，发生的是什么？这种说法把上述过程同翻译和描述的过程等量齐观：思想就在那里（可说先已经在那里），我们只是在寻找思想的表达式。在种种情况下这幅图画或多或少相宜。——但什么又不会在这里发生！——我沉溺于一种情绪，于是表达式**就来了**。或者：一幅图画浮现在我眼前，我试着描述它。或者：我想到了一个英语表达式，而我要想出相应的德语表达式。或者：我做出一种表情，自问：和这种表情相应的是哪些词儿呢？等等。

若有人问："你在有表达式之前有没有思想？"——我们须回答什么？又该怎么回答这个问题："在表达式之前就已存在的思想是由什么组成的？"

336. 这里的情况和下面的情况相似：有人认为，人们简直无法用德语或拉丁语既有的特别词序来想一个句子。人们必须先想这个句子，然后再把这些词安排到那种古怪的次序上去。（一个法国政治家曾写道：法语的特点之一在于法语里的语词是按照人们思想这些语词的次序排列的。）

337. 但在句子一开始我的意图不就在于句子的整体形式等等吗？所以还没说出句子之前它就已经在我心里了！——既然在心里了，它一般就不会有另一种词序。但我们在这里再次构造了一幅引起误解的"意图"图画——这个词的用法的图画。意图镶嵌在处境、人类习俗和建制之中。若没有象棋技术，我就不可能有下棋的意图。我之所以能事先有句子形式的意图，是因为我会讲德语。

338. 只有学会了说〔sprechen〕才能有所说〔sagen〕。因此，**愿**

有所说，就必须掌握一种语言；但显然，可以愿说却不说。就像一个人也可以愿跳舞却不跳。

人们对此进行反思的时候，心灵就去乱抓跳舞、言谈等等的意象。

339. 思想并不是什么无形的过程，给予言谈以生命和意义，而我们可以把它从言谈上剥下来，就像魔鬼把笨人[①]的影子从地上捡走。——但什么叫"不是无形的过程"？是不是我知道有某些无形的过程，只不过思想不是其中之一？不然，我刚才想用原始的方式来解释"思想"一词的含义，窘迫之中拿来"无形的过程"一语应付。

但当人们要区别"想"这个词的语法和"吃"等等语词的语法时，也可能会说"思想是个无形的过程"。只不过这么说倒让这两个含义的区别显得**太细小**了。（就像人们说：数字是实在的对象，而数是非实在的对象。）一种不合适的表达方式是沉陷在混乱里的可靠办法。就仿佛它阻塞了摆脱混乱的出路。

340. 一个词怎样起作用，猜是猜不出来的。必须审视它的用法，从中学习。

困难却在于排除阻挡我们这样学习的成见。那可不是**笨人的**成见。

341. 可以把不假思索而说和不是不假思索而说比作不假思索

① Schlemiehl，即 Peter Schlemihl，德国诗人 Chamisso 小说中的人物，通引为"没有影子的人"。——译者注

地演奏一段音乐和不是不假思索地演奏。

342. 威廉·詹姆士为了说明没有语言的思想是可能的，曾引用聋哑人巴拉德先生的回忆，其中写道，他在童年时，甚至在会讲话之前，就产生了关于上帝和世界的思想。——这说的能是什么呢？——巴拉德写道："就是在那几次愉快的小旅行期间，在我开始学习初级的书面语言的两三年之前，我开始问自己：世界是怎么形成的？"——我们要问：你肯定这话正确地把你不借语词的思想翻译成了话语吗？为什么冒出来的是这个问题？——这样一个问题通常似乎并不存在。我要不要说作者的记忆欺骗了他？——我甚至不知道我会不会说**这个**。这些回忆是一种稀奇的记忆现象——我不知道能从这些回忆中对叙述者的过去得出些什么样的结论。

343. 我用来表达我的回忆的语词是我的回忆反应。

344. 可以设想人们从来不讲听得见的语言，但在内部、在想象中，对自己讲一种语言吗？

"假使人们始终只在内部对自己讲话，他们所做的说到底不过是把他们今天**有时**做的事情变成**持续**做的事情而已。"——那么这是很容易想象的了；所需的只是完成从某些到全体的简单过渡。(与此相似："无尽长的一行树不过是一行到**不**了尽头的树。")一个人对自己讲话，这事的标准是他对我们所说的东西以及他的其他行为；只有说到在通常意义上**能讲话**的人，我们才说他对自己讲话。我们并不这样说一只鹦鹉；不这样说一架留声机。

345. "有时发生的也可以始终发生。"——这是个什么样的命题？——与下面这个命题相似：若“F(a)”有意义则“(x)·F(x)”有意义。

“如果可能有一个人在一盘棋里走了一步骗着，那么就可能所有人在所有棋局里都只走骗着。”——于是我们受到诱惑在这里去误解我们的表达式的逻辑，不正确地描绘我们语词的用法。

命令有时不被服从。但若命令从不被服从，那会是什么样子？“命令”这个概念就会无的放矢。

346. 但我们就不能设想上帝突然给了一只鹦鹉理解力，于是它对自己讲起话来吗？——但这里的要点在于，为了设想这样的事情我已求助于对某种神灵的设想。

347. “但我端端从我自身知道什么叫作‘对自己讲话’。假使我被剥夺了发声讲话的器官，我仍能在我自身中对自己讲话。”

如果我只从我自身知道，那么我就只知道我这样称呼的是什么，而不知道另一个人这样称呼的是什么。

348. “这些聋哑人都只学过手势语言，但每一个都在内部对自己讲一种有声语言。”——这你难道不理解吗？——我又怎么知道我理不理解?! ——我能拿你告诉我的这个(如果它真的告诉了什么)干什么？理解的整个观念在这里听上去就可疑。我不知道我该说我理解还是不理解。我要回答说：“它是个中文句子；**看似**完全妥当——即在要用它干点什么之前；它和其他句子有联系，这种联系使我们挺难说我们当真不知道它告诉了我们什么；但所有不曾由于弄哲学而变得麻木不仁的人都察觉到这里有点不对头。”

349. “但这个假设肯定是有意义的！”——是的；这话和这幅图

画在通常情况下有一种我们所熟悉的应用。——但若我们设想一种这话在其中无可应用的情况，那我们就第一次意识到这话、这幅图画原仿佛一丝不挂。

350.“但若我假设某人有疼痛，那我干脆就是假设他有的和我经常有的是一样的东西。”——这却没有领我们多走一步。就像我说：“你知道什么叫‘这里是五点钟’；而且你也知道什么叫‘太阳上是五点钟’。这就是说：这里五点钟的时候，那里的钟点和这里的钟点一样。”——用**一样**来解释在这里行不通。因为，我虽然知道可以把这里的五点钟和那里的五点钟称为“一样的时间”，但我却不知道在何种情况下人们会讲到这里和那里有一样的时间。

同样，说假设他有疼痛就是假设他有的和我有的一样，也不是什么解释。因为**这**一部分语法我足够清楚：**如果**人们说：炉子有疼痛和我有疼痛，人们就会说炉子有和我一样的体验。

351.我们却总想说：“无论他有痛觉还是我有痛觉，无论我怎么获知他有还是没有，痛觉就是痛觉。”——我可以承认这一点。——现在假使你问我：“那么，我说炉子有疼痛，你就不知道我意谓的是什么吗？”——我可以回答：这话可以把我引向各种意象；但没有再多的用处了。听到“那时太阳上是下午五点整”这话，我也可以想象某种东西——例如一台指着五点的摆钟。——但应用于地球的“上”和“下”这个例子会更好些。我们在这里对“上”和“下”的含义都有十分明晰的意象。我看得明明白白，我在上面，地球在我下面！（别笑话这个例子。虽然小学老师已经教给我们只有蠢人才说这样的话。但掩埋一个难题要比解决它容易得多。）须得思忖一番我们才明白，在这个例子里我们不能以通常方式来使用“上”和“下”。（例如，我们可以说地球那一边的人在我们这一半地球的“下面”，但这时必须承认他们用同样的说法说到我们也是正确的。）

352. 这里我们的思想对我们耍了一个稀奇的把戏。我们这里是要引用排中律说：“要么他眼前浮现了这样一幅图画，要么没浮现；没有第三种可能！”——我们在哲学的其他领域里也碰到这种古怪的论点。“π无限展开时要么会出现‘7777’这组数，要么不会出现——没有第三种可能。”这就是说：“上帝看到了——但我们不知道。”但这是什么意思？——我们使用一张图画；图画上是一个可见的系列，一个人看见全部系列，另一个人没有。这儿排中律说：这幅图画看起来一定要么**如此**，要么**那般**。所以它其实——这委实不言自明——什么也没有说，而是给了我们一幅图画。问题于是应该是：现实和这幅图画一致，还是不一致？这幅图画**似乎**决定了我们要做什么，要找什么，要怎样找——但它并没决定，因为我们恰恰不知道怎样应用这幅图画。我们在这里说“没有第三种可能”或“不会有第三种可能！”——这说法表达出来的是，我们无能把目光从这幅图画上移开；这幅图画看上去一定已经包含了问题及其解答，同时我们却**感觉到**并非如此。

同样，人们说“他要么有这种感觉，要么没有”——这时在我们眼前首先浮现出一幅图画，它似乎已经决定了**不可能误解**这些说法的意思。人们要说：“现在你知道是怎么回事了。”而他看了图画仍不知道的恰就是这个。

353. 询问证实一个命题的可能性及其方式，只是以一种特殊形式询问："你是什么意思?"其回答则是对该命题的语法的一种贡献。

354. 当语法游移在标准和征候之间时，这产生一种假象，似乎只有征候存在。例如，我们说："经验告诉我们，气压表下降时会下雨，但经验又告诉我们，我们有某些湿冷感觉或有如此这般的视觉印象时会下雨。"讨论后一种说法时人们提出，这些感官印象可能欺骗我们。但他们在这里不想一想，如此这般的感官印象会让我们恰恰误以为要下雨，这个事实是依栖在某种定义之上的。

355. 问题不在于我们的感官印象会哄骗我们，而在于我们怎样理解它们的语言。（而这种语言像任何其他语言一样，依栖在约定之上。）

356. 人们倾向于说："在下雨，或者不在下雨——至于我怎么知道的，至于有关这事的信息我是怎么得到的，是另一回事。"但我们就这样来提出问题：我把什么称作"正在下雨的信息"？（抑或我还获得了仅只关于这个信息的信息?）究竟是什么把这个"信息"指称为关于某事的信息？我们的表达形式不是在这里把我们引入歧途了吗？"我的眼睛向我提供了'那边有把椅子'的信息"不是一个引入歧途的譬喻吗?

357. 我们不说一条狗**有任何可能**对自己讲话。这是因为我们非常熟悉它的灵魂吗？就算我们可以这样说：看到了一个生物的行为举止就看到了它的灵魂。——但说到我自己，我也因为我如此这般行为举止才说我对自己讲话吗？——我**不是**基于对我的行为举止的观察这样说的。但只因为我如此这般行为举止，这话才有意义。——那么，难道不是因为我**意谓**这话，这话才有意义？

358. 但给予句子以意义的难道不是我们的**意谓**吗？（这里自然还包括我们不能意谓一个无意义的语词串。）而意谓是心灵领域里的东西。但它也是某种私有的东西！它是不可捉摸的某种东西；只能和意识本身相提并论。

人们怎么会觉得这有点可笑呢？它就仿佛是我们的语言的一个梦。

359. 机器会思想吗？——它会疼吗？——该把人体叫作这样一台机器吗？它可是极接近于这样一台机器啊。

360. 但机器当然不会思想！——这是一个经验命题？不是。只有说到人，以及和人相似的东西，我们才说他思想。我们还这样说布娃娃，当然还有精灵。把“思想”一词当作工具来看看它！

361. 椅子自己想道：……

在哪儿想？在它的某个部分？还是在它的体外；在它周围的空气里？抑或不在**任何地方**？那么，在这把椅子的内在语言和它旁边那把椅子的内在语言之间有什么区别呢？——那么，人的情况又怎样：**他**在哪儿对自己讲话？除了这个人在对自己讲话这种地点规定之外，难道不再需要任何其他的地点规定？——怎么一来，这个问题就似乎没有意义？而同时，椅子在**哪儿**和自己讲话这个问题却似乎索求一个回答。——原因是：我们想知道椅子在这儿会是怎样被比拟成一个人的；例如，它的头是不是在椅背的顶端，等等。

在心里对自己讲话是个什么样子；这时发生的是什么？——

我该怎样解释？就按你怎么能教会一个人“对自己讲话”这句话的含义那样做。我们从小就学会了这个含义。——只不过，没有人会说，教会我们的人告诉了我们“这时发生了什么”。

362. 我们倒觉得，老师在这种情况下不曾直接对学生说出这一含义，而是把它**提示**给学生；但学生最后却学得为他自己提供出正确的指物定义。我们的错觉就在这里。

363. “我想象些什么，当然就有些什么**发生**了！”好，有些什么发生了——然后干吗我弄出些声响来？大概是为了传达发生的事情。——但人们究竟怎么传达某件事情的？我们什么时候说一个人在传达一件事情？——什么是“传达”的语言游戏？

我想说：你把人们能向一个人传达些什么这件事儿看得太过不言自明了。这是说：我们太习惯于在谈话中通过语言传达，以至于我们觉得传达的整个要义似乎在于另一个人把握到了我的话的意义——心灵里的某种东西，就仿佛说把这个意义装进了他自己心里。至于他随后再拿所传达的干点什么则不再直接和语言的目的相干。

人们想说“‘传达’的作用在于：他**知道了**我疼；传达产生出这种心灵现象；别的一切都无关传达的要义。”至于“知道”是种什么奇特的现象——这可以以后再说。心灵过程本来就奇特嘛。（仿佛有人说：“钟表向我们显示时间。至于**什么**是时间，则悬而未决。而人们干吗要知道时间——在这里了不相干。”）

364. 某人在心里计算。设想他把得数用于建桥或造机器。——你要说他**其实**未加计算就获得这个数字？这个数字像梦一般从天而降？但那时一定有过计算，是算出来的。因为他**知道**他做了计算以及怎么做的计算；除了计算就没办法解释怎么获得了正确的结果。——但我这么说又怎样——“**他觉得**他似乎做了计算。为什么结果正确就该有个解释？他一言不发一字不写就能计算，这还不够不可思议吗？”——

在想象中计算在某种意义上不如在纸上计算实在吗？它是**实实在在的**——心算。——它和在纸上计算相似吗？——我不知道该不该把这称作相似。一片白纸，上面画了些黑线条，这和人体相似吗？

365. Adelheid 和主教下的是一盘**实在的**象棋吗？——当然。他们并非只在假装下棋——在戏剧中那是可能的。——但，例如，这盘棋却没有开始！——当然有；否则它就不成其为一盘棋。[①]

366. 心算不如在纸上计算实在吗？——人们也许倾向于像这样说；但人们也可能采取正相反对的观点——这时他对自己说：纸啊、墨水啊都只是来自我们感官资料的逻辑建构罢了。

“我用心算把……乘过了”——我不**相信**这种陈述吗？——但那真是一种乘法吗？它不仅仅是“一种”乘法，而且是**这种乘法**——心算的乘法。这就是我迷失的地方。因为我现在要说：那是和纸上的乘法**相应的**某种心灵过程。于是“这一心灵过程和纸上的**这**一过程相对应”这话就有意义了。这时再谈论符号的意象依照某种摹写方式可以表现符号本身就有意义了。

---

① Adelheid 和主教下棋的故事出自歌德的戏剧《铁手骑士葛兹》。“这盘棋没有开始”可参照 297 节所说的烧开水锅的图画。——译者注

367. 意象图画就是当某人描述其意象时所描述的图画。

368. 我向一个人描述一个房间，然后让他根据我的描述画一幅**印象主义的**画，以表明他理解了我的描述。——我在描述中说椅子是绿色的，现在他画成深红色；我说“黄”的地方，他画成蓝色。——这就是他从这个房间获得的印象。而我现在说：“完全正确；房间看上去就是这样。”

369. 我们想问：“一个人心算的时候，那是什么样子的——发生的是什么？”——在某个特例中答案可以是“我先把 17 同 18 相加，然后减去 39……”但这并没有回答我们的问题。**这样一种**方式并不曾解释什么叫作心算。

370. 必须问的不是：什么是意象，或具有意象的时候发生的是什么，而是“意象”一词是怎样用的。但这不是说我要谈论的只是语词。因为，若说我的问题谈论的是“意象”这个词，那么在同样的程度上追问意象本质的问题谈论的也是“意象”这个词。而我说的只是，这个问题不是可以通过指向什么东西得到解释的——无论对于具有意象的那个人还是对于别人都是这样；这也不是可以通过对任何过程的描述得到解释的。第一个问题[①]所询问的也是一种语词解释；但它引导我们期待一种错误的回答方式。

371. **本质**在语法中道出自身。

372. 考虑一下这个说法：“语言里唯一和自然必然性关联的东西是一种任意的规则。这种任意的规则是我们能从这种自然必然

① 即意象本质的问题，什么是意象的问题。——译者注

性抽出来注入一个句子的唯一的东西。”

373.某种东西是哪一类对象,这由语法来说。(神学之为语法。)

374.这里极难不把事情描绘成仿佛有某种人的**能力**不及的东西。仿佛那里有个对象,我从中抽取描述,但我没有能力把它显示给任何人。——我所能建议的大概无过于,我们屈从于使用这幅图画的诱惑:然而,接着来探究这幅图画的**应用**是什么样子的。

375.怎么教一个人默读?怎样知道他什么时候能默读了?他自己怎样知道他是在做老师要求他做的?

376.我在心里对自己念字母表,另一个人默默地对他自己念字母表,什么是我和他所做的一样的标准?也许可以发现这时我的喉头和他的喉头里所发生的事一样。(同样,当我们两个想的一样,愿望的一样,等等,我们的喉头里也可能发生同样的事。)那么我们是否曾靠指着喉头里或脑子里的过程学会了“默默对自己说如此这般”这话的用法呢?对应于我和他对声音 a 的意象的不也蛮可能是不同的生理过程吗?问题是:我们怎样比较意象?

377.逻辑学家也许认为:一样就是一样——人怎么就相信两种东西一样,是个心理学问题。(高就是高——人们有时**看见**高度有时**听见**高度,这属于心理学。)

两个意象一样,标准是什么?——一个意象是“红”的,标准是什么?对我来说,要是别人有这个意象,标准就是:他的所说所为;要是我有这个意象,标准就是:根本没有。而对“红”行得通的,对

“一样”也行得通。

378.“在我判断我的两个意象一样之前，我必须认识到它们是一样的。”可这事儿发生的时候，我又怎么知道“一样”一词描述的是我的认识？唯当我能够用别的方式表达我的认识，而且有另一个人能够教给我这里该使用“一样”一词才对。

因为，如果我使用一个词需要讲出其中的道理，那这个道理对别人也是有效的道理。

379.我先认出了它是**那个东西**；然后才记起来我把它叫什么。——想一想：在哪些情况下这样说是对的？

380.我怎样认出这是红的？——“我看见它是**这个**；而我知道这个叫作‘红’。”这个？——是什么呢？！什么样的答案对这个问题是有意义的？

（你一再把舵打向一种内在的指物定义。）

我无法把任何规则应用到从所见之物到语词的**私有**过渡。在这里，这些规则当真悬在空中；因为它们的用法机制阙如。

381.我怎样认出这种颜色是红的？——一种回答会是：“我学会了汉语。”

382.听见这话我就形成了这个意象，我怎样论证是这样呢？

可有谁曾向我展示过蓝颜色的意象并告诉我**它**就是蓝颜色的意象？

“**这个**意象”这话的含义是什么？怎么指向一个意象？怎样两次指向一样的意象？

383. 我们不分析现象(例如思想),而分析概念(例如思想的概念),因而就是分析语词的应用。于是我们所做的可能显得像唯名论。唯名论者的错误是把所有语词都解释成了**名称**,因此并不真正描述语词的用法,而是仿佛为这样一种描述提供了一张纸面上的汇票。①

384. 你随着语言一起学到了"疼痛"这个**概念**。

385. 问问你自己:可以设想一个人从不笔算从不口算却学会了心算吗?——"学"却是说:造就能做一事的本领。问题只在于:把什么当作某人能做这事的标准。——但也可能有某个部落只知心算不知其他算法吗?这里必须自问:"那将是什么样子的?"——因而我们必须把这个描绘为一种边界事例。这样又会产生一个问题:我们在这里还愿不愿意应用"心算"的概念——抑或在这类事例中这个概念已经失去了它的目的;因为诸种现象都被另一个范本吸引过去了。

386. "但你为什么这么不信任自己?你平时却一直知道什么叫'计算'。所以,如果你说你在想象中算过了,那你就会是算过了。假如你**没**算过,你就不会这样说。同样,如果你说你在想象中看见了红色的东西,那它就会**是**红色的。你平时很知道什么是'红的'。——再说:你并不总依赖于同别人一致;因为你经常告诉人说你看见了某种东西,而别人谁都没看见。"——但我挺信任自己的——我不假思索地说我在心里算过了,我想象出了这种颜色。

① 应理解为没有相应支付能力的汇票。——译者注

困难不在于我怀疑我是否真的想象出了红色的东西。**而在于**：我们能够径直指出或描述出我们所想象的颜色；把意象投射到现实中并无丝毫困难。那么，它们是否太过相像乃至会被混淆？——但我也能径直从一幅画像上认出某个人来。——但我因此就能这么问吗——“这种颜色的正确意象看起来是怎样的？”或者“它是什么性质的东西？”这我**学**得到吗？

（我无法接受他的证词，因为这不是**证词**。它只告诉我他**倾向于**说些什么。）

387. **深刻的**景貌容易消隐。

388. “这里我没看见紫色的东西，不过，你给我一个颜料箱，我就可以在里面给你指出紫色来。”人怎么能**知道**到时候他能把紫色指出来，就是说，他如果看见就能认出这种颜色？

我怎么从我的**意象**知道这种颜色实际看起来是什么样子？

我怎么知道我将能做某件事？即，我现在所处的状态是我能做那件事的状态？①

389. “意象一定比任何图画都更像它的对象。因为，无论我把图画作得多像它所表现的东西，它总还可以是其他什么东西的图画。但意象的本性就在于它是**这一个**的意象而不是其他任何东西的意象。”于是竟可以进一步把意象视作一种超级图像了。

390. 我们能够想象石头有意识吗？如果能——为什么也许那

---

① 德文 imstande 和 im Zustande 兼有“处在某种状态中”和“能”的意思。这里先说 können（能），接着转换为 in dem Zustande（处于该状态）。——译者注

只不过证明了意象这玩意儿对我们毫无意趣呢?

391.也许我也能设想(尽管这不容易)我在街上看到的每一个人都经受着可怕的疼痛,但都巧妙地掩饰起来了。重要的在于我在这里必须设想一种巧妙的掩饰。就是说,不单单设想我对自己说:“他的灵魂在疼;但这和他的肉体有什么相干!”或“疼痛说到底无需显示在肉体上!”——而且要设想,我这样设想的时候,——我做的是什么;我对自己说的是什么;我怎么看着街上的人?例如我看着一个人,自忖“人这么疼的时候一定很难笑出来”,以及诸如此类的很多东西。我仿佛在扮演一个角色,**做得**仿佛别人在疼。而我这样做的时候,人们会说,我是在想象……

392.“当我设想他疼,我心里真正发生的只是……”而另一个人说:“我相信我可以设想他疼而**不**同时想到……”(“我相信我可以不借语言来想。”)这不会带来收获。这种分析摇摆于自然科学和语法之间。

393.“如果我设想一个笑着的人实际上在疼,那我就不是在设想疼痛的行为举止,因为我看到的正好相反。那么,我设想的是**什么**呢?”——我已经说出了我设想的是什么了。我不必同时设想**我**感觉到疼痛。——“但做这个设想之际发生的究竟是什么呢?”——我们在什么地方(哲学以外)使用“我可以设想他在疼”或“我设想……”或“你设想一下……!”这些话呢?

例如,我们对要在戏里扮演某个角色的人说:“你在这里必须设想这个人在疼,但他掩饰这疼”——我们不再给他任何指示,不对他说**实际上**该做什么。因此,在这里连刚才那种分析也用不上。——我们只是观看设想这种场景的演员。

394.在什么样的情况下我们会问一个人:“你设想这个的时候,心里实际上都发生了些什么?”——我们这时都期待什么样的回答?

395.一件事物**能不能设想**,这一点在我们的探讨中扮演的是什么角色,颇不明朗。即,在何种程度上它为一个命题具有意义提供了保证?

396.听到一句话后是不是根据它勾画一幅图画,这对理解一句话无关紧要;听到一句话时是否为自己想象点什么也并不更重要些。

397.人们在这里也可以不说“能不能设想”,而说:能不能以一种特定的表现方式加以表现。从这种表现当然**可能**引向通往进一步使用的可靠道路。另一方面,一幅图画也可能强加于我们却毫无用处。

398.“然而,我设想某种东西乃至实际上**看到**某些对象的时候,我毕竟**有**某些我的邻人所没有的东西。”——我明白你的意思。你是要四下看看,说:“唯**我**有**这个**。”——这话说它干吗?一无所用。——但不也可以说:“这里说不上‘看见’——于是也说不上‘有’——说不上主体,因此也说不上‘我’?”难道我不可以问一问:你说到的东西,你说唯你有的东西——在什么意义上你**有**它?你拥有它吗?你甚至没**看见**它。你不是必须说没有人有它吧?而这一点也很清楚:如果你从逻辑排除了另一个人得到某种东西的可能性,说你有这种东西也就失去了意义。

但你所讲的那个东西是什么呢?不错,我刚才说过我心里知道你意谓的是什么。但那是说,我知道人们怎么把捉这个东西,怎么看见它,怎么仿佛借眼光手势来意谓以指称它。我知道在这种情况下人们怎么前瞻四顾——以及其他。我相信人们可以说:你说的是(例如你这时坐在房间里)“视觉房间”。这个“视觉房间”是没有拥有者的房间。我不可能拥有它,一如不可能在它里面走来走去,或看着它,或指着它。它不属于我,就像它也不可能属于别的什么人。或者说,并不因为我说到它和说到我坐在其中的物质房间本身都要用一样的表达形式,它就属于我。描述物质的房间不必提及拥有者,它甚至也不一定有拥有者。但视觉房间却不**可能**有拥有者。也许可以说:“因为它里里外外都没有主人。”

设想一幅风景画,在虚构的风景里有一所房子——有人问:“这房子是谁的?”——一种可能的回答是:“坐在屋前长凳上的农夫的。”不过,这个农夫却走不进他的房子,等等。

399.也可以说:视觉房间的拥有者一定是和视觉房间本质相同的东西;但他不在房间里,同时也没有个“房间外”。

400.我们仿佛揭示出了“视觉房间”,——其实是发现了一种新的说话方式,一个新的比喻,甚至可以说,一种新感觉。

401.你把一个新看法解释成了看见一个新对象。你把自己采取的一个语法步骤解释为:你观察到的准物理现象。(想一想“感官材料是不是宇宙的构成材料?”这类问题。)

但我的说法“你采取了一个‘语法’步骤”不是无可指摘的。你首先是发现了一种看事物的新方式。就像你发明[①]了一种新的画

① 这里“发现”和“发明”所对应的德文分别是 gefunden 和 erfunden。——译者注

法，或一种新节奏，一种新曲式。——

402.“我的确说了‘我现在有如此这般的意象’，但‘我有’这话只是为了**别人**的符号；意象世界**完整地**表现在对意象的描述中了。”——你的意思是：说“我有”就像说“注意！……”你大概想说它其实应该换个方式来表达。最简单的，大概是用手做个表示，然后开始描述。——在眼前这类情况下，我们不赞成普通语言的诸种说法（它们却各自做着分内的事），那是因为我们的头脑里这时坐定着一幅和普通表达方式的图画相冲突的图画。而我们却想说：我们的表达方式并不是像事实实际上所是的那样来描述它们。仿佛（例如）“他疼”这个句子不仅在这个人**不**疼的情况下是假的，而且会在其他方式上是假的。仿佛这种表达形式〔天然〕说的就是某种假的东西，尽管这个句子——既然找不到更好的句子——断定着真实的内容。

因为唯心论者、唯我论者和实在论者之间的争论看起来就是**这样**。一派人攻击正常的表达形式，仿佛是在攻击一个断言；另一派人保卫这种表达形式，仿佛他们是在强调每个有理性的人都承认的事实。

403.假如我把“疼”这个词专用于我从前一向称为“我疼”、别人称为“维特根斯坦疼”的情况，而其他情况里则不再有“疼”这个词，但只要提供一个记号，用它来补偿由此而产生的空缺[①]，那对别人倒也没什么不公平。其他人照样得到同情，得到医生的治疗，

① 即由于把“疼”这个词作此专用而另发明一个词来用在通常说“疼”的地方。——译者注

等等。说:“但是别人有的和你有的是同样情况!”当然也并**不**足以成为反对我们用这种方式来表达的理由。

但我会从这种新的表述方式中得到什么?什么也没有。但唯我论者提出他的观点,也不是希图任何实际利益啊!

404.“我说‘我在疼’时,并不指着一个正在疼的人,因为在某种意义上我不知道是**谁**在疼。”可以为这种说法提供某种理由。因为首要之处是:我不曾说如此这般的人在疼,而是说“我在……”,这么说的时候我并不是在提任何人的名字。正如我疼得**呻吟**并不是在提任何人的名字。虽然别人根据呻吟看得出谁在疼。

知道“**谁在疼**”究竟说的是什么?这是说,知道这间屋子里的哪个人在疼:坐在那边的那个人,或站在角落里的那个,或那边那个金发的大个儿,等等。——我说这些干吗?我是要表明人的“**身份认证**”有极为不同的标准。

那么是哪一个标准决定了我该说“**我**”在疼呢?哪个都不是。

405.“反正你说‘我在疼’,是要让别人注意到一个特定的人。”——回答也许是:不然,我是要让他们注意我。——

406.“但你要用‘我在……’这话把**你**和**别人**区别开。”——在所有情况下都可以这么说吗?甚至当我仅仅在呻吟的时候?即使我的确“要区分”我和别人——我是要区分 L. W. 这个人和 N. N. [1]这个人吗?

407.可以设想一个人呻吟着:“有人在疼——我不知道是

① L. W. 指维特根斯坦自己,N. N. 指随便某个人,如张三李四。——译者注

谁!”——于是我们赶忙去帮他,帮那个发出呻吟的人。

408.“但你并不怀疑是你还是别人在疼!”——“我不知道是我还是别人在疼”这句话是一个逻辑和,其中的一个因子是:“我不知道我是否在疼”——而这不是一个有意义的句子。

409.设想有几个人围成一圈,我也在其中。其中的一个人,有时是这个,有时是那个,被接在一个电机的电极上,但我们都看不见。我观察别人的面部表情,试图看出我们之中谁刚刚受了电击。——有一次我说:“现在我**知道**是谁了;正是**我**自己。”在这个意义上我也可以说:“现在我知道谁感觉到了电击;正是我自己。”这会是一种稀奇的表达方式。——但若这里假设,即使别人遭到电击我也会感觉到电击,那么“我现在知道谁在……”这种表达方式就完全不适用了。它不属于这个游戏。

410.“我”不是一个人的名字,“这里”不是一个地方的名字,“这个”也不是一个名称。但它们同名称联系在一起。名称通过它们得到说明。的确,不使用这类语词是物理学的一个特征。

411.考虑一下这些问题怎样应用,怎样解决:

(1)“这些书是**我的**书吗?”

(2)“这脚是**我的**脚吗?”

(3)“这身体是**我的**身体吗?”

(4)“这个感觉是**我的**感觉吗?”

这些问题的每一个都有实际的(非哲学的)应用。

问题(2):设想我的脚被麻醉了,或瘫痪了。在某些情形下,这个问题可以通过确定我的这只脚是否感到疼来解决。

问题(3):一个人可能会指着镜子里的影像这样问。但在某些情形下,一个人也可能会摸着身体提出这个问题。在另一些情形下,这和问“我的身体看起来是**这个样子**吗?”意义相同。

问题(4):**这个**感觉究竟是哪个感觉?即:人们在这里是怎么使用指示代词的?和第一个例子之类不是一样的!这里出现了混乱,又一次是因为人们以为注意一种感觉就是指向这种感觉。

412.人们感觉到在意识和大脑过程之间有一道不可逾越的鸿沟——而这种感觉怎么并没有参与到对日常生活的诸种考察之中呢?这种类别差异的观念和一种轻微的眩晕联系在一起,——我们变逻辑戏法时会出现这种眩晕。(我们考虑集合论的某些定理时,同样的眩晕会攫取我们。)在我们的这个例子里,这种感觉什么时候出现?例如在这种时候:我以某种方式把注意力集中到我的意识上,吃惊地说:这应该是大脑过程产生的!——这时我仿佛在紧紧抓住自己的额头。——但说“把我的注意力集中到我的意识上”会是什么意思?这真是再怪不过的事了!我用这种说法所说的(因为日常生活里的确没人用这种说法),是看的一种。我目不转睛地凝视前方——但**不**凝聚在任何特定的点或物上面。我双目大睁,眉头不皱(若是某种对象引起我的兴趣,我大多会皱起眉头)。我的凝视不闪现这种兴趣。我目光“茫然”;也许**类似于**一个人陶醉在天光云影之中。

请细心想想:我作为一个悖论说出来的这个句子(**这**是大脑过程产生的!)一点也不自相矛盾。我说出这话的时候可能正在做一个实验,其目的在于显示我所看见的光照效果是由刺激大脑的某一部位产生的。——但在我说出这个句子的场合，这个句子却不具有日常的、不自相矛盾的意义。而且我的注意力也不合于实验时应有的那一种。（否则我的目光就会是"专注的"而不是"茫然的"。）

413. 这里我们有个内省的实例，从类似的事例里威廉·詹姆士得出结论说："自我"主要由"头上的以及头与喉咙之间的特殊运动"组成。詹姆士的内省所显示的不是"自我"一词的含义（如果"自我"指的是"人"、"他自己"、"我自己"之类），也不是对自我这种东西的分析，而是一个哲学家对自己说"自我"一词并要分析其含义的时候，这个哲学家的集中注意力的状态。（从中可以学到许多东西。）

414. 你以为你一定是在织一匹布：因为你坐在纺车旁——即使它是空的——做着织布的动作。

415. 我们提供的其实是人的自然史的评论；但不是奇闻异见，而是一些没有人怀疑过的论断，它们没引起评论，只因为它们始终摆在人们眼前。

416. "人一致说他们看见、听见、感到，等等（尽管有些人盲，有些人聋）。因此人自己证明了他们具有**意识**。"——但这多奇怪呀！我说"我具有意识"，我当真把这话告诉谁呢？我干吗对自己说这个，别人又怎么来理解我？——"我看见"、"我听见"、"我清醒地意识到"这类说法在现实中的确有它们的用法。我对医生说"现在我这只耳朵又听得见了"；我对一个以为我昏迷的人说"我的意识又恢复了"，等等。

417. 那么，我是否观察自己并且发觉我在看或我又恢复了意识呢？干吗竟要说到观察！为什么不直截了当地说“我发觉我又恢复了意识”？——但这里干吗要说“我发觉”？——为什么不说“我又恢复了意识”？——但“我发觉”这话在这里不是表明我在注意我的意识吗？——通常并非如此。——而在的确如此的时候，“我发觉……”这句话却不是说“我又恢复了意识”，而是说“我的注意力现在集中到了这一点上”，等等。

但难道不是一种特定的经验导致我说“我又恢复了意识”吗？——**哪种**经验？在哪种情形下我们这样说？

418. 我有意识是不是一个经验事实？——

但人们不是说到人才说他有意识，而说到木、石就说它们没意识吗？——另一种情况会是什么样子？——会不会人就都没有意识了？——不会；在这个词的通常意义上不会。但例如我就会没有意识——正如我现在事实上有意识。

419. 在哪种情况我会说某个部落有个**酋长**？而这个酋长当然有**意识**。他当然不可以没有意识而是酋长！

420. 但难道我无法设想我周围的人——尽管他们的行为方式一如既往——都是机器人，都没有意识？——如果我现在——独自在我的房间里——这样设想，我会看见人们目光凝滞（有点像发呆时那样）干这干那——这想法也许有点吓人。但试试在寻常交往之际，例如走在大街上的时候，坚持这种想法！你对自己说：“那边的孩子都只是些机器人；他们活蹦欢跳，却都是自动装置发动的。”要么这些话对你什么都没说，要么会在你心里产生某种吓人的感觉，或诸如此类的感觉。

把一个活人看作机器人，就像把一个形象看作边界事例或另一个东西的变体，例如把一个窗格看作卐字符。

421. 我们觉得把物质状态和意识状态混在**一起**来报道显得乖悖："他深感痛苦，辗转不宁。"这很平常；那我们为什么觉得乖悖呢？因为我们想说，这句话说到的既有可触的又有不可触的。——但若我说："这三个支架为建筑物提供了稳定性"，你觉得不舒服吗？三和稳定性可触吗？——请把句子视作工具，把句子的意义视作其使用！

422. 我相信人有灵魂，我相信的是什么？我相信这种物质包含两个碳环，我相信的是什么？在这两个例子中，前景都有一幅图画，意义却远远在背景里；即：不容易综观图画的应用。

423. **无疑**，所有这些事情都在你心里发生。——不过现在让我来理解我们使用的表达式。——图画在那里。在特殊的例子里图画是有效的，这我不想争辩。——不过现在我还要理解图画的应用。

424. 图画在**那里**；而我也不想争辩它**正确**与否。但**什么**是它的应用？试把目盲的图画想作心灵里的黑暗或盲人脑海里的黑暗。

425. 在无数情况下，我们努力去发现一幅图画，一旦发现了，其应用就仿佛不召自来，于是我们已经有了一幅摆脱不掉的图画，如影随形，——但并不帮助我们摆脱困难；困难在这里刚刚开始。

例如,我问:“我应该怎样设想把**这个**机械放入**这个**机架?”——一幅按比例缩小的图纸也许可以作为回答。然后人们可以对我说:“你瞧,它是**这样**进去的”;甚或可以说:“有什么可奇怪的?你在**这里**看见的是什么样子,它在那里就是什么样子。”后者当然并没有提供更多的解释,而只是要求我琢磨出怎样应用已经给予我的那幅图画。

426.唤起一幅图画,似乎就**毫无歧义地**确定了意义。和这幅图画的典范用法相比较,实际应用似乎是变得不大纯粹的东西。这里的情况和集合论的情况相仿:表达方式似乎是为上帝剪裁的,他知道我们无法知道的东西;他看得见整个无限系列并且窥见到人类意识内部。当然对我们来说,这些表达形式就像一件法衣,我们蛮可以穿上它,但拿它干不了什么,因为给予这套服饰以意义和目的的实际威权,我们是没有的。

在实际使用表达式的时候,我们仿佛绕弯子穿小巷;同时,笔直宽阔的大路就在眼前,但我们当然用不上,因为它永久关闭了。

427.“我对他讲话的时候,不知道他脑子里在发生什么。”人们在这里想的不是大脑的过程,而是思想的过程。应当认真对待这幅图画。我们当真想看到他脑子里面。而我们的意思却无非是我们通常说“我们想知道他在想什么”这话的意思。我要说:我们有这幅生动的图画——以及这种用法;这种用法似乎与这幅图画相矛盾,表达着心理的东西。

428.“思想,这个稀奇东西”——但我们思想时并不觉得它稀奇。我们思想时也不觉得思想神秘,而唯当我们仿佛反省着说:

“那怎么可能?”我们才觉得思想神秘。思想刚才怎么可能处理这个对象**本身**？我们觉得我们似乎是用思想把实在捕到了网里面。

429. 思想和现实一致、和谐，这在于：当我错误地说某种东西是**红的**，那种东西尽管如此却不是**红**的。而当我要对某人解释“那不是红的”这句话里的“红”字，我这时指的是某种红的东西。

430. “把一把尺子放在这个物体上；它并不说物体如此这般长。尺子本身——我倒要说——是死的，它丝毫成就不了思想才能成就的。”就仿佛我们想象活人的本质是他的外形，于是我们用一块木头做了这样一个外形，看到这块死气沉沉的东西一点也不像活人而感羞惭。

431. “命令和执行之间有一道鸿沟。它必须由理解填平。”

“只有通过理解，这个命令才叫作：我们必须做这个。**命令**——那不过是些声音，是些墨水道道罢了。——”

432. 符号**自身**似乎都是死的。**是什么**给了它生命？它在使用中有了**生命**。它在使用中注入了生命的气息？——抑或**使用**就是它的生命？

433. 我们给出一道命令，也许最终的东西即命令所愿的东西，看起来仍没有表达出来，因为在命令和它的执行之间始终有一道鸿沟。我想让某人做一个特定的动作，比方说举起手臂。为了使这一点清清楚楚，我把这个动作先做一遍。这幅图画似乎毫无歧义；直到我们问：他怎么知道**他应该做这个动作**？——一般说来，他怎么知道应该怎么使用符号——无论我给他的符号是什么？——于是我会用进一步的符号来补充这个命令，指指我再指指他，做出鼓励的姿势，等等。这里就像是命令开始结巴了。

就仿佛符号在通过没有把握的手段尝试着在我们心里唤起理解。——但若我们终于理解了符号，我们是借什么符号理解的呢？

434. 人们想说，姿势**试图**提供范本，但是做不到。

435. 若问："句子怎么一来就有所表达了？"——回答可以是："你难道不知道吗？可你使用句子的时候明明看见了。"这里无遮无盖。

句子怎样一来就做到了？——你难道不知道吗？这里无隐无藏。

"你明明知道句子怎么一来就做到了，这里无遮无盖。"对这样的回答，人们会反驳说："不错，但一切都飞驰而过，而我想要的就像是把它摊开看个仔细。"

436. 这里很容易陷进弄哲学的死胡同，以为面临的困难在于我们须得描述难以捕捉的现象，疾速滑走的当下经验，或诸如此类。这时我们觉得普通语言似乎太粗糙了，似乎我们不是在和日常所讲的那些现象打交道，而是在和那些"稍纵即逝的现象"打交道，"这些现象在瞬息生灭的同时产生出与日常所讲的那些现象近似的现象"。（奥古斯丁："多少时间前"、"花了多少时间"等等是些最明白最寻常的话，但其意义又深深隐藏着，发现其意义实为新事。）①

① 引自《忏悔录》卷十一第二十二节。——译者注

437. 一个愿望似乎已经知道什么东西将满足它或会满足它；一个命题、一个思想似乎已经知道什么东西将会使它为真，即使那东西根本不存在！尚不存在的东西的这种**规定作用**从何而来？这个专断的要求从何而来？（“坚不可摧的逻辑必然性。”）

438. “计划之为计划，总是某种未被满足的东西。”（就像愿望、预期、推测等等。）

我这里的意思是：预期未被满足，因为它预期某种东西；信念、看法未被满足，因为看法即是认为某件事情是如此这般，认为某件在“认为”活动之外的实在的事情是如此这般。

439. 在何种程度上可以把愿望、预期、看法等等称为“未被满足的”？我们不满足的原始图像是什么？它是一个空洞吗？人们会把这样的东西说成是未被满足的吗？这难道不也是个譬喻吗？——我们称为不满足的东西难道不是诸如饥饿之类的感觉吗？

在一个特定的表达系统中我们可以用“满足”和“不满足”这些词描述一个对象。例如，我们可以规定把一个中空的圆柱体称为“未被满足的圆筒”，把充塞它的实心圆柱体称为“使它得到满足的东西”。

440. 说“我要个苹果”并不是说：我认为一个苹果将止息我的不满足感。**后一个**命题表达的不是愿望，而是不满足。

441. 出于天性，通过特定的训练、教育，我们在特定境况中习于把愿望表达出来。（**愿望**本身当然不是这样一种“境况”。）在我的愿望满足之前我知不知道我愿望的是什么，这个问题根本就不可能出现在这个游戏中。某件事打消了我的愿望并不意味着它实现了愿望。假如当时我的愿望被满足了,我当时也许不会觉得满足。

另一方面,人们也这样使用"愿望"一词:"我自己也不知道我愿望的是什么。"("因为愿望对我们自己把所愿掩盖起来了。")

若有人问:"我在得到之前知道我要的是什么吗?"那该怎么样?如果我学会了说话,那么我是知道的。

442. 我看见一个人端着枪瞄准,于是说"我预期着枪声"。放枪了。——这是你预期的;那么那个枪声也就以某种方式曾在你的预期之中啦?抑或你的预期只是在别的方面和出现的事情相一致;声响并不包括在预期之中,而是在预期得到满足之际作为偶然之物附加上来的?——但这不对,不出现枪声我的预期就得不到满足;枪声满足了预期;它不像是我所预期的客人带来的第二个客人那样,附加于预期的满足。——一同发生却不在我预期之中的就是偶然之物、就是命运送来的附加物吗?那么什么又**不**是附加物呢?那么和放枪相连的某种东西已经出现在我的预期之中啦?——那么当时什么**是**附加的?——那么我当时不曾预期放枪这整件事情吗?

"枪声没有我预期的那么响。"——"那么在你的预期中就有更响亮的枪声啦?"

443. "你设想的红和你在眼前看见的红不是同样的(不是同样的东西);那你怎么能说这就是你当时设想的呢?"——但这里的情况和"这里有个红斑"及"这里没有红斑"这两个句子不相类似吗?

这两个句子里都出现了“红”字;所以这个字指示的不可能是某种红东西摆在眼前。

444. 也许有人觉得,“他来”这话在“我期待[①]他来”这个句子里和在“他来了”这个断言句里具有不同的含义。但假使是这样,我怎么能够讲到〔他来了会使〕我的期待实现呢?如果我要用指物定义等等方式来解释“他”和“来”这两个词,那么对这两个词同样的解释对这两句话同样适用。

但也许有人会问:他来,那是个什么样子?——门开了,有人走进来,等等。——我期待他来,那是个什么样子?——我在屋里走来走去,时不时看表,等等。——但此一和彼一没有丝毫相似之处啊!那我们怎么能用同样的话来描述这两件事呢?——但也许我在走来走去之际说:“我期待他会走进来”——好,现在有相似之处了。但这是哪一类相似啊?!

445. 预期和实现在语言里相接触。

446. 这样说会是挺可笑的——“一件事情发生时和它不发生时看起来是不一样的。”或者“一块红斑在那里时和不在那里时看起来是不一样的——但语言从这种区别中加以抽象,因为无论红斑在那里还是不在那里,语言都说到一块红斑。”

447. 这里的感觉似乎是:一个否定句既然要否定一个命题,就必须在某种意义上使它成为真的。

---

① 这里译作“预期”和“期待”的都是 erwarten,这个词的讨论参见 577 节。——译者注

（否定命题的断言包含着被否定的命题，但不包含对被否定的命题的断言。）

448.“如果我说我昨夜**没**做梦，那我必定知道在哪里寻找这个梦；即：‘我做梦了’这个句子应用于实际情形时可能是假的，但不可能是没意义的。”——那么，这是不是说你觉察到了某种东西，就像说觉察到了一个梦的提示，它使你意识到一个梦本来会占据的位置？

或者，如果我说“我胳膊不疼”，就等于说我有一个疼痛感的影子，它似乎提示着疼痛可能发生的部位？

在何种意义上此刻不疼不痛的状态包含着疼痛的可能性？

如果有人说：“‘疼痛’这个词要有含义，那么疼痛出现的时候就必须能够把疼痛本身识认出来。”——那可以回答说：“这并不比识认出没有疼痛更为必要。”

449.“但难道我不是一定知道我疼的时候那是怎么个样子吗？”——人们摆脱不开那种想法：使用一个句子就在于依每一个词设想出某种东西。

人们没考虑到：我们用语词**计算**、操作，逐渐把语词翻译成这样的图画或那样的图画。——人们仿佛以为，向我订购一头牛这样的书面指示总须伴随着一头牛的意象，否则订单就会失去意义。

450.知道某人的样子：能够设想它——但也可以：能够**模仿**它。为了模仿它就必须设想它吗？模仿它不是像设想它一样有说服力吗？

451.我命令某人“设想这里有个红圆圈！”这是怎样的

呢？——而我现在说：理解这个命令就叫作知道它得到执行是什么样子的——或甚至说：能够设想它得到执行是什么样子的……？

452. 我要说："假如一个人能够看见预期的心灵过程，他就一定能看见**所预期的是什么**。"——但事情也是这样的：谁看见了预期的表达，就看见了所预期的是什么。人们还能以什么别的方式在什么别的意义上看见它呢？

453. 谁感知到我的预期谁就一定直接感知到我预期的**是什么**。即：不是从所感知的过程来**推断**它！——但说某人感知到预期，这话没有意义。除非这是说他的听觉感知到了预期的表达或诸如此类。至于说到预期者自己，说他感知到预期而不说他在预期，那就是对表达式的愚蠢歪曲了。

454. "一切都已经在……之中了。" >>>——→ 这个箭头怎么一来就**有所指**了？它在自身中不是似乎已经带着自身之外的什么东西了吗？——"不，能有所指的不是无生命的线条，只有心灵的东西，只有含义，能有所指。"——这话又对又不对。箭头只有在应用之中、只有在有生命的东西对它的应用之中才有所指。

这种指向**不**是唯心灵才能表演的戏法。

455. 我们要说："当我们有所意谓，那这里就没有（无论哪一种）无生命的图画，而是我们仿佛在走向某个人。"我们走向所意谓的东西。

456. "一个人有所意谓，那是他自己在意谓"；同样，是他自己在运动。一个人自己奔跑，因此不能又观察奔跑。当然不能。

457. 是的：意谓就像走向某个人。

458. “一个命令命令其执行的结果。”那么在有执行的结果之前，命令就知道它啦？——但这是个语法命题，它说的是：如果一个命令是“做这般那般”，那么人们就把“做这般那般”称作执行这个命令。

459. 我们说“这个命令所命令的是**这个**——”并且这么做了；但也说“这个命令所命令的是：我应当……”我们有时把命令转变为一个命题，有时转变为一个示范，有时转变为一个行动。

460. 能否这样来论证某一行动是在执行一个命令：“你说‘给我送一朵黄花来’，在这个命令之下这朵花给了我一种满足感；于是我就把它拿来了”？这时不就必须回答说：“可我没有让你拿一朵你听到我的话以后将给予你那样一种感觉的花来啊！？”

461. 那么在何种意义上命令预期或预示其执行？是靠它现在命令了后来得到执行的**那一**事情？——但这一定是说“命令了后来可能得到执行也可能没得到执行的事情”。这等于什么也没说。

“但即使我的愿望不曾决定发生的将是什么，它毕竟可以说决定了一个事实的主题，无论这个事实是否满足这个愿望。”——仿佛让我们感到奇怪的不是有人知道未来；倒是他（无论是对是错）竟能够预言。

就仿佛只要做了预言，无论这预言是对是错，都已经预收到了未来的影子；而同时这预言对未来一无所知，而且说到底也只能是一无所知。

462.他不在这儿，我可以寻找他；他不在这儿，我却无法吊死他。

有人可能要说："如果我在找他，他也就一定在个什么地方。"——要这么说，那他总在个什么地方，哪怕我找不到他，甚至哪怕他根本不存在。

463."你是在找**这个人**吗？可你当时甚至不可能知道他在不在那儿！"——但在数学上寻找某种东西时，倒**真的**会发生这个问题。例如，我们可以问：当时怎么竟想得出去寻找角的三等分？

464.我要教的是：把不曾昭然若揭的胡话转变成为昭然若揭的胡话。

465."预期的本性就是，无论发生什么，它都和预期要么一致要么不一致。"

那么，事实是否由预期或正或反地确定了呢？——即，无论发生的是什么，所发生之事满不满足期待，这一点是不是确定了呢？若这么问，回答一定是：是的，除非预期的表达是不确定的；例如，它包含不同可能性的选言判断。

466.人为什么思想？思想有什么用？——人为什么根据**计算**制造锅炉而不听任偶然性来安排炉壁的强度？根据计算造出来的锅炉不会那样经常爆炸不过是经验事实罢了！一旦被火烧，再怎么也不肯把手放进火里，同样，人再怎么也不肯不经计算就制造锅炉。——但由于我们对原因不感兴趣，——我们将说：人类事实上思想：例如，人要制造锅炉，就以这种方式进行。——那么这样制造出来的锅炉会不会爆炸呢？当然也会啊。

467.那么,人思考是因为思考合算?——是因为他想到了思想有利可图?

(人养孩子,因为养孩子合算?)

468.怎么才能琢磨出:人**为什么**思想?

469.然而我们可以说思想划得来。例如,自从我们不再根据感觉而是根据这样那样计算来决定炉壁的强度,或自从我们让一个工程师的每一步计算都由第二个工程师加以检验,锅炉爆炸现在就比以前少了。

470.那么,人思想**有时**的确是因为思想划得来。

471.往往当我们把"为什么"的问题压下来,我们才意识到那些重要的**事实**;这些事实后来才在我们的探索中引向答案。

472.在我们害怕所预期之事的事例中也许可以最清楚地看到自然齐一性〔Die Gleichförmigkeit des Geschehens〕这一信念的本性。任什么都不能引诱我把手伸进火里去,——尽管我**只在过去**烧伤过。

473.火会烧伤我这一信念同火会烧伤我这一恐惧同类。

474.我把手放进火里火就会烧伤我:这就是确凿性。

即,我们在这里看到了确凿性意味着什么。(不只是"确凿性"这个词意味着什么,而且也是确凿性本身具有什么。)

475.有人问到某个假设的根据,我们就想起了这些根据。这里的情况和人们回过头来思考什么会是某个事件的原因一不一样呢？

476. 应当把害怕的对象和害怕的原因区别开来。

因而，一张让我们害怕或让我们欢喜的面孔（害怕或欢喜的对象），并不是这些感情的原因，而是——我们可以说——它们的方向。

477. “你为什么相信热炉盘会烫伤你？”——你这个信念有根据吗？你需要根据吗？

478. 我根据什么认为我的手指接触到桌子时会感觉到阻力？根据什么相信这支铅笔刺进我手里我不会不疼？——我这样问，会有成百的根据冒出来，互相之间几乎不让对方说话。“我自己经验过无数次了；我也无数次听说过类似的经验；要不是这样，那简直……；等等。”

479. “你根据什么这么认为？”这一问题可能意味着：“你是根据什么推导出这种看法的（你推导过吗）？”但也可能意味着：“你事后能为这种看法向我提供什么根据？”

480. 那么，我们实际上只能把某种看法的“根据”理解为一个人在形成这种看法之前对自己说的话啦。他实际上进行过的演算。但**怎么能**根据先前的经验来设想后来会发生这个那个呢？——如果这样问，答案是这样的：对这类设想，我们究竟有什么关于其根据的一般概念呢？我们恰恰是把这样列举以往的事情称为它将来会发生的根据。——你要是对我们所做的这样一种游戏感到奇怪，那我就引用某种以往经验的**后效**（引用烧伤过的孩子怕火这一事实)。

481. 谁要是说列举以往之事无法使他相信[①]将来会发生某种事情,我就不懂他了。可以问问他:那你要听到些什么呢?要举出什么你才会将之称为相信将来会发生某件事情的根据呢?你究竟把什么称为"有说服力"呢?你期待怎样一种说服你的方式呢?——如果根据不是**这个**,那根据又是什么呢?——如果你说根据不是这个,那你一定能够举出在什么情况下我们肯定可以正当地说如此这般乃是我们的设想的根据。

请牢记:根据在这里并不是依照逻辑从中推论出所信之事的命题。

但也不像人们会说的那样:信念比知识需要的要少。——因为这里谈的不是如何接近于逻辑推论。

482. "这是个可靠的根据,因为它使那件事很可能发生。"——这种表达方式把我们引入歧途了:我们在这里仿佛进一步说出了某种关于根据的东西,论证了是什么使得根据成为根据;然而,说这个根据使这事很可能发生无非是说这个根据符合于可靠根据的某个特定尺度——但这个尺度却不根据什么!

483. 可靠的根据是**看来可靠**的根据。

484. 有人愿说:"可靠的根据之所以可靠只因为它**实际上**使事情很可能发生。"就像说因为它对事件实际上产生了影响;因此它仿佛是经验上的影响。

---

① 这里的"使相信"和下文的"说服"等都是 überzeugen 的译文。——译者注

485. 通过经验做论证，这是有尽头的。若没个尽头，它就不是论证了。

486. 那里有把椅子，这是从我获得的感官印象**推论**出来的吗？——从感官印象怎么能推论出一个**命题**来？那么，是从描述感官印象的命题推论出来的了？不然。——但我不是从印象从感觉资料推断那里有把椅子吗？——我根本没做什么推断！——不过有时我做。例如我看着一张照片说“那里一定有过一把椅子”，我甚至也说：“我从所看到的推断那里有把椅子。”这是个推断；但不是逻辑推断。推断是向断言的过渡；因此也是向与断言相应的行为的过渡。我不仅在话语上“获取结论”，而且也在行动上“获取结论”[①]。

我获得这些结论有道理吗？这里把什么称作有道理？——“有道理”一词是怎么使用的？请描述一些语言游戏！从这些语言游戏中也可以看出有道理是多么重要。

487. “我从屋里出去，因为你命令我这样做。”

“我从屋里出去，却不是因为你命令我这样做。”

这个句子描述了我的行为和他的命令之间的联系抑或建立起这种联系？

能不能问：“你怎么知道你这样做是因为这个，或不因为这个？”若回答竟是“我觉得是这样”呢？

488. 我怎么判断它是不是这样？根据间接证据吗？

---

① Konsequenzen，既是“结论”又是“后果”。——译者注

489. 问问你自己：在什么场合，为什么目的，我们这样说？

哪些行动方式伴随这些说法？（想想问候语！）在哪些场景里用到它们？为什么用到它们？

490. 我怎么知道是**这条思路**导致了我的这个行动？——好，这是一幅特殊的图画：例如在一个试验性的探索中通过计算导向了进一步试验。它看起来是**这样的**——好，我现在就可以描述一个例子了。

491. 并非："没有语言我们就不能交流"——而是：没有语言我们就不能以如此这般的方式影响别人；不能建造街衢和机器，等等。而且：不使用话语和文字，人就不能交流。

492. 发明一种语言，可以是说为特定目的依据自然法则（或同自然法则一致）发明一种设施；但它还有另一种意思，类似于我们说到发明一种游戏时的意思。

我在这里陈述的是关于"语言"一词语法的某些东西：通过把它同"发明"一词的语法联系起来。

493. 我们说："公鸡用鸣啼声把母鸡呼唤过来了"——但这种说法根底下不是已经在和我们的语言相比了吗？——如果我们设想鸣啼声通过某种物理作用导致了母鸡的运动，景貌不就完全改变了吗？

但若现在来演示"到我这里来"这话以什么方式对受话人起作用，在一定条件下，其最后结果是他的腿部肌肉受到刺激而活动起来，等等——那个句子这样一来就对我们丧失了其为句子的特性了吧？

494. 我要说：我们称为“语言”的，**首先**是我们寻常语言的建制、字词语言的建制；然后才是其他东西——和这种建制类似的东西，或和这种类似的东西有可比性的东西。

495. 我显然可以靠经验来确定一个人（或动物）对一个符号像我要求的那样做出反应，而对另一个不这样反应。例如，一个人看到符号“——→”时向右走，见到符号“←——”时向左走；而他对符号“O——|”就不像对符号“←——”那样做出反应。

我其实用不着虚构而只须考虑一下实际情况，例如，我只能用德语来指挥一个只学过德语的人。（因为我现在把学习德语视为设置一种回应某种特定影响的机制；至于别人是学会这种语言的，还是有可能天生就有一种构造，能和通常学会了德语的人对德语句子做出同样的反应，对我们可以没什么区别。）

496. 语法不说明语言必须怎样构造才能达到其目的，才能如此这般对人起作用。语法只描述符号的用法而不以任何方式定义符号的用法。

497. 可以把语法规则称作“任意的”，如果这说的是：语法的**目的**无非是语言的目的罢了。

若有人说“我们的语言假如没有这样的语法，就不能表达这些事实”——那他应该问问自己，“**能**”在这里是什么意思。

498. 我说，“把糖拿给我”和“把牛奶拿给我”这些命令有意义而“牛奶我糖”这种组合没意义，但这不是说：说出这串语词毫无效果。如果说它的效果是别人对着我目瞪口呆，我却并不因此把它称作请对我目瞪口呆的命令,即使这正是我要造成的效果。

499.说"这种语词组合没有意义",就把它排除在语言的领域之外并由此界定了语言的范围。但划一条界线可以有各式各样的缘由。我用篱笆用一道粉笔线或用随便什么围起一块地方,其目的可能是不让人出去,或不让人进来;但它也可能是游戏的一部分,例如,这条界线是要让玩游戏的人跳过去的;缘由还可能是提示某人的地皮到此为止而另一个人的从此开始;等等。所以,我划了一条界线,这还没有说明我划这条界线为的是什么。

500.说一个句子没意义,却不是仿佛说它的意义是没意义的。而是某种语词组合被排除在语言之外,停止了流通。

501."语言的目的是表达思想。"——那么说每个句子的目的都是表达一个思想啦。那么,像"下雨了"这样的句子表达的是什么思想?——

502.意义问题。比较:

"这个句子有意义。"——"什么意义?"

"这串语词是一个句子。"——"什么句子?"

503.我给某人下命令,给予他符号就**足够**了。我从不会说:这只是些词儿,我必须深入到语词背后。同样,我问某人一个问题而他给了我一个答案(即符号),我就满意了——那本是我所期待的——而不会提出异议说:那不过是个答案罢了。

504.但人若说:"我怎么知道他意谓的是什么?我看见的不过是他的符号",那我就说:"**他**该怎么知道他意谓的是什么,他所有的也不过是他的符号而已。”

505. 我在能够按命令行动之前必须先理解这个命令吗？——当然，否则你就不知道该做什么！——但从**知**到行却又是个飞跃啦！——

506. 一个心不在焉的人听到“向右转！”的命令时向左转了，接着一拍额头说“噢，是向右转”，转到了右边。——他一下想起什么来了？想起了一个解释？

507. “这话我不只是说说而已，我这话是有所意谓的。”——我们琢磨我们有所意谓地说话（而非说说而已）时心里都发生些什么，于是觉得似乎有什么东西和这些话语连结着，否则话语就会空转。就仿佛话语一直连结到我们心里。

508. 我说一个句子：“天气很好”；但这些词是些任意的符号——那么让我们用 abcd 来代替它们。但我读到后者，却无法直接把它和上面的意义联系起来。——我可能说，我不习惯说“a”而不说“天”，说“b”而不说“气”，等等。但我这么说并不意谓我不习惯于从“a”立刻联想到“天”，而是意谓我不习惯于**在用“天”的地方**使用“a”——即不习惯在“天”的含义上使用“a”。（我没有掌握这种语言。）

（我不习惯用华氏刻度来测量温度。因此这种温度表对我什么都没“**说**”。）

509. 我们问某人：“在什么意义上这些话是对你看见的东西的描述？”——他回答说：“因为我用这些话**意谓**的就是这个。”（例如他正在看一片风景。)为什么“我**意谓**这个”这样的回答根本不是回答?

怎样用话语来**意谓**眼前所见的东西?

设想我说“abcd”并且以此意谓:天气很好。即我在说出这些符号之际所具有的体验通常只有那些经年累月在“天”的含义上使用“a”、在“气”的含义上使用“b”的人才具有的体验。——那么“abcd”就是在说:天气很好啦?

什么该是我曾具有**这种**体验的标准呢?

510. 尝试一下:**说**“这里冷”而**意谓**“这里暖和”。你能吗?——你这时所做的是什么?只有一种方法来做这个吗?

511. 究竟什么叫作“揭示出一个命题没有意义”?——什么叫作“如果我用这话有所意谓,这话当然是有意义的”?——我用它来意谓?——我用它意谓**什么**?!——有人想说:有意义的句子是我们不仅可以说,而且也可以想的句子。

512. 仿佛可以说:“字词语言允许无意义的字词组合,但意象语言却不允许无意义的意象。”——那么,绘图语言也不允许无意义的绘图喽?请设想我们要照一些绘图来制作立体模型。这时候,有些绘图有意义,有些则没意义。——我想象一些无意义的字词组合,那是怎么回事儿呢?

513. 考察一下这些表达形式:“我的书的页数和方程式 $x^3+2x-3=0$ 的根相等。”或:“我有 n 个朋友而 $n^2+2n+2=0$。”这个句子有意义吗?这无法直接看出来。从这个例子可以看到怎么一来,某些东西就可以看起来像一个我们理解的句子,其实却没有意义。

（这为“理解”和“意谓”概念投下一道光亮。）

514. 一个哲学家说，他理解“我在这里”这个句子，理解用这个句子意谓着什么，想着什么——即使他根本不考虑这个句子是怎样使用的，在什么场合使用的。我说“玫瑰在黑暗中也是红色的”，你就在眼前的黑暗中当真看见了这种红色。

515. 两幅黑暗中的玫瑰的图画。一幅全黑；因为看不见玫瑰。另一幅里玫瑰的细节全画出来了，由黑色包围着。这两幅画是一幅对、一幅错吗？我们不会谈到黑暗中的白玫瑰和昏暗中的红玫瑰吗？可我们不又说它们在黑暗中区分不出来吗？

516. 我们理解“π 的展开式里会不会出现 7777 这个数列？”这个问题的意思是什么；这似乎挺清楚的。这是个汉语句子；可以指出来什么叫在 π 的展开式里出现了 415 这个数列；诸如此类。好，这类解释走多远，可以说，我们对这个问题的理解也就走多远。

517. 问题来了：我们以为理解了一个问题，但我们难道不会弄错吗？

因为有些数学证明恰恰导致我们说，我们**无法**想象我们原以为可以想象的东西。（如：构造七角形。）它们引导我们去修正原来认为可以想象的事物的领域。

518. 苏格拉底对泰阿泰德说：“想象不总是得想象某种东西吗？”——泰阿泰德：“毫无疑问。”——苏格拉底：“想象某种东西，那东西不就必须是某种真实的东西吗？”——泰阿泰德：“看来是的。”

要画，不是就得画个什么东西吗？——画个什么东西，那东西不就是某种真实的东西吗？——好的；可什么是绘画的对象呢：人的图画（例如）抑或图画所表现的那个人？

519. 有人想说：命令是执行了这个命令的行动的一幅图画；但它也是**应当**执行这个命令的行动的图画。

520. “如果也可以把命题看作一种可能事态的图画，说命题显示这种事态的可能性，那么命题所能做的，最多像一幅图画、浮雕或照片所做的：而且它因此无论如何都无法说出实际上所不是的情况。那么，把什么不把什么称作（逻辑上）可能的，就完全依赖于我们的语法啦——即：那无非是语法允许或不允许的东西啦？”——但那样就成了任意而为了！——是任意而为吗？——并非每一个像句子的组合我们都知道拿它派什么用场，并非每一种技术在我们的生活中都有个应用；我们在哲学中误把毫无用处的东西算作命题，那往往是因为我们没有充分考虑它的应用。

521. 比较一下“逻辑上可能”和“化学上可能”。如果某个化合式具有适当的化合价（如：H-O-O-O-H），也许可以称这种化合物为化学上可能的。当然，这种化合不一定存在；但即使 HO_2 这样一个化合式，最多也不过在现实中没有与之对应的化合物罢了。

522. 如果我们拿一个命题同一幅图画比较，我们必须考虑是和一幅肖像（一种历史描绘）比较还是同一幅风俗画比较。这两种比较都有意义。

当我看一幅风俗画时，即使我一刻也不相信（不设想）我在画上看见的人真的存在过或在这样的情境里真的有过人，这幅画却仍然对我“有所说”。这时我若问“那这幅画对我说了**什么**呢？”该怎么回答？

523. 我也许会说——“这幅画对我说的是它自身。”即，这幅画基于它自身的结构、基于**它的**线条和色彩而对我有所说。（人们说“这个音乐主题对我说的是它自身”，这等于说什么呢？）

524. 图画和虚构的故事让我们喜闻乐见思绪悠悠，别把这视作不言自明，而要把它视作值得关注的事实。

（“别把这视作不言自明”——这是说：就像面对其他令你不安的事物那样，对这一事物感到惊异。你一旦把这件事实像别的事实那样接受下来，成问题之处也就消失于无形了。）

（（从某种昭彰的无意义向某种不昭彰的无意义过渡。））

525. “说完这个，像前一天一样，他就离开了她。”——我理解这句话吗？我对它的理解就像在一番叙事中间听到它一样吗？如果它孤立地放在那里，我就会说我不知道它在讲什么。但我会知道人们大概可以怎样使用这个句子；我自己可以为它发明一个上下文。

（许多熟悉的小径从这话通向四面八方。）

526. 什么叫作理解一幅图画、一幅草图？即使这里也有理解和不理解。这些表达式即使在这里也可以意谓各式各样的东西。这幅图画大概是静物写生；但有一部分我不理解：我在那儿看不出物体，而只看到画布上的色块。——或者我看出了它们都是物体，但都是我不认识的东西（它们看起来像工具，但我不知道它们的用途）。——也许我认识那些东西，但在另一个意义上不理解它们的排列方式。

527. 理解一个语句和理解一个音乐主题远比人们所以为的那样关系更近。我的意思却是这样的：理解一个语句比人们所设想的更接近于通常称作理解一个音乐主题那样的东西。强弱和速度为什么恰恰要沿着**这个**方向变动？人们也许说"因为我知道这说的是什么"。但说的是什么呢？这我不知该怎么说。为了"解释"，我可以拿它和具有同样节奏（我的意思是同样的变化方向）的某段别的乐曲相比。（人们说"你就看不出这就好像是达到了结论"或"这就仿佛是一句插入语"，等等。根据什么做这种比较呢？——这里可以有千差万别的根据。）

528. 我们可以设想有一种人，他们所具有的并非完全不像语言：带有表情的声音，但没有词汇或语法。（"用舌头讲话。"[①]）

529. "但这些声音的含义是什么呢？"——音乐中声音的含义又是什么呢？尽管我根本不是要说，这种由带有表情的声音组成的语言必须同音乐等量齐观。

530. 也可以有一种语言，语词的"灵魂"在使用这种语言时不起作用。例如没有什么妨碍我们用任意发明的新词代替这种语言里的某个词。

531. 我们在不同意义上讲到理解一个句子：在一种意义上这个句子可以由另一个所说相同的句子代替，但在另一种意义上则不能由另一个句子代替（就像一个音乐主题不能由另一个代替）。

---

① Mit Zungen reden，倪梁康告诉我，这个短语来自《新约》，大意是，各自用自己的语言说话，彼此不能沟通，后来耶稣出现，大家忽然能互相理解了。——译者注

在一种情况下，句子的思想是不同的句子共有的；在另一种情况下，只有这些语词，这样排列，才表达这一思想。（理解一首诗。）

532. 那么，“理解”在这里是否有两种含义呢？——我宁愿说，使用“理解”的这些方式构成了它的含义，构成了我的理解**概念**。

因为我**愿意**把“理解”应用于所有这些情况。

533. 但在第二种情况下怎么能解释表达式，怎么能转达理解呢？问问你自己：人们是怎样引导某个人理解一首诗或一个音乐主题的？对此的回答说出了人们在这里是怎样解释意义的。

534. 在这种含义上**听**一个词。真稀奇，竟有这种事！

这样措词、这样强调、这样来听，于是这个句子就是向**这些**句子、**这些**图画、**这些**行动过渡的开端。

（许多熟悉的小径从这话通向四面八方。）

535. 我们学会把一首教堂乐曲的结尾感觉为尾声，这时发生的是什么？

536. 我说：“我也可以把这张脸（它给人的印象是胆怯）想成是勇敢的。”我们这样说的意思，并非我能想象生着这张脸的人也可能救人于危难之际，等等（这样的事当然可以和任何脸联想在一起）。我所讲的毋宁是这张脸本身的一种面相。我的意思也不是我可以想象这个人可能使他的脸改变成通常所见的勇敢的脸；尽管我的确很可能想象这张脸通过某些十分确定的途径可以过渡到通常所见的勇敢的脸。转释某种面部表情可以比作转释音乐中的某种和弦，我们有时觉得它在转向这个调式，有时觉得它在转向那个调式。

537. 人们可以说"我从他的脸上看出了胆怯"，但无论如何胆怯不只是以联想方式外在地和这张脸联系在一起；恐惧活生生地呈现在面目表情里。这些表情稍许改变，我们就会讲到相应的恐惧的改变。如果有人问我们"你也能设想这张脸表达的是勇敢吗？"——那我们似乎会不知道该怎么把勇敢安插到这些表情里面。我这时大概会说："我不知道这张脸是勇敢的脸是什么意思。"但对这个问题的解答是什么样子的？也许有人说："好了，现在我理解了：就好像说这张脸对外部世界一无所谓。"于是我们把勇敢这种解释配到了这张脸上。可以说：现在勇敢又和这张脸**般配**了。但这里是**什么**和**什么**般配？

538. 下面的情况与此同类(虽然看上去不一定是这样)：德国人了解到法文中的表语形容词与主词的语法性别一致，感到奇怪并这样来解释：法国人说"这人不错"时意思是："这人是个**不错的人**。"①

539. 我看见一幅画，表现的是一张笑脸。我把那笑一会儿看作友善的，一会儿看作恶意的，这时我是怎么做的？我不是往往在或友善或恶意的时空背景中来想象它吗？例如，我可以从这幅画想象：笑着的人在对一个玩耍的孩子慈蔼微笑，但也可以是对着遭受痛苦的敌人笑。

这一点在下面的情况里也完全没有改变：画里的处境一眼看

---

① 德语里表语形容词不表现性、数，如 Der Mensch ist gut 里的 gut 无所谓阳性单数；但若表语由形容词＋名词构成(名词可省略)，这里的形容词就有性、数之别，如 Der Mensch ist ein guter (Mensch)。——译者注

上去是令人愉快的，而我却可以借助更广阔的背景对这个处境重新做出别的解释。——如果没有特殊的环境因素改换我的解释，我就会把某种特定的微笑看作友善的微笑，称作“友善的”微笑，并相应地做出反应。

（概率，频率。）

540.“没有语言建制及其整体背景，我就连雨很快会停都不能够想，这不是很奇怪吗？”——你想说怪就怪在若没有这个背景你就不能够对自己说这话并意谓这话吧？

设想有人指着天空喊出一串无法理解的话语。当我们问他意谓的是什么，他说，那是说“谢上帝，雨很快要停了”。他甚至向我们解释了各个词的含义。——现在我设想他仿佛突然清醒过来并且说：他刚才说的那个句子毫无意义，但他说出这个句子的时候，他觉得它似乎是他所熟悉的一种语言中的一句话（甚至像一句众所周知的引语）。——我现在该说什么呢？他当时说这句话时不曾理解它吗？那个句子当时不曾携带着它的全部含义吗？

541.但那理解、那含义当时在于什么？他当时手指着天空说出这串声音，他的声调欢快，那时雨虽然还在下着，天却开始放晴；他**后来**又把他当时说的话和这句德语联系起来。

542.“但他当时觉得他的话就像他所熟悉的一种语言中的一句话。”——不错，这一点的标准之一就是：他后来正是**这么**说的。在这里**恰恰**不要说：“我们所熟悉的一种语言里的语词感觉起来别有一番风味。”（这种感觉的**表达**是什么？）

543. 我不能够说这哭这笑充满含义[①]吗？

这大致是说：可以从这哭这笑解读出很多东西。

544. 当我出于渴望说“他来了该多好！”这种感情给了这话以“含义”。但它是否也给了每个词各自的含义？

但这里也可以说，感情给了这话以**真实**。这时你看到诸种概念在这里是怎样交汇的。（这让我们想到数学命题的**意义**是什么这个问题。）

545. 但说“我**希望**他来”——感情不是给了“希望”一词以含义吗？（“我**不**再希望他来”这句话又怎么说呢？）感情也许会给“希望”一词某种特殊的语气；即感情在这语气中表达出来。——若说感情给了语词以含义，那么这里的“含义”就叫作：**要点所在**。但为什么要点在于感情？

希望是一种感情吗？（标志。）

546. 那么我想说，“他来了该多好！”这话饱含着我的愿望。有些话会从我们心里冲出来——如一声喊叫。有些话**难以**启齿：例如用来宣布割弃某种东西的话，或用来承认某种弱点的话。（话语也是行为。）

547. 否定：一种“心灵活动”。否定某个东西并且观察你在做什么。——你可曾在内心里摇头？如果真是这样——这种活动难道比在句子里写下一个否定符号之类更加值得关注吗？你现在就

① voll von Bedeutung，译作“充满含义”是为了表明这里是在讨论 Bedeutung 这个概念。但由此也可看出 Bedeutung 并不总宜于译作“含义”，因为汉语词“含义”有时有着意为之的意味，说一个人的哭有含义，暗示他不是自然而然哭出来的。——译者注

认识到了否定的本质了吗?

548.愿某事发生——愿这事不发生:这两种过程的区别是什么?

如果要用图画来加以表现,人们就会用各式各样的方式处理事件的图画:在上面打个叉儿,在周围圈个框儿,等等。但我们觉得这类表现方法颇为粗陋。在字词语言中,我们简简单单使用符号"不"。这像个笨拙的权宜之计。人们以为,在思想中已经有了另一码事儿。

549."'不'这个词儿怎么能够做出否定呢?"——"'不'这个符号提示,你应该从反面来看待跟在它后面的东西。"人们想说:否定符号是导致我们去做某件事情——很可能是极复杂的事情——的缘由。就仿佛否定符号导致我们去做点儿什么。但去做什么?这没有说。就仿佛所需的无非是有点提示;仿佛这我们已经知道。仿佛没解释必要,因为我们不管情况如何都已经了解是怎么回事儿。

550.可以说,否定是一种排斥的姿势、拒绝的姿势。但我们却是在千差万别的情况中使用这样一种姿势!

551."'铁在摄氏100度时不熔化'和'2乘2不等于5'是同样的否定吗?"这要靠内省来决定吗?要靠努力看到我们说这两个句子时想的是什么来决定吗?

(a)"三重否定的结果又是一个否定,这一点一定已经包含在

了我现在使用着的这一个否定之中了。"(发明一种"含义"神话的诱惑。)

看起来从否定的本性似乎就可以得出双重否定为一个肯定。(这里面有点什么是对的。什么呢?我们的本性和二者都联系在一起。)

(b)不可能讨论对于"不"这个词,这些规则还是那些规则是正确的规则(我的意思是:不可能讨论规则合不合乎"不"这个词的含义)。因为没有这些规则这个词就还没有含义;如果我们变换规则,它也就有另一种含义(或没有含义),这样一来,我们也就不妨变换这个词了。

---

552. 我们说"这根杆子 1 米长"和"这里有 1 个士兵"这两句话的时候,我们是不是清楚,我们用"1"意谓着不同的东西,"1"有不同的含义?我要是这么问会怎么样?——一点儿也不清楚。——说一下这样一个句子:"每 1 米站着 1 个士兵,所以每 2 米站着 2 个士兵。"要有人问你"你用这两个'1'意谓的是同一个东西吗?"你大概会回答:"我意谓的当然是同一个东西:1!"(这时大概还高高伸出一个手指头来。)

553. 要是"1"有时代表一种度量数值有时又代表一个数目,那么它有没有不同的含义呢?如果这样提出问题,回答将是肯定的。

554. 不难设想有一种人,其逻辑"比较原始"。依照这种逻辑,与我们的否定相应的东西只适用于某一类句子;例如只适用于尚未包含否定的句子。人们可以否定"他走进屋子"这个命题,但否定一个否定命题会是无意义的，或只能作为否定的重复。想一想和我们不同的表达否定的方式：例如靠句子声调的高低。双重否定在那里会是什么样子？

555. 否定符号对于这种人和对于我们是否有同样的含义，这个问题和下面的问题类似："5"这个数字对于认数序结束于5的人和对于我们是不是有同样的含义。

556. 设想一种语言，其中用于否定的有两个不同的词，一个是"X"，另一个是"Y"。两个"X"等于一个肯定，而两个"Y"等于一个加重否定。这两个词的其他用法相同。——那么，"X"和"Y"不重复出现在句子里的时候，它们是否有同样的含义呢？——可以对此做出各式各样的回答。

(a)这两个词有不同的用法。因此有不同的含义。但它们在其中不重复出现且其他部分都相同的句子，有相同的意义。

(b)除了那一点差异，这两个词在语言游戏中有同样的功能，而那点差异只是个无足轻重的习惯。我们用同样的方式教这两个词的用法：用同样的行动、姿势、图画等等；这两个词用法上的差异是次要的，是语言中的偶然现象之一，可以在解释这两个词的时候顺便提到。我们因此说"X"和"Y"有同样的含义。

(c)我们把这两种否定符号和不同的意象联系在一起。"X"就好像把意义扭转了180度。**因此**两个这样的否定符号就把含义恢复到它原来的位置上来了。"Y"就像摇头。我们不会用第二次摇头来取消前一次摇头，同样也不会用第二个"Y"来取消前一个"Y"。所以，即使采用这两种否定符号的句子实际上最终是一回事儿，"X"

和“Y”仍然表达不同的观念。

557. 我说出双重否定的时候，我用它来意谓加强的否定而非用来肯定，这会是在于什么呢？不存在“这在于……”这样的答案。在某些情况下，我可以不说“这个重复所意谓的是加强”而**宣布**它就是加强。我可以不说“重复否定所意谓的是取消否定”而加上括号之类。——“不错，但这括号本身可以起各式各样的作用；因为谁说了应该要把它看作**括号**呢？”谁也没说。而你自己恰恰也通过话语来解释你的看法。括号的含义基于应用括号的技术。问题是：在哪些情况下说“我刚才的意思是……”这话有意义？哪些环境因素使我可以合情合理地说“他的意思是……”？

558. 什么叫“玫瑰是红的”这句话里的“是”同“二加二是四”里的“是”含义不一样？如果回答是：那是说这两个词有不同的规则，那就可以说我们在这里只有一个词。——而如果我注意的只是语法规则，那这些规则恰恰允许在两类语词联系中使用“是”这个词。——但是，表明“是”字在两个句子中具有不同含义的规则正是允许我们在第二个句子中用等号代替“是”字而禁止在第一个句子里这样代替的规则。

559. 人们喜欢谈论语词在这个句子中的功能。仿佛句子是一台机器，而语词在其中有一种特定的功能。但这种功能基于什么？它是怎样被弄明白的？因为的确无掩无藏，我们明明看见了整个句子！这种功能一定是在计算过程中显示出来的。（含义实体。）

560. “语词的含义是由含义的解释所解释的东西。”即：你要理解“含义”一词的用法，就去查查人们称之为“含义的解释”的东西。

561. 我说人们在两种不同的含义上(作为系词和作为等号)使用“是”这个词,却不愿说它的含义就是它的用法:即用作系词和等号,这不是很奇怪吗?

人们愿说,这两种用法不给出**单一的**含义;用同一个词来联合[①]两者是非本质的偶然之事。

562. 但我怎么能够决定什么是记号的本质特点,什么是其非本质的、偶然的特点?在记号背后可有某种实在,而记号的语法就是依之建立的?

我们来想一想游戏中一个类似的例子:在王后跳棋里,把两个棋子摞在一起来标志王后。要不要说对于这种游戏来说,王后由两个棋子组成是非本质的呢?

563. 让我们说:棋子的含义是它在游戏中起的作用。——好,在开始下棋之前通过抽签来决定谁执白棋〔先行〕。为此,一方两只手里各握一个王,另一方碰运气选择他一只手里所握的棋子。好,要不要把用王来抽签算作它在象棋里所起的一种作用呢?

564. 所以我在棋戏中也倾向于区别本质规则和非本质规则。可以说,游戏不仅有规则,而且也有旨趣。

565. 为什么要用同一个词?我们在做计算的时候就根本不这样使用同一个!——为什么同一个棋子用于两种目的?——但这里什么叫作“使用”同一个?如果我们恰恰使用着同一个词,那这不就是一个用法吗?

---

① Personalunion,两个政治实体归属于同一君主但保持政治独立。——译者注

566.现在看起来，仿佛使用同一个词、同一个棋子，是有个目的的——如果这个同一不是偶然的、非本质的。仿佛这个目的就是：我们能够认出这个棋子，知道它怎样走。——这里讲的是物理的可能性还是逻辑的可能性？如果是后者，那么这是同一个棋子这一点也恰恰属于这个游戏。

567.可游戏是由规则来规定的！因此，如果游戏的一条规则规定走棋之前用王来抽签，那这就是游戏的一部分，一个本质部分。对此提得出什么异议呢？我们看不出这条规则有什么道理。有点像如果规定在每走一步棋之前要把棋子转三圈，我们也会看不出这条规定有什么道理。看到某种棋戏有这样的规定，我们准会很惊奇，会琢磨这条规则的目的何在。（"这条规定是要防止随手行棋吧？"）

568.如果我对游戏的特征理解得正确——我可以说——这不是游戏的本质部分。

（（含义，一种观相术。））

569.语言是一种工具。它的各种概念是一些工具。于是有人会以为，我们使用哪些概念不会有很大区别。正如归根到底用德尺德寸也像用公尺公分一样可以进行物理学研究；差异只是便利程度的差异。但连这一点也不是真的，因为采用某种度量系统来进行计算所需的时间和努力就可能超出我们力所能及的范围。

570.概念引导我们进行探索。概念表达我们的兴趣，指导我们的兴趣。

571. 引入歧途的并列：心理学处理心理范围里的过程，就像物理学处理物理范围里的过程。

物体的运动、电的现象等等是物理学的研究对象，而看、听、想、感、愿，却并非**在同样的意义上**是心理学的研究对象。这一点你可以这样看出来：物理学家看、听、思考这些现象，告诉我们这些现象，而心理学家观察主体的**外在表现**(行为)。

572. 就其语法而言，预期是一种状态，就像：持某种看法，希望某事，知道某事，能做某事。但要理解这些状态的语法，就必须问："什么可以当作某人处于这一状态的标准?"(硬度的状态、重量的状态、适合与否的状态。)

573. 持某种观点是一种状态。——什么东西的状态？灵魂的吗？心灵的吗？好，关于什么我们会说它持某种观点？例如，我们会说 N. N. 先生持某种观点。而这就是正确的回答。

我们不应期待对这个问题的回答能使我们豁然开朗。更深入的问题是：我们在种种特殊情形中把什么视作某人持如此这般看法的标准？我们什么时候说：他在那个时候得出了这种看法？什么时候说：他改变了看法？等等。这些问题的答案提供给我们的图画表明了就语法而言我们在这里是把**什么**作为**状态**来对待的。

574. 一个命题，从而在另一个意义上的一个思想，可以是信念、希望、预期等等的"表达"。但信念不是思考。(一个语法评注。)信念、预期、希望这些概念互相之间相隔得不像它们和思考概念相隔得那么远。

575. 我坐到这把椅子上，我当然相信它经得住我。我压根儿没想到它可能塌掉。

但："尽管他做了这一切，我仍然相信……"这里有所思考，大致是再三努力以保持某种态度。

576. 我看着点着的导火索，极其紧张地盯着火头渐渐接近炸药。我也许什么都没想，也许有一堆胡思乱想。这肯定是预期的一个例子。

577. 当我们相信他会来但并不操心于他来不来，这时我们说"我预期他来"。（"我预期他来"在这里有点像说"他不来我会感到意外"——而我们不会把这称为描写一种心灵状态。）不过，当这话是说：我巴望着他来，这时我们也说"我期待他来"。我们可以设想某种语言在这些情况下前后一贯地采用不同的动词。同样，在我们讲到"相信"、"希望"等等的地方，在那里却有不止一个动词。这种语言的概念也许比我们语言的概念更适合于理解心理学。[1]

578. 问问你自己：什么叫作相信哥德巴赫定理？这一相信里面是些什么？是我们说、听、思考这个定理时的一种肯定无疑的感觉吗？（我们对那不感兴趣。）这种感觉的标志是什么？我甚至不知道这种感觉会在什么意义上是由这命题本身唤起来的。

我该说相信是思想的一种色调？这想法是哪里来的？好，有

---

① 正如维氏在这一节所猜测的，相应于 erwarten 的有不同的汉语语词，如预期、期待、等待等。维氏通常从认识内容的角度讨论 erwarten，所以我们通常译之为"预期"。但在不同的上下文中，也会译作"期待"等。不能一一对应，给翻译带来麻烦，而这里的麻烦正是维氏在这一节所要探讨的。同样，glauben、hoffen 等，也不可能在所有上下文都找到同一个汉语词与之对应，例如我们尽量把 Glaube 译作"信念"，但有时也译作"相信"等。——译者注

一种相信的调子，就像有一种怀疑的调子。

我要问：相信是怎么连结到这个命题上的？让我们看看这一相信有哪些后果，看看它把我们引向何处。“它引我为这个定理寻找证明。”——很好；我们现在再看看，你的寻找真正说来是些什么！那时我们就会知道相信这个命题究竟是怎么回事儿了。

579. 有把握的感觉。它怎么外现在行为之中？

580. 一个“内在的过程”需要外在的标准。

581. 预期坐落在它所从出的处境之中。例如，对爆炸的预期可以来自应对爆炸有所预期的处境。

582. 某人不说“我预期随时都会爆炸”而喃喃地说“马上要爆炸了”，他这话却仍然不曾描述一种感觉；尽管这话及其语调表现的可能是他的感觉。

583. “照你这么一说，仿佛我这时并不当真在预期在希望似的——而我认为我这时是在预期。仿佛这时发生的事情没有深刻的意义。”——什么叫“这时发生的事情有意义”或“有深刻的意义”？什么是一种深刻的感觉？一个人能不能有一秒钟感到了热烈的爱情或希望——无论这一秒钟之前之后发生的是什么？——这时发生的事情——在这一环境之中——有意义。环境给予这事情以重要性。“希望”一词指涉人类生活的一种现象。（微笑的嘴只在人脸上微笑。）

584. 我现在坐在屋里，希望 N. N. 会来，带钱给我；假定这种状态中有一分钟可以被隔绝开来，从其前后联系中切下来：在这一分钟里发生的难道就不是希望吗？——你想一想，例如，想想你在这一时间里可能说出的话。它不再属于这个语言。在另一种环境里，也不存在钱这种建制。

加冕典礼是一幅华美尊贵的景象。试把这一过程的某一分钟从它的环境切下来：皇冠戴到身穿加冕礼服的国王头上。——但在另一个环境中，金子是最贱的金属，金光闪耀被认为粗俗。礼服的衣料在那里造价低廉。皇冠是堂皇冠冕的拙劣仿制品。等等。

585. 一个人说“我希望他来”——这是在报道他的心灵状态还是在表达他的希望？——例如，我可以对自己这样说。而我不向自己做什么报道。它可以是一声叹息；但又不必是。如果我对某人说“我今天无法专心工作；我一直想着他要来”——我们将把这称为描述我的心灵状态。

586. “我听说他要来；我一整天都预期他会来。”这是对我怎样度过了这一天的报道。——在一次谈话中我得出结论：须得预期一件特定的事情；我是用这话来下这个结论的：“于是我现在须得预期他来。”可以把这称为这一预期的第一个想法，第一个举动。——可以把感叹句“我心急火燎地期待着他！”称为一种期待的举动。但我也可以根据对自己的观察说出同样的话，而它就有点像说：“唉，事情都已经这样了，可我还是心急火燎地期待着他。”问题在于：怎么一来就说了这话的？

587. “你从哪儿知道你相信这个？”这样问有意义吗？——回答会是“我通过内省认识到的”吗？

有些情况下可能像这样说，大多数情况下则不可能。

“我真的爱她？我不只是在装得爱她？”这样问是有意义的；而内省的过程是唤醒回忆；唤醒种种可能处境的意象，唤醒事情如果是那样将会有什么感情的意象。

588.“我在对明天离开这一决定做考虑。”（可以把这称为心绪状态的描述。）——“你的理由没说服我；我的意图不变，还是明天离开。”在这里我们会颇动心把这意图称为一种感觉。这感觉是某种固执的感觉；一种不可更改的决心的感觉。（但这里也有许多形形色色各具特征的感觉、态度。）——人问我：“你在这里待多久？”我回答：“我明天就走；我的假期到期了。”——但与此相对：争吵吵到最后我说：“那好，那我明天就走！”我做了个决定。

589.“这事儿我心里已经下了决心。”人说这话时还常常用手指着自己的胸口。从心理学上来讲，这种说话方式应该认真对待。对待这种说法为什么不该像对待信仰是一种心灵状态那样的命题一样认真呢？（路德：“信仰位于左面的乳头之下。”）

590.某个人有可能通过以手指心学会了理解“认真意谓他所说的”这一表达式的含义。但现在须得问问：“怎么表明他学会了？”

591.我该不该说：谁有一种意图谁就体验到某种倾向？有没有特定的倾向体验？——回想一下这种情形：有人在讨论中迫切地想做评论、提反驳，那人往往会张开嘴吸口气，然后屏住呼吸；后来他决定不提反驳了，气息就松开了。体验这个过程显然就是体验到要说点什么的倾向。观察我的人都会知道我本来想说点什么，后来又改变了主意。即，在我处在这种境况下观察我的时候。——无论我的举止在目前这种境况下多么典型地标志着要讲话的意图，在另一种境况下他却不会这样解释我的举止。有任何理由假设同样的体验不会出现在一种完全不同的境况之中吗——而在那里它和具有某种倾向毫不相干？

592.“但你说‘我打算走’，你就是意谓你打算走！这里给予句子以生命的又正是心灵的意谓。如果你只是模仿另一个人讲这句话，只是为了嘲笑他的这种讲话方式之类，那你说这句话时就没有这个意谓。”——我们弄哲学的时候有时看起来就会是这样。但让我们实实在在想出些**不同的**境况和交谈，以及在其中怎么说出那句话来。——“我总是发现一种心灵的弦外之音；也许不总是同一个。”你模仿另一个人讲这句话的时候就没有这种弦外之音吗？而我们又怎么把“弦外之音”和其余的讲话体验区分开呢？

593.哲学病的一个主要原因——偏食：只用一类例子来滋养思想。

594.“但意味深长地说出的话却不仅有一个表层，而且也有深度！”事情无非是：把话意味深长地说出来和单单把话说出来，这时发生的事情是另一样的。——现在的争点不在于我怎么表达这一点。无论我说在第一种情况中话语有深度；无论我说这时在我之中在我内心里发生了一些什么；还是说话语有一种气氛——到头来还是一码事儿。

“既然我们大家在这里意见一致，这不就是真的吗？”

（我不能接受别人的证词，因为它不是**证词**。它只告诉我他**倾向于**说什么。）

595.在这一联系中说出这句话，我们觉得自然而然；孤立地说,就不自然。我们该不该说有一种特定的感觉伴随着我们自然而然说出来的每一句话呢?

596."熟悉"感和"自然"感。发觉一种——或一团——不熟悉不自然的感觉比较容易些。因为我们不熟悉的东西并不都对我们造成一种不熟悉的印象。这里我们必须考虑我们称为"不熟悉"的东西。我们在路上看见一块大石头,我们认出它是块大石头。但也许没认出它就是一直躺在那里的那一块。认出一个人是人,但没认出是个熟人。有种种熟稔之感;其外在表现有时是一种目光,有时是"这个老房间!"这话(多年前我曾住在这里,现在回来了,发现它丝毫未变)。同样也有种种陌生之感:我突然停下来,审慎地或不信任地打量事物或人们,说:"我觉得这一切都很陌生。"——但并不因为存在着这种陌生之感我们就可以说:我们熟知的、不感到陌生的每一样东西都给我们一种熟稔之感。——我们以为,一度由陌生感占据的位置似乎**不是这样就是那样**总要被填充上。为这种气氛而设的位置就摆在那里,不是这种感觉占据它,就是另一种感觉占据它。

597.一个德国人,英语讲得挺好,但会溜嘴露出些德语腔来,尽管他并非先构造出德语表达式然后把它们译成英语;于是他讲英语时仿佛在"下意识地"从德语进行翻译——同样,我们往往以为我们的思想仿佛建立在某种思维格式上:仿佛我们在把一种较原始的思维方式译成我们的思维方式。

598.我们弄哲学的时候,愿意在没有感觉的地方把感觉设为基础。这些感觉被用来向我们解释我们的思维。

“**这里**需要有一种感觉来解释我们的思想!”仿佛我们对这种要求的信念是有了这种要求之后才出现的。

599. 在哲学里不推演出结论。“事情必定如此这般!”不是个哲学命题。哲学只确认人人认可的东西。

600. 不对我们显眼的东西都会造成不显眼的印象吗?寻常事物总给我们造成寻常的**印象**吗?

601. 我说到这张桌子,这时我是**记起**了这样东西叫作“桌子”吗?

602. 若有人问我“你今天早上进屋的时候认出你的书桌了吗?”——我自然会说“当然!”但若说当时发生了一种复认[①],那就引错了路。我自然不觉得书桌陌生;我看见它在那里一点儿也不惊奇;而若有另一张书桌或别的什么陌生兮兮的东西立在那儿,我就会惊奇的。

603. 没人会说,我每一次走进房间,走进这个极为熟悉的环境,都对我看到的和曾上百次看到过的东西复认一遍。

604. 对我们称之为“复认”的过程颇容易具有一幅错误的图画;仿佛复认总在于我们把两个印象拿来互相比较。仿佛我随身带着某样东西的一幅图画,依照它来识辨某样东西是不是图画上所表现的那个东西。我们的记忆似乎就是进行某种比较的媒介,它为我们保存好以往事情的图画,或允许我们(好似通过一根管

① 上一句的“认出”和这里的“复认”原文都是 wiederkennen。——译者注

子)窥见过去。

605. 而这并不很像我拿这个对象来和它旁边的图画做比较，倒是像这个对象与图画正相**覆盖**。所以我只看到一个而不是两个。

606. 我们说“他声音的表情是**真实的**”。如果不真实，我们会认为仿佛在这表情背后另有一副表情。——他对外表现出这副面孔，内心里却有另一副。——但这并不是说：如果他的表情是真实的，他就有两副一样的面孔。

((一种很特殊的表情。))

607. 我们是怎么估计钟点的？但我说的不是根据外部依据如太阳的位置、屋里的光线等等来估计。——我们自问“会是几点钟了？”停顿一下，也许想象一下表盘；然后说出时间。——或者考虑好几种可能性；想到一个时间，又想到另一个，最后停在某一个。诸如此类。但这想法不是伴随着某种确信的感觉吗？这不就是说这种感觉和内在的钟表取得一致吗？——不然，我不是从任何钟表读出时间；有一种确信的感觉只在于我说出一个时间而**没有**怀疑之感，平静而有把握。——但给出这一时间之际没听见咔哒一声什么东西扣上了吗？——就我所知没有；除非你这么称谓“考虑到此休止下来”，这么称谓“停止在某个数字上”。我在这里也根本不必谈到“确信的感觉”，而可以说：我考虑了一会儿，然后断定是五点一刻。——但我是根据什么来断定的？我也许会说：“只是根据感觉”；这只是说：我听从冒出来的那个想法。——但你当时为了估计时间一定至少让自己进入了某种确定的状态，你总不会把想象到的任何时间都当作给出了正确的时间！——重说一遍:我当时**问**自己“会是几点钟了?”即,我不是在一个故事里读到这个问题;不是在引用别人的话;不是在练习这些语词的发音;等等。我不是在这些背景下说出这话的。——那是在哪些背景下呢?——我当时想到吃早点,又担心今天会不会迟到。是这一类背景。——但你真的没看到,你还是处在某种状态之中,无论这种状态多么不可把捉,却是一种以估计时间为特征的状态,就好像处在一种以估计时间为特征的气氛之中?——不错,具有特征的是,当时我曾自问“会是几点钟了?”——要是这句话有一种特别的气氛,——我该怎么才能把它和句子本身分开呢?要是我没有想到也可以用别的方式说这句话——作为引语、玩笑、演说练习等等——我就从不会想到这句话有这样一种氛围。但想到其他方式之后我立刻会想说,我立刻会觉得:无论如何我当时一定是以某种特别的方式来**意谓**这话的,即它不同于在任何其他情况下说出这话。我摆不脱特别气氛的图画;我端端看着它就在眼前——即,只要我不去看一看根据我的记忆实际曾在那里的是什么。

关于有把握的感觉:我有时对自己说“我有把握现在是……点钟”,我的声调或多或少是有相当把握的。你问我根据什么有这种把握,那我没什么根据。

我说:我是在一个内在的钟表上读出来的,——那是一幅图画,和它对应的只是:我给出的是这个时间。这幅图画的目的是使给出时间这件事和在钟表上读出时间这件事合二为一。我拒绝承认这里有两件不同的事情。

608. 估计时间之际的那种心灵状态是不可把捉的,这个想法极富重要性。它为什么**不可把捉**？这难道不是因为我们拒绝把可在我们的状态那里加以把捉的东西算在我们所悬设的特定状态里面吗？

609. 描述一种气氛是语言的一种特殊应用，为的是某些特殊的目的。

((把"理解"解释为一种气氛；解释为一种心灵行为。在什么东西上面都可以加构一种气氛。"一种无法描述的特点"。))

610. 试描述咖啡的香气！——为什么不行？我们没有语词？我们没有干什么用的语词？——但认为一定能够做出这样一种描述的想法从何而来？你可曾缺少过这样一种描述？你可曾尝试描述这香气却做不到？

((我会说："这些音符述说着某种壮丽的东西，但我不知道是些什么。"这些音符是一种强烈的姿态，但我无法把任何东西放在它们旁边来解释它们。意味深长的点头。詹姆士："我们的语词不够。"那我们为什么不引进语词呢？必须有哪些情况从而我们能引进语词？))

611. 人们愿说，"意愿也只是一种经验"("意志"也只是"意象"[①])。它自行发生，我无法导致它发生。

不导致它发生？——像什么那样自行发生？那么我又能导致什么发生呢？我这么说的时候是在拿什么来和意愿比较？

612. 说到我手臂的运动我就不会说它自行发生等等。在这个

① 指涉叔本华所谓"世界之为意志之表象"。——译者注

领域内我们合情合理地说，某事不单单对我们发生，而是我们在**做**某事。“我无需一直等到我的手臂自行举起，——我可以把手臂举起来。”这里我把我手臂的运动对照于我猛烈的心跳平息下来等等。

613. 若说我毕竟可以导致什么事情（例如吃得过多导致胃疼），那么在同样的意义上我也可以导致意愿发生。在这个意义上我跳进水里而导致游泳的意愿。我颇愿说：我不能意愿某个意愿；即，说意愿某个意愿没有意义。“意愿”不是某个行为的名称，因此也不是某个随意[①]行为的名称。意愿某个意愿这一错误的表达式来自：我们要把意愿想成一种直接的、非因果的导致。这个想法根底下是一个引致误解的类比；因果网似乎是通过联系两个机械部分的机制设立起来的。如果这个机制受到扰乱，这个联系就可以失去。（人们只设想某种机制正常受到扰乱的情况；而不设想齿轮忽然变软了或互相穿透了，等等。）

614. 我“随意”运动手臂之时，我用不着某种中介来导致这运动。连我的愿望也不是这样一种中介。

615. “意愿若不应是某种愿望，那就必定是行动本身。它不可能比行动还缺点儿什么。”它若是行动，那就是在这个词的寻常意义上的行动；所以：说，写，走，举个什么，意想个什么。但还有：尝试，试图，努力，——去说，去写，去举起什么，去想象什么，等等。

---

① 这里的 willkürlich 是在生理学术语意义上使用的，如说“随意肌”。——译者注

616. 当我举起我的手臂，我并**不**曾愿望它举起来。随意行为排除了这种愿望。当然可以说："我希望一丝不差地画个圆。"这话表达出了手将如此这般运动的愿望。

617. 我们以一种特别的方式把手指交叉在一起，这时如果有人只是**指着**一只手指——只让我们用眼睛看他指着的手指，而命令我们活动它，那我们有时会做不到。如果他碰碰这只手指，我们就能够让它活动。人们愿这样描述这种经验：我们不能够**意愿**这只手指动起来。这完全不同于我们由于有人把手指捆起来了而不能够让手指动起来。现在人们倾向于这样来描述前一种情况：在有人触碰这只手指之前，我们不能为意志找到一个着手点。唯当感觉到了这只手指，意志才能知道它应从哪里着手。——但这种表达方式引错了路。人们愿说："如果感觉没标出那个地方，我又该怎么知道让意志在哪儿使上劲？"但即使感觉就在那儿，我又怎么知道该把意志导向什么方向？

在这个例子中，我们感到手指上的触动之前手指就像瘫痪着，这一点由经验显示；当时不能够先天地看到这一点。

618. 人们在这里把意愿的主体想象成没有物质（没有惯性）的东西；意想成自身中没有惯性阻力需要加以克服的发动机。于是只是推动者而不是被推动者。即：可以说"我意愿，但我的身体不服从我"——却不可以说："我的意志不服从我"（奥古斯丁）。

但若在某种意义上我不可能想要意愿而做不到，在同样的意义上我也不可能尝试去意愿。

619. 可以说："我从不能够尝试去意愿，唯此我才什么时候都能意愿。”

620. **做**本身似乎没有任何经验容量。它似乎像一个无广延的点，一个针尖。这个针尖似乎是真正的行为者。现象中所发生的只是这个做的后果。“我**做**”似乎有一种特定的意义，和一切经验脱节。

621. 但我们别忘记这一点：当“我举起我的手臂”之时，我的手臂举起来。问题来了：如果我从我举起我的手臂这一事实中抽掉我的手臂举起来这回事儿，什么是剩下来的东西呢？

((那么动力感觉就是我的意愿啦?))

622. 当我举起我的手臂，我通常并不**尝试**把它举起来。

623. “我非要到达这所房子不可。”但若这里没有任何困难，——我**能够**试图非要到达这所房子吗？

624. 在实验室里，在电流之类的影响之下，一个人眼睛闭着说“我在上下活动我的手臂”——尽管手臂根本没动。我们说，“可见他有这种运动的特别感觉”。——试一试闭着眼睛来回活动你的手臂。这么做着的时候再试着对你自己讲，手臂静止不动而你只是在肌肉和关节里有某些奇特的感觉！

625. “你怎么知道你举起了你的手臂？”——“我感觉到了。”所以你所复认的就是感觉啦？你有把握你复认得正确吗？——你有把握你举起了你的手臂；难道这不是复认的标准、尺度？

626. “当我用一根棍子触碰一样东西，我的触碰的感觉是在棍子头上，不是在握着棍子的手上。”我说“我不是手疼而是手腕疼”，其结果则是医生会检查我的手腕。但我说我在棍子头上感到物件的硬度或说我是在手上感到的，这能造成什么区别呢？我是在说“就好像我的神经末梢是在棍子头上”吗？**在何种意义上**仿佛是那样？——好，反正我倾向于说“我在棍子头上感觉到硬度等等”。和这连在一起的是，触碰的时候我不看着自己的手而看着棍子头；以及我描述我感觉到的东西所用的话是“我在那儿感觉到了什么硬而圆的东西”——而不是“我在大拇指中指和食指的指尖上感到一种压力……”若有人问我：“你握着探条的几根手指上现在感觉到了些什么？”我可能这样回答他：“我不知道——我觉得**那儿**有什么又硬又粗糙的东西。”

627. 考察一下对随意行为的如下描述：“我决定五点钟的时候敲钟；五点了，我的手臂做出了这个动作。”——正确的描述是这样，而不是下面这样的吗？——“……五点了，我举起我的手臂。”人们愿这样来补足前一种描述：“五点了，看哪！我的手臂抬起来了。”而这个“看哪”恰恰是这里用不上的东西。我举起手臂的时候**不**说：“看，我的手臂抬起来了！”

628. 于是可以说：随意动作的特点是惊奇的阙如。而我并不是要你问：“但**为什么**人们在这里不感到惊奇呢？”

629. 人们谈论是否可能预知未来的时候总是忘记人常对自己的随意行为做出预言这个事实。

630. 考察一下下面两个语言游戏：

a. 一人命令另一人做某些特定的手臂动作或取某些身体姿势（体操教练和学生）。这个语言游戏的一个变种是这样的：学生对自己下命令，然后执行。

b. 某人观察一些合乎规律的过程——例如各种金属对酸的反应——然后对某些特定情况下将出现的反应做出预言。

这两类语言游戏间有显而易见的亲缘，也有根本的区别。在两种情况里都可以把说出来的话称作“预言”。但请比较一下导向第一种〔做预言的〕技术的训练和导向第二种〔做预言的〕技术的训练！

631. “我现在将服用两种药粉；半小时以后我将呕吐。”——我若说在前一例里我是行动者而在后一例里我只是观察者，那可什么都不曾解释。或者说在前一例里我从内部看到因果联系而在后一例里则从外部，以及很多诸如此类的说法，也都一样。

说前一类预言就像后一类预言一样并不是错不了的，这话还是不及要旨。

并非基于对我的行为的观察我才说我现在将服用两种药粉。这个句子的前件是另外一些。我说的是引向这个句子的思想行为等等。而说“你这一表达的唯一本质前提就是你的决定”徒然引入歧途而已。

632. 我不是要说：在用“我将服用药粉”来表达意愿的事例中，预言是原因，预言的实现是效果。（某种生理学探讨也许能决定是不是这样。）但这一点是真的：我们往往可以从一个人表达其决定预言他的行动。一种重要的语言游戏。

633. “你刚刚被打断了；你还知道你要说的是什么吗？”——如果我知道，也说出了〔我刚刚要说的〕——那就是说我刚刚已经想好了要说什么而只是没说出来吗？不然。除非你把我捡起打断了的话头的那种肯定态度当作当时已经有了完整思想的标准。——但在环境里以及在我的思想里当然已经有着一切可能帮助我续上这话头的东西。

634. 我续上被打断的话头，说我当时要往下说的就是**这个**，这就像我根据简短的笔记发挥一条思路。

那么我难道不是在**解释**这些笔记吗？在那些情况下只可能有一种继续吗？当然不是。但我不是在这些解释中进行**选择**。我**回忆起**：我当时要说的就是这个。

635. “我当时要说……”——你回忆起种种细节。但所有这些细节也显示不出你的意图。就仿佛拍摄了一幅景物，但在上面只看得见一些凌乱的细节；这里是一只手，那里是一块儿脸，或一顶帽子，——其他都是黑的。而我却仿佛知道得十分确切这整幅图画表现的是什么。仿佛我能解读黑暗。

636. 这些“细节”不是无关的，虽然我同样能够回忆起来的另外一些环境因素却不一定有关。不过，我告诉某人“那一刻我本来要说……”，这个人靠这个说法是体察不到这些细节的，他也不必去猜测这些细节。例如，他不必知道我已经张开嘴准备说话。但他可以这样来补足这个过程的画面。（这种能力属于对我所告知的东西的理解。）

637. “我确切知道我当时要说的是什么！”但我却不曾说出〔我刚刚要说的〕。——而我却不是从任何当时发生的而我现在还记得的其他事情那里读出我当时要说的是什么。

我也不是在**解释**当时的境况及在那之前先行发生的事情。因为我对这些不加考虑不加判断。

638. 尽管如此,如果我说"有那么一会儿我曾要欺骗他",我就倾向于在这话里看到某种解释。这是怎么回事儿呢?

"你怎么能肯定你有那么一会儿曾要欺骗他?你难道不是只有一些极为零星不全的行为和思想吗?"

证据难道不会太稀少吗?是的,若追寻下去,证据就显得极其稀少;但难道这不是因为人们不去注意这证据的历史吗?如果我有那么一会儿打算对另一个人装出不舒服的样子,为此需得有某种在先的故事。

一个人说"有那么一会儿……",他真的只是在描述一件片刻之间的事情吗?

但就连整个历史也不是我据以说"有那么一会儿……"的证据。

639. 人们愿说,意见是逐渐**发展**而成的。但就连这说法里面也有个错误。

640. "这一思想和我从前有过的思想有联系。"——它怎么就有联系了?通过某种联系的**感觉**?但感觉怎么真的能把思想联系起来?——"感觉"一词在这里极易导入歧途。但有时的确可能确切地说"这一思想和早先那些思想是联系在一起的"而指不出联系何在。这一点也许后来才做到。

641. 我说了"我现在要欺骗他"这话并不使得我的意图变得比它原来所是的那样更确切些。——但即使你说了这话,你就一定十分认真地意谓这话吗?(所以,即使最明确地把意图表达出来,这本身仍不是意图的充分证据。)

642.“那一刻我恨他”——这时发生的是什么?难道不是由思想感觉和行为组成的吗?而且,假使我现在向自己演示那一刻,我会做出一种特定的面部表情,想到某些事情,以特定的方式呼吸,在心里唤起某些感觉。我可以设想一场对话,一整个燃烧起这种愤恨的场景。我可以演示这一场景,所怀的感觉接近于真实情境中的那些感觉。我实际上经历过类似的事情,这一点当然有助于我做这番演示。

643.如果我现在为当时所发生的感到羞愧,那我会对所有这些感到羞愧:话语,恶毒的语调,等等。

644.“我感到羞愧的不是我当时所做的,而是我当时所怀的意图。”——但意图难道不**也**在我所做的事情当中吗?羞愧的道理是什么?所发生之事的整个历史。

645.“有一刻我曾愿……”即,我曾有一种特定的感觉、内在体验;而我现在回忆起来。——好,你**准准确确**地回忆一下!这时,意愿的“内在体验”似乎又消散了。取而代之,回忆起的是思想、感觉、活动以及和更早的境况的联系。

仿佛显微镜经过了调整;现在处在焦点之中的,早先却不曾看见。

646.“可这只不过表明你把显微镜调整错了。你本来应该查看的是标本的一个特定断面,而你现在看到的是另一个断面。”

这话有些道理。但假设我现在（借助镜头的某一特定设置）回忆起一种**单一的**感觉；我怎么就可以说它就是我称之为“意图”的东西呢？也可能我的每一个意图都伴随着（例如）某种特定的痒痒呢。

647. 什么是意图的自然表达？——看看猫怎样悄悄接近一只鸟；看看一只想要逃脱的野兽。

（（和感觉命题的联系。））

648. “我记不得我的话了，不过我确切记得我的意图：我想用我的话来安慰他。”我的记忆对我**显示**什么？向我的心灵展示什么？好，即使它所做的只是向我提示这些话语！也许此外还提示一些更确切地补足当时场境的话语。——（“我记不得我的话了，但清清楚楚记得我的话的精神。”）

649. “那么，没学过语言的人就不可能有某些特定的记忆了？”当然，——他不可能有语言性质的记忆，语言性质的愿望或恐惧，等等。语言之中的记忆等等却不仅仅是**真实**经验的黯淡无光的表现；因为，语言性质的东西就不是经验吗？

650. 我们说，这只狗害怕它的主人要打它；但不说：它害怕它的主人明天要打它。为什么不这样说？

651. “我记得当时还想多待一阵的。”——这一愿望的什么图画浮现在我心里？什么图画都说不上。我在记忆里无论看到的是什么，它都不决定我〔具有这个愿望〕的感觉。而我却清清楚楚记得这些感觉曾在那里。

652.“他用满怀敌意的眼光打量着他说……”故事的读者懂得这话;他心里没有怀疑。于是你说:“是啊,他在这话上想出了含义,他猜出了含义。”——一般说来不是这样。一般说来他不是想出什么加了上去,他不猜。——但也可能,那敌意的眼光和那话后来表明是伪装的,或读者开始怀疑那是伪装呢抑或不是,于是真的猜测一种可能的解释。——但这时候他首先是就一种前后联系做猜测。他也许这样对自己说:这两个人在这里以敌意相待,实际上却是朋友,等等,等等。

((“你要想理解这句话,就必须在这句话上想象心灵的含义、心灵状态。”))

653.想一下这种情况:我对一个人说,我按照事先准备好的一份地图走过某一条路线。这时我给他看这张地图,那是画在一张纸上的一些线条;但我无法解释这些线条怎么就是我的旅行图,无法告诉他应当怎么解释这幅地图的规则。但我当时的确依照这幅草图旅行,具有识读地图的所有典型特征。我可以把这样一幅草图称为“私有”地图;或把我前面描述的现象称为:“遵循一份私有地图。”(但这个表达式当然极易引起误解。)

我可以这样说吗:“我当时想要如此这般旅行,这似乎是从一张地图上解读出来的,尽管这里并没有地图”?但这无非等于说:**我现在倾向于说**:“我现在从我记起来的某些心灵状态中读出了如此这般旅行的意图。”

654.我们的错误是,在我们应当把这些事实看作“原始现象”的地方寻求一种解释。即,在这地方我们应当说的是:**我们在做这**

一语言游戏。

655. 问题不在于通过我们的经验来解释一种语言游戏，而在于确认一种语言游戏。

656. 我为什么对一个人说我早先有过如此这般的愿望？——把语言游戏作为**原初**者来看待！把感觉等等看作对语言游戏的一种考察方式，一种解说！

可以一问：人怎么一来就会得用语言来表达我们称之为“以往愿望的报道”或以往意图的报道的东西？

657. 让我们设想这种表达总是采取这样的形式：“我对自己说：‘我要能多待一会儿多好！’”这样来传达的目的可以是让别人了解我的反应。（试比较“meinen”和“vouloir dire”①的语法。）

658. 设想我们总是用这话来表达一个人的意图：“他就好像曾对自己说‘我要……’”——这是图画。而我现在要知道的是：人们怎样使用“就好像对自己说”这一表达式？因为它的含义不是：对自己说。

659. 为什么我除了自己所做的还要告诉他一个意向？——不是因为意向也是当时发生的事情的一部分。而是因为我要告诉他关于我**自己的**某些事情，而这些事情超出了当时所发生的事情。

我说我当时要做的是……，这时我在向他敞开心扉。但不是基于自我观察，而是通过一种反应（也可以称之为一种直觉）。

660. “我当时要说……”这一表达式的语法和“我当时能继续

① 我通常把德文词 meinen 译作“意谓”或“意思是”；法文词组 vouloir dire 大致相当于“要说的是”。——译者注

说……"这一表达式的语法具有亲缘关系。

在一例中是回忆起某个意图,在另一例中是回忆起某种理解。

661.我记起当时意谓的是**他**。我记起了一个过程或一种状态?——它什么时候开始的?它怎么进行的?等等。

662.如果情况稍稍有点不同,他就不会不出声地用指头示意,而会对某个人说"叫N到我这里来"。于是可以说"我要N到我这里来"这话描述了我当时的心灵状态;不过也可以**不**这样说。

663.当我说"我当时意谓的是**他**"时,就很可能有一幅图画浮现出来,例如我那样看着他,等等;但这幅图画无非像一个故事的插图。单从这幅图画我们多半什么结论也得不到;唯当我们了解了这个故事,我们才知道这幅图画是干什么用的。

664.在一个词的用法里,我们可以区分"表层语法"和"深层语法"。使用一个词时直接给予我们印象的是它在句子结构里的使用方式,其用法的这一部分——我们可以说——可以用耳朵摄取。——再拿例如"意谓"一词的深层语法和我们会从其表层语法推想的东西比较一下。难怪我们会觉得很难找到出路。

665.设想某个人面部带着疼痛的表情指着自己的面颊,同时说"阿玻拉卡达玻拉!"——我们问:"你什么意思?"他回答:"我这话的意思是牙疼。"——你马上会想:怎么竟可以用这话来"意谓牙疼"呢?或,究竟什么叫作:用这话**意谓**疼痛?然而在另一种上下文里你却会主张,如此这般**意谓**的心灵活动在语言使用中恰恰是最为重要的东西。

但怎么呢，——我就不可以说“我用‘阿玻拉卡达玻拉’意谓牙疼”吗？当然可以；但那是个定义；不是在描述我说这话时在我心里发生的事情。

666. 设想你身上疼，同时又听到附近有人在调钢琴。你说“很快就会停下来的”。你意谓的是疼痛还是钢琴，这肯定大不一样！——当然；但区别在于什么？我承认：在很多情况下，和意谓的是这个还是那个相对应的会有一种注意力的方向，正像往往也会有一种目光，一种姿势，或一种闭眼——可以把这种闭眼称作“向内心看”。

667. 设想有个人模仿疼痛，同时说“很快会好的”。我们不能说意谓的是疼痛吗？他却根本没有把注意力集中在任何疼痛上。——如果我最后说“已经不疼了”，又该怎么样？

668. 但人不也可以这样来骗人吗——他说“很快就会停下来的”，意谓的是疼痛，但问到“你意谓的是什么”时却回答“我意谓的是隔壁的噪音”？在这一类情况下人们也许会说：“我当时想回答说……，但我想了想却回答说……”

669. 我们可以在说话的时候指着一样东西，以此来指涉它。这一指在这里是这个语言游戏的一部分。于是我们觉得，仿佛我们说到一种感觉，靠的是说话时把注意力集中在这种感觉上。但类似之处何在？显然在于我们可以通过**观看**和**倾听**指向某种东西。

但在有些情况下，就连**指向**所谈的对象对于语言游戏、对于思想来说也可能一点都不重要。

670. 设想你在电话里对一个人说："这桌子太高了"，同时你用手指指着桌子。这一指在这里起什么作用？我能说我靠指着它来**意谓**所涉及的桌子吗？这一指为的是什么？这话以及伴随这话的其他无论什么为的是什么？

671. 我倾听的内在活动指向哪里呢？指向传向我耳朵的声响吗？我**没**听见**什么**的时候指向寂静吗？

倾听就好像在**寻找**听觉印象，所以它不能指向这印象，而只能指向它寻找这印象的**地方**。

672. 如果把感受状态称为"指向"某种东西，——那它指向的并不是我们通过这种状态获得的感觉。

673. 如果也可以说心灵状态"**伴随**"着话语，其意义却和某种姿势伴随着话语不同。（就像一个人可以独自旅行而我的祝愿却伴随着他，就像一间屋子可以空无一物却又充满光线。）

674. 有诸如此类的说法吗："我刚才其实不意谓我的疼痛；难道我为它心思费得还不够吗？"有诸如此类的问法吗："我刚才用这个词究竟意谓的是什么？我的注意力半在我的疼痛上半在那噪音上——"？

675. "告诉我，你刚才说这话时心里发生了什么？"——对此的回答不是"我刚才意谓着……"

676. "我用这个词意谓的是**这个**"之为一种传达，其用法不同于传达某种心灵感受。

677. 另一方面："你刚才骂人的时候意思当真是那样吗？"这多少像说："你刚才当真生气啦？"——这里可以根据内省给予回答，

回答往往是这样的:“我没有很认真的意思”,“我是半开玩笑的意思”等等。这里有程度之别。[1]

人们当然也说:“我说这话的时候心里一半想的是他。”

678. 意谓疼痛还是意谓钢琴声,这一意谓在于什么呢? 得不到回答——因为初看上去呈现出来的那些回答都不中用。——“但我当时**意谓**的的确是这个而不是那个。”不错,——你现在只是以加重的口气重复着一个句子,而谁都不曾驳斥这个句子。

679. “但你能怀疑你当时意谓的是**那个**吗?”——不能;但我也不能肯定这一点,不能知道这一点。

680. 如果你告诉我你刚才骂人的时候意谓的是 N,那么,你那时可曾看着他的画像,可曾想象过他,可曾说出他的名字,等等,这些对我都无所谓。从你骂的是 N 这一事实中得出的、使我感到兴趣的那些结论和这些都无何关系。但另一方面,也可能有人向我解释,唯当骂人的人清晰地想象出所骂的人来,或把他的名字大声说出来,咒骂才会**有效**。但他还是不会说“关键在于骂人的人怎样意谓他所骂的人”。

681. 我们当然也不会问:“你肯定你骂的是**他**,你肯定建立起了〔咒骂〕和他的联系?”既然能对这种联系这么肯定,既然能知道这种联系联不错对象,那要建立这种联系一定不费吹灰之力啦?! ——好,会不会有这种情况——我要给这个人写信而事实上却在给另一个人写? 这事儿怎么能够发生?

---

① 再提醒一下,这里译作“意谓”和“意思是”的都是 meinen。——译者注

682. “你说‘很快就会停下来’。——你想的是那噪音还是你的疼痛？”他现在回答说“我想的是那钢琴声”——这时候他是在供证有一种联系已经存在还是通过这话建立起了这种联系？我不能**两者**都说吗？如果他所说为真，那联系不是本来就在那里了吗？——尽管如此，他不是仍然建立起了一种本来不曾存在的联系吗？

683. 我画了一幅头像。你问“画的该是谁呢？”——我：“该是N。”——你：“可看上去不像他；和M还更像点儿。”——我说画的是N的时候，——我是在建立一种联系还是在报道一种联系？当时已经存在的是什么联系？

684. 是什么使我们更赞成说我的话描述一种已经存在的联系？好，我的话涉及的很多事情并不随着我的话直接显现出来。例如，我的话在说：如果问到我，我那时**就会**给出一个确定的回答。即使这只是个条件句，它却仍然说出了某些有关过去的事情。

685. “去找甲”不叫作“去找乙”；但我执行这两个命令的时候所做的可能完全一样。

说这里发生的一定有什么不同，就相当于说：“今天是我的生日”和“4月26日是我的生日”这两个句子一定指涉不同的日子，因为它们的意义不一样。

686. “但我意谓的当然是乙，我根本没有想到甲！”

“我当时要乙到我这儿来，我要他来做……”——这一切都提示出一个更广大的联系网。

687. 我们当然有时可以不说“我意谓的是他”而说“我想到的是他”；有时也说“不错，我们谈的是他”。那么问问你自己，“谈的是他”在于什么？

688. 在有些情况下可以说：“我说的时候觉得是在**对你**说的。”但若我本来就在对你说话我就不会这样说。

689. “我想到的是 N。”“我谈到的是 N。”

我怎么谈到他的？我会说“我今天一定得拜访 N”。——但这可不够！用“N”一词我可以意谓形形色色有这个姓的人。——“那我的话一定和 N 还有另外一种联系，否则我就不能恰恰意谓的是他。”

当然，有这样一种联系。只不过不像你想象的那样：即通过某种心灵**机制**。

（比较一下“意谓他”和“瞄着他”。）

690. 有一次我做了个听来毫无恶意的评论，说的时候却偷偷瞥了某人一眼；这时是怎么回事儿？另一次我低着头哪儿都不看，公然谈论某个在场的人，因为我提到了他的名字，——我使用他的名字的时候当真是**特别**想到了他吗？

691. 我依照记忆为自己画下 N 的面孔，人们自然可以说我这画**意谓**的是他。但在作画时（或其前其后）所发生的事情里，我能说其中哪一件意谓着他？

因为人们自然愿说：你意谓他的时候，你瞄的是他。但你在记忆中唤出一个人的面孔，这时你怎么瞄着他的？

我的意思是，你怎么把他唤到记忆里来的？

你怎么呼唤他？

692. 一个人说："我给你这个规则的时候我意谓的是你在这种情况下应当……"，即使他自己在给予规则的时候压根儿没想到这种情况，那他这么说对不对？当然对。"意谓某某"并不叫作：想到某某。但现在的问题是：我们怎么能判断一个人意谓的可曾就是这样？——他掌握了某种算术技术和代数技术，他用通常的教学方法教给另一个人怎么展开一个数列，诸如此类的事情就是这样一些标准。

693. "我教他构造这个系列的时候，我意谓他在第一百位应该写……"——完全正确：你意谓的的确是那个。显然，你甚至不必想到过那个。这向你表明，动词"意谓"的语法和动词"想"的语法有多么不同。再没有比把意谓称为一种心灵活动更错乱颠倒的了！即，只要我们不是意在制造混乱。（黄油涨价，人们也可以就此谈论黄油的活动；要是那么谈论不带来麻烦，那又何妨。）

第二部分

一

1. 我们可以想象一个动物生气、害怕、伤心、快乐、吃惊。但能够想象它满怀希望吗？为什么不能？

一只狗相信它的主人就在门口。但它也能够相信它的主人后天回来吗？——它在这里无法做到的是**什么**？——那我又是怎样做得到的？——我该怎样回答这个问题呢？

唯能讲话者才能够希望吗？只有掌握了一种语言的用法者。也就是说，希望的诸种现象是从这种复杂的生活形式中产生出来的某些样式。（如果一个概念的靶子是人的书写的特征，它就用不到不写字的生物身上。）

2. “苦恼”向我们描述着以形形色色的变形反复重现在生活画毯上的一种图样。如果在一个人那里悲喜的身体表达交替出现，比方说随着时钟的嘀嗒声交替出现，我们就既不会形成具有烦恼特征的图样，也不会形成具有喜悦特征的图样。

3. “他有一刹那感到剧痛。”——为什么“他有一刹那感到深深的悲伤”听起来别扭？只是因为这种情况很少出现吗？

4. 但你**此刻**不觉得苦恼吗？（“但你**此刻**不是在下棋吗？”）回答也许是肯定的，但这并没有使苦恼的概念变得更像一种感觉概念。——这个问题其实是一个时间性的、个人的问题，而不是我们本来要提出的逻辑问题。

5.“你得明白：我害怕。”

“你得明白：吓坏我了。”——

是的，这话也可以用**微笑的**口吻说出来。

你是要告诉我他并不觉得怕吗?! 除了通过感觉他还有什么别的办法**知道**他害怕呢? ——但即使那是一条报道，他也不是从他的感觉得知的。

6.因为，你请想一想由惊吓的模样唤起的感觉：“吓坏我了”这话本身也是这样的一种模样；如果我在说出这话时听到了它感到了它，那这也属于其余那些感觉之列。那么，为什么非要把不说出的模样当作说出来的模样的根据呢?

二

1.“当我听见这个词的时候，它对我意谓的是……”他说这话时关涉到的是一个**时间点**和**语词使用的一种方式**。（当然，我们不曾弄明白的是二者的连结。）

而“我那时要说的是……”这个说法关涉到的是一个**时间点**和一个**行动**。

我谈到表达式的本质**关涉**，以便把它们同我们的表达式的其他特性区别开来。对于表达具有本质性的关涉是这样一些关涉：它们使得我们把否则就会显得陌生的表达方式翻译成我们所习惯的形式。

2. 如果你讲不出“与”这个词既可以是动词又可以是连词，或者你不会有时把这个词当作动词有时当作连词造句，那你就连小学生的简单练习也做不下来。但我们并不要求小学生脱离开上下文来把这个词当作动词或连词来**看待**，或者报告他一向是怎样看待这个词的。

3. 如果“是”这个字的含义是“等同于”，那么“玫瑰是红色的”这话就没意义。——这是说：如果你说这句话并把其中的“是”当作等同符号来意谓，这意义对你就瓦解了？

4. 我们拿出一个句子，把句子里每个词的含义向某人做了解释；他于是学会了运用这些词，因而也学会了运用这个句子。假如我们选用的不是句子而是一个无意义的词列，他就不会学会运用这个**词列**。把“是”字解释为等同符号，他就学不会使用“玫瑰是红色的”这个句子。

但“意义的瓦解”也有正确之处。例如在这个例子里：我们可能会对人说：如果你是要长叹一声“嗳，嗳！”你这时不要去想什么爱呀爱！

5. 经验一个含义和经验一幅意象图画。人们要说，“在两种情况下都在**经验**，只是所经验的东西不同。向意识呈现出了不同的内容——摆在意识前的是不同的内容。”——什么是意象经验的内容？答案是一幅画或一个描述。什么是含义经验的内容？我不知道该怎么回答。——如果那个说法有任何意义，这意义就是：意象经验和含义经验这两个概念就像“红”和“蓝”这两个概念一样相互类似;而这是错误的。

6. 我们能像保持一幅意象图画那样保持对含义的理解吗?也就是说,如果我突然明白了某个词的一种含义,——它也能持留在我心里吗?

7.“整个计划一下子出现在我心里并且就这样持续了五分钟。”为什么这听起来别扭?可以认为:闪现的东西和持续的东西不会是同一个东西。

8. 我叫道:“现在我有了!”——一个突然的闪念:此后我将能够摆出这个计划的各种细节了。这里保留下来的该是什么呢?也许是一幅图画。但“现在我有了”并不是说我有了这幅图画。

9. 某个词的一种含义浮现出来而你没有再**忘掉**它,你就能够以这种方式使用这个词。含义对你浮现,你就**知道**含义,这个浮现就是知道的开始。那么这个浮现怎么和某种意象经验相似呢?

10. 我说“唐人先生不是唐人”,第一个“唐人”我意谓一个专名,第二个“唐人”意谓一个通名。那么,(如果我不是“鹦鹉学舌般”地说出这个句子)说第一个“唐人”时我心里就一定要浮现出和说第二个“唐人”时不同的东西吗?——请试试把第一个“唐人”作为通名来意谓而把第二个“唐人”作为专名来意谓。——怎么才能做到呢?**我**在尝试的时候,因为要在说出这两个词时竭力向自己展示正确的含义而眼睛乱眨。——但我通常使用这些词时竟这样向自己展示它们的含义吗?

11. 当我用交换过的含义说出这句话时,这时句子的意义对我来说瓦解了。——好，对**我**来说瓦解了，但对听我说这话的别人却没有。那又何害之有？——“但问题在于，我们通常说出这句话时所发生的，是某种确然与此不同的事情。”——但所发生的却**不**是“向自己展示含义”。

三

1.什么使我对他的意象成为对他的意象？

并非这意象看起来像他。①

对意象提出的这个问题同样可以对“他栩栩如在我目前”这话提出来。什么使这句话成为关于他的一句话？——不是这话里的任何东西，或与这话同时的（“在它后面的”）任何东西。你要知道他意谓的是谁，问他好了！

（但一张面孔也可能浮现在我心里，甚至我可以把它画出来而不知道这是谁的面孔，以及我曾在哪里见过这面孔。）

2.但一个人也可以有所想象一面画，或用描画来代替意象，哪怕只是用手指在空中描画。（可以称之为“动力型意象”。）这时可以问他：“这是谁的意象？”这将由他的回答决定。——这完全就像他用话语做出了描述，而这些话语也一样可以取意象而代之。

① 直译：并非〔两幅〕图画相似。——译者注

四

1."我相信他很难过。"——我也**相信**他不是机器人吗?

在这两种上下文中都说"相信"一词相当勉强。

(会是这样吗:我相信他很难过,但我敢肯定他不是个机器人?胡话!)

2.设想我谈到一个朋友说:"他不是机器人。"——这里传达了什么信息,这对谁会是信息?对一个在通常情形下遇到我这位朋友的**人**吗?怎**可能**对他传达了信息!(最多是说:这个人始终像一个人那样行为举止而从不像一台机器。)

3."我相信他不是机器人",到此为止,这话还毫无意义。

4.我对他的态度是对心灵的态度。并非我**认为**他有灵魂。

5.宗教教导说身体消解了而灵魂仍能存在。我理解这教导吗?——我当然理解——在这里我可以设想好多事情。人们甚至把这些事情画了出来。这种图画为什么只是形诸话语的思想的不完美的翻版?它为什么不能和口说的学说起到**同样**的作用?而这种作用才是要点。

6.如果头脑里的思想的图画可以强加于我们,那为什么灵魂中的思想的图画不能更多地强加于我们呢?

7.人的身体是人的灵魂的最好的图画。

8.然而,指着自己的心说,"你说这话我心里很明白",——这种表达是怎么回事儿？他大概并不**意谓**他的这个姿势？当然意谓。也许他意识到他**只是**在用一个形象说法？肯定不然。——这不是我们所选择的一个形象说法，不是一个比喻，然而确是一个形象式的表达。

五

1. 请你设想我们在观察一个点的运动（例如一个光点在荧幕上的运动）。从这个点的活动可能得出纷繁各色的重要结论。可我们有多少不同的方式来观察啊！——这个点的轨迹和它的某些量度（例如振幅和波长），或者速度和速度变化的规律，或者轨迹发生跳跃变化的次数和位置，或者在这些位置上轨迹的曲率，以及数不清的东西。——这些活动的种种特征中的每一个都可能是我们唯一关注的。例如，我们只关心在一个特定时间里划出了多少圆环，而这一运动的其他一切都无关紧要。——如果我们关注的不只是**一个**这样的特征，而是好几个，那么其中每一个都可能给我们特殊的启发，与其余的启发种类相异。说到人的行为，说到我们在这种行为中所观察的各式各样的特点，情况也是这样。

2. 那么心理学的对象就是行为而不是心灵啦？

心理学家报道什么？——他观察什么？难道不是人们的行为，特别是他们的表达吗？但所**表达**的并不是行为。

3. “我发现他情绪低沉。”这是报道行为还是报道心灵状态？（“天看上去不妙”：这是在说现在还是将来？）两者都有；但并非两者并列,而是一者**通过**一者。

4. 医生问:“他感觉怎样?”护士说:“他在呻吟。”这是关于行为的报告。但他们竟一定需要追问这呻吟到底真不真实,真的表达了某种东西吗?他们不可以得出某种结论,例如说“他要是呻吟,我们就必须再给他一些止痛药”——而这个推论并非省略了中项?他们用行为的描述来做点什么不才是最重要的吗?

5. “但他们这时暗中做了一个假定。”那么,我们就始终都是在暗中的假定之上进行语言游戏的。

6. 我描述一个心理实验:各种仪器,实验者的提问,受试的反应和回答——我接着又说,这是一出戏里的一幕。——于是一切都变了样。于是有人会宣称:如果有一本心理学以同样的方式描述了这个实验,那么所描述的行为将被理解为某种心理活动的表达,恰恰因为这里已经**假定了**受试没有欺骗我们,没有预先背诵好答案,等等。——那么我们是在做某种假定了?

我们难道真会说:“我当然是假定了……”?——或者只是因为别人已经知道这一点我们才不这样说?

7. 不是哪里有怀疑哪里才有假定吗?蛮可能完全没有怀疑。怀疑是有尽头的。

8. 这里的关系就像:物理对象和感官印象之间的关系。我们在此有两种语言游戏,它们之间的关系错综复杂。——你要把这种关系装进一个**简单的**公式里,你就走错了路。

六

1. 设想有人说，在我们心里，我们熟悉的每一个词，例如一本书里的每一个词，都已经带着一种氛围，一个“晕环”，隐约提示着各种用法。——就像一幅画上，每个人物都由精微朦胧的景物环绕，仿佛处在另一个空间，而我们是在另一种联系之中看到这些人物的。——我们倒认真这样假设看看！——这时我们就看到这一假设不能够解释**意向**。

因为若是这样，在说话或听话的时候，一个词的各种可能用法就半明半暗地向我们浮现，——若是这样，这也只不过对**我们**是这样。但我们却和别人交流，虽然并不知道他们是不是也有同样的经验。

2. 某人告诉我们，理解在**他**那里是一个内在的过程，我们会怎么反驳他？——他若说会下棋在他那里是一个内在的过程，我们会怎样反驳他？——我们会说，如果我们要知道的是他会不会下棋，那么，他心里都发生些什么我们不感兴趣。——如果他回答说，我们感兴趣的正是这个，——即，他会不会下棋——那我们就不得不让他注意可以证明他会下棋的诸种标准，另一方面则注意“内在状态”的诸种标准。

即使某人只有在具有某种特定感觉时才具有某种特定能力，并且只要具有这种特定感觉就具有这种能力，这感觉仍不是这能力。

3. 含义不是听或说出一个词时的经验，句子的意义不是这些经验的复合。——(“我还一直没有看见他”这句话的意义是怎么由句子里各个词的含义组成的?)句子由词组成，这就够了。

4. 有人要说，虽然每个词在不同的上下文里有不同的特点，但它又始终有**唯一**的特点——一张脸。这张脸看着我们。——但连一张**画**出来的脸也看着我们。

5. 你肯定有唯一一种对“如果”的感觉吗？不会有好几种吗？你试过在很不相同的上下文中说出这个词吗？例如有时它是句子的重音，有时它后面的那个词是句子的重音。

6. 设想我们发现有个人向我们讲到他对语词的感觉：他对“如果”和“但是”的感觉是**一样的**。——我们不可以相信他这话吗？我们也许觉得这很奇怪，可能会说：“他做的根本不是我们的游戏”；甚至说：“这是另一种类的人。”

如果他像我们一样**使用**“如果”和“但是”，我们难道不该认为这个人理解这两个词一如我们理解这两个词吗？

7. 把对“如果”的感觉看作含义的理所当然的关联物，是对这种感觉的心理学兴趣做了错误估价；我们倒必须在另一种联系中来看这种感觉，即在这种感觉出现于其中的特殊环境之中来看待它。

8. 一个人不说出“如果”这个词就从没有“如果”的感觉吗？如果只是这个原因产生这种感觉，那么这无论如何够奇特的。这一点一般地适用于一个词的“气氛”：——人们为什么理所当然地认为只有**这个**词有这种气氛呢?

9."如果"的感觉不是一种伴随"如果"一词的感觉。

10."如果"的感觉一定可以和一节音乐给予我们的特殊"感觉"相比较。(人们有时这样描述这类感觉:"这里就像做了个结论",或"我想说'**因此**……'",或"一到这儿我就想做出一个姿势——",于是就做了个姿势。)

11.但可以把这感觉和这节音乐分开吗?但这感觉并不是这节音乐本身,因为有人可能听了这节音乐却没有这感觉。

12.这感觉就此而论像不像伴随音乐演奏的"表情"呢?

13.我们说这段音乐给了我们十分特殊的感觉。我们对自己唱这一段,同时做出某个特定的动作,也许还有某种特殊的感觉。但我们在另一种情境联系中却又根本认不出这些伴随活动——动作、感觉。只要我们不是在唱这个段落,这些伴随活动就十分空洞。

"我带着一种十分特别的表情唱这一段。"这种表情不是某种和那个段落分得开的东西。这是另一个概念。(另一个游戏。)

14.这里所讲的经验是:**如此这般**来演奏这个段落(如此这般是说,例如像我演奏它那样;一种描述只能对它做出**提示**)。

15.和事情本身分不开的气氛——因此它就不是气氛。

彼此密切联系的事物,密切联系**到了**一起的事物,似乎彼此相配。但怎么就似乎相配了?"似乎相配"是怎么表现出来的?大概是这样:我们无法想象叫这个名字、生这副面孔、写这种字体的人写出的不是**这些**作品而是另外某些作品(另一个伟人的作品)。

我们无法想象吗？那我们来试一试？——

16.可能是这样:我听说有人在画一幅画,“贝多芬创作第九交响乐”;我很容易想象在这样一幅画上会看到什么。但若有人想表现歌德创作第九交响乐是什么样子,他怎么个表现法？除了难堪和可笑的东西,我想象不出什么别的东西。

七

1.人们醒来以后讲述给我们一些事情(他们到了这里那里等等)。我们教给他们在叙述前面加上“我梦见”这种表达式。以后我有时问他们:“昨夜你做梦了吗?”他们有时答做了有时答没做,有时讲出了梦,有时没讲出。这是语言游戏。(我现在假设我自己不做梦。但我也从没有看见虚幻事物的感觉;别人有这些感觉,而我可以询问他们的经验。)

好,我是否必须假设人们是否为其记忆所欺骗;他们睡觉的时候当真看到过这些影像,抑或这些影像只是在他们睡醒后才浮现出来的？——这个问题有什么意义？——有什么兴趣?!有人向我们讲述梦境的时候,我们可曾问过自己这种问题？如果没有,——难道是因为我们有把握他的记忆不曾欺骗他吗？(假设这是一个记性格外差的人。——)

2.这是说提出梦当真是在睡眠中发生的抑或是醒过来的人的记忆现象这个问题总毫无意义吗？这要取决于这个问题的用法。

3.“心灵似乎能给语词以含义”——这岂不像说“苯里的碳原子似乎位于一个六边形的各个角上”吗？这里不是似乎，而是一幅图画。

4.高等动物和人的进化，意识在某一特定水平上的觉醒。这幅图画大概是这样的：尽管世界中到处有以太在振动，但世界仍是黑暗的。但有一天人睁开了眼睛看，便有了光。

这段话[①]首先描述的是一幅图画。这幅图画会怎么样，能怎样使用，仍黯淡不明。但若要理解这段话的意思，显然必须对其用法加以探究。但这幅图画似乎为我们省却了这份工作：它已经指向某种特定的用法。我们因此上了它的当。

八

1.“我的动觉告诉我我的肢体的动作和位置。”

我让食指做小幅度的轻慢摆动。我几乎感觉不到甚至完全感觉不到这一动作。也许在指尖处略微感到一点紧张。（关节处则毫无感觉。）这种感觉告诉我这一动作了吗？——而我竟可以准确地描述这一动作。

2.“但你必定还是感觉到了，否则（不用眼睛看）你不会知道你的手指是怎样动的。”但“知道”只是说：能够描述。——我能够讲出声音是从哪个方向传来的，只因为这声音对一个耳朵的作用比

① 直译：我们的语言。——译者注

对另一个更强；但我并没有在耳朵里感到这个；但这是起作用的：我“知道”声音从哪个方向传来；例如，我朝这个方向张望。

3.这一点对下面的想法也一样：必定是痛觉的某个特征告诉了我们身体上什么部位在痛，必定是记忆图画的某个特征告诉了我们记起的是哪一段时间。

4.一个感觉**可能**告诉我们一个肢体的动作或位置。（例如有人不像正常的人那样知道他的手臂是否伸直了，他可能通过肘部的剧烈疼痛得知这一点。）——同样，某种疼痛的特征可能告诉我们伤在哪里。（一张照片发黄的程度告诉我们它有多古旧。）

5.感官印象告诉我形状和颜色，这一点的标准是什么？

6.**哪种**感官印象？**这**一种；我通过话语或一幅图画来描述它。

好吧：你的手指在这个位置时你感觉到什么？——“我们怎样为一种感觉下定义？它是无法定义的特殊的东西。”但必定可以教会别人使用这话语！

7.我在寻找语法上的区别。

8.我们先不谈“动觉”也罢！——我想向某人描述一种感觉，对他说“**这样**做你就会有这种感觉”，同时把手臂或头放到特定的位置上。这是某种感觉的描述吗？我什么时候将说他理解了我所意谓的是哪种感觉？——他将必须在此之外对这感觉做出**进一步**的描述。那必须是什么样的描述呢？

9.我说“**这样**做你就会有这种感觉”，这里不可能有某种怀疑吗？如果意谓的是一种感觉，不是必会有某种疑问吗？

10. **这**看起来**如此这般**;**这**尝起来**如此这般**;**这**触上去**如此这般**。“这”和“如此这般”必须有不同的解释。

11. 一种“感觉”对我们具有一种完全**特定的**兴趣。这包括“感觉的程度”,它的“部位”,一种感觉会被另一种感觉淹没,等等。(一个动作可能产生剧痛,这疼痛淹没了这个部位的所有其他轻微感觉,这会使你不敢肯定你当真做了这个动作吗?这会使你非要眼睛来看才能确定你做了这个动作吗?)

九

1. 观察自己的苦恼的人是用什么感官来观察的?用一种特殊的感官;用**感觉**苦恼的感官?那他观察苦恼时对这苦恼的感觉又是**另一个样子**啦?他观察的是哪一个苦恼呢——是只有正被观察时才在那里的那个苦恼吗?

“观察”不产生所观察的东西。(这是一个概念性的论断。)

或:我并不观察只有通过观察才出现的东西。观察的对象是**另一样**东西。

2. 昨天触着还疼,今天触着不再疼了。

今天只在我想到它时才觉得疼。(即:在特定的情况下。)

我的苦恼不再是那样了;这回忆一年前还让我受不了,现在不再是那样了。

这是某种观察的结果。

3. 我们什么时候说一个人在观察？大致是：当他把自己放在一个有利于获得某些印象的位置，以便（例如）描述从这些印象得到的东西。

4. 训练一个人看见红色的东西就发出一种声音，看见黄色的东西就发出另一种声音，其他颜色以此类推；他这时仍然不是在根据这些东西的颜色描述它们。尽管他可能有助于我们进行描述。描述是对某一空间中的（例如在时间的空间中的）某种配置的摹写。

5. 我听由自己的眼光扫过屋子，眼光突然落到了一个具有醒目红色的东西上，我说"红！"——这时我并没提供任何描述。

6. "我害怕"这话是对心理状态的描述吗？

7. 我说"我害怕"；别人问我："那是什么？是害怕的喊叫？是你想告诉我你的心情吗？还是对你目前状态的考察？"我总能给他一个明确的答案吗？我从不能给他一个明确的答案吗？

8. 这里我们可以想象出千差万别的东西，例如："不，不！我害怕！"

"我害怕。很遗憾我必须承认。"

"我还是有点儿害怕，但不像从前怕得那么厉害了。"

"其实我还是害怕，尽管我不愿对自己承认。"

"我用各种让人害怕的念头折磨自己。"

"我害怕，——偏偏这时候我不该害怕的！"

这些句子每一个都带有一个特殊的语调，不同的语境。

可以想象有一种人，他们思考起来就好像说比我们要确切得多，我们用同一个词的地方，他们用好几个不同的。

9.若问：“‘我害怕’的含义到底是什么？我说这话指的是什么？”

我们当然找不到答案，或找不到充分的答案。

“这话是在哪一种语境中出现的？”才是个问题。

10.“我指的是什么？”“我说这话时想的是什么？”回答这些问题的时候，如果我想靠重复害怕的表情，同时把注意力集中于自己，就好像用余光观察自己的灵魂，那可得不到答案。在某种具体情况下我当然可能问：“我为什么说这个？我说这个干什么？”——我也可能对这些问题做出回答；但我的回答并不是以观察说话时的伴随现象为根据的。我的回答将补充、改述我先前说的话。

11.什么是害怕？什么叫“害怕了”？如果我要用一个**单一的**显示来定义，——我就会**扮演**害怕的样子。

12.我也能够这样来表现希望吗？很难。那么信念呢？

13.描述我的心灵状态（害怕的心灵状态之类），这是我在某种特定的情境下才做的事。（正如某种特定的行为只有在某种特定的情境下才是一个实验。）

那么我在不同的游戏中使用了同样的表达式，而有时甚至好像介乎两种游戏之间，这些都有什么奇怪呢？

14.我每开口说话都带着十分确定的目的吗？——若非如此我说的就没有意义吗？

在葬礼演说中，“我们哀悼某某人……”这话的确是用来表达哀悼的；而不是要告诉在场的人什么事情。但在墓前的祈祷中，这话在某种意义上却可以在传达些什么。

15. 但难题在这里：我们不能把叫喊称为描述，它比任何描述都来得更原始；尽管如此，它却可以起到描述内心生活的作用。

16. 叫喊不是描述。但有一个过渡系列。“我害怕”这话离一声叫喊可近可远。它可以十分近似于一声叫喊，也可以和一声叫喊**大**相径庭。

17. 我们当然不会因为一个人说他疼就一定说他在**抱怨**。因此“我疼”这话可以是抱怨，也可以是别的什么。

18. 但若“我害怕”并非始终近乎抱怨，而只是有时如此，那么它为什么应该**始终**是心理状态的描述呢？

十

1. 我们怎么一来就用起“我相信……”这类表达式了？是我们在某个时刻注意到了某种（相信的）现象了吗？

是我们观察了自己和别人，因而发现了信念这东西吗？

2. 可以这样表示摩尔悖论：“我相信事情如此这般”这话的用法和“事情如此这般”这一断言的用法相似；然而我相信事情如此这般这个**假设**的用法却和事情如此这般这个假设的用法不相类似。

3. 于是**看上去**“我相信”这一断言就仿佛不是在断言“我相信”这一假设所假设的东西！

4. 同样，“我相信要下雨”这命题和“要下雨”的意义相似，即用法相似，但“我当时曾相信要下雨”和“当时下了雨”的意义却不相似。

“但‘我曾相信’就过去所说的和‘我（现在）相信’就目前所说的必定是同一回事！”——当然，$\sqrt{-1}$对 -1 所意味的，必定就是$\sqrt{1}$对 1 所意味的！根本什么也没说。

5. “说到底，我是用‘我相信……’这话描述我自己的心理状态——但这一描述在这里间接地是对所相信的事实本身的断言。”——就像在某种情况下我描述一张照片为的是描述照片所照的东西。

那我这时也就一定能够说这张照片照得好。于是也就有：“我相信要下雨，我的信念是可靠的，所以我可以依赖它。”——那我的信念就会是一种感官印象了。

6. 一个人可以不信任自己的感官，但不能不信任他的信念。

7. 假如有一个动词，含义是“虚假地相信”，它将不会有任何有意义的第一人称现在直陈式。

8. “相信”、“愿望”、“意欲”这些动词展示出“切割”、“咀嚼”、“奔跑”这些词同样具有的所有语法形式。别把这看作理所当然的，而把这看作极为奇特的事情。

9. 报告的语言游戏可以倒转过来：不是让接受报告的人听到

所报告的事情，而是听到报告者的情况。

例如教师测验学生时就是这样。（可以为了检验尺子而进行度量。）

10. 假设我以如下方式引进“我相信”之类的表达式：如果报告是用来提供有关报告者自己的信息的，就把“我相信”加在报告前头。（于是这一表达式无需附有任何不确定性。请记住，断言的不确定也可以不用特定的人称形式表达：“他今天该来的。”）——那么，“我相信……，但事情并非如此”就会自相矛盾。

11. “我相信……”表明我的状态。可以从这一说法中得出对我的态度的结论。所以这和情绪活动的表达，和心情的表达有某种**相似**之处。

12. 但若“我相信事情是这样”表明我的状态，那么“事情是这样”的断言也表明我的状态。因为符号“我相信”并不能表明我的状态，至多只能提示我的状态。

13. 想象一种语言只通过“事情是这样”的某种特定声调来表达“我相信事情是这样”。那里不说“他相信”，而说“他要说……”，那里也有“假设我要说……”这类假设（虚拟式），但没有“我要说”这个表达式。

这种语言中不会有摩尔悖论；取而代之的是有一个动词缺了一种人称形式。

但我们不必因此惊奇。请想一下：我们能够借用意图的表达来预言**自己**未来的行动。

14. 我说起别人“他似乎相信……”，而别人也这样说起我。为什么我从不这样说起我自己呢——即使当别人这样说起我时是说**对**了？——我竟看不见听不见我自己吗？——可以这样说。

15. “人们在内心感到确信，而不是从自己的话或说话的语调中推断出这种确信。”——这一点是真的：人们不是从自己的话推断出自己的确信；或从中推断出出于这种确信的行动。

16. “‘我相信’这一断言**似乎**的确不在断言假设所假定的东西。”——于是我被诱惑去在第一人称现在直陈式里寻找“相信”这个动词的另一种延续。

17. 我这样想：相信是一种心理状态。它持续一段时间；而且不依赖于用句子之类来表达信念的过程而持续一段时间。所以它是怀有信念的那个人的一种心向。就他人说，他的行为、他的话向我表明这一点。他说“我相信……”或他对某事单单加以断言都一样表明这一点。——说到我自己又该怎么样呢：我自己怎么认识自己的心向？这时我必须能像另一个人那样注意我自己，倾听自己的话，从我说的话中得出结论！

18. 我与我自己的话的关系全然不同于别人与我的话的关系。

但凡我能够说“我似乎相信”，我就能找到“相信”这个动词的那种延续。

19. 我要是倾听自己嘴里的话，我就可以说另一个人在从我嘴里说话。

20. “根据我说的话来判断，我相信的是**这个**。”好，可以想出这话会具有意义的某些场景。

那我们也就可以说“在下雨，但我不相信”或“我的自我看似相信这一点，但其实不然”。对这种话，人们必定得补充上一种什么行为，以便能解释说这里是两个生灵在通过我的嘴说话。

21. 即使就**假设**而言，线索也已经和你所想的不一样。

你说“假设我相信……”这时你已经把“相信”一词的整个语法设为前提了，而这是你所掌握的通常用法。——你并非在假设某种事态，仿佛这种事态通过某种影像清晰地呈现在你眼前，从而你可以把不同于通常断言的某种断言拼接到这个假设上面。——假如你还不曾熟悉“相信”的用法，你就根本不会知道你在这里假设的是什么（例如：这样一种假设会引出什么）。

22. 想想“我说……”这一表达式，例如“我说今天要下雨”，它简简单单就和“今天要……”这一断言是一回事。“他说今天要……”大约是说“他相信今天要……”“假设我说……”却**不**是说：假设今天要……

23. 不同的概念在这里彼此接触，在某一段上重合。但你不必认为这些线条都是**圆圈**。

24. 再考虑一下这个不通的句子：“可能在下雨；但不在下雨。”

我们在这里应该当心，不要说：“可能在下雨”其实是说：我相信要下雨了。——为什么不该倒过来说我相信要下雨了其实是说可能在下雨呢？

25. 不要把一个犹犹豫豫的断言当作一个关于犹豫的断言。

十一

1.“看”这个词的两种用法。

其一:“你在那儿看见什么啦?”——“我看见的是**这个**”(接着是描述、描绘、复制)。其二:“我在这两张脸上看到了某种相似之处”——听我说这话的人满可以像我自己一样清清楚楚地看着这两张脸呢。

重要之点:看的这两种“对象”在范畴上的区别。

2.一个人可能把这两张脸准确地摹画了下来;另一个人则可能在这幅画上注意到了第一个人没看出来的相似之处。

3.我端详一张脸,忽然注意到它和另一张脸相似。我**看到**它并没改样,但我看得却不一样了。我把这种经验称作“注意到某个面相”。

4.这种经验的**原因**对心理学家来说饶有趣味。

5.我们感到饶有趣味的是概念,及其在经验概念中的位置。

6.可以想象在一本书里,例如在一本教科书里,多次出现下面这个图示。

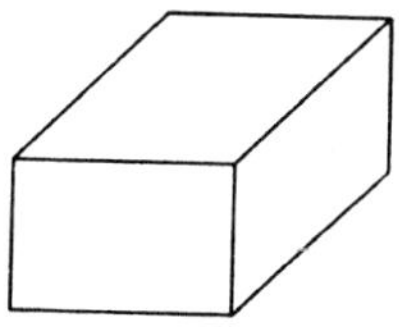

和这个图示相关的课文所涉的课题则每次都有所不同：一次是玻璃立方体，一次是敞口倒置的盒子，一次是围成这个形状的铁丝架子，又一次是直角拼接的三片板子。每一处课文都为这个图示提供解释。

但我们也可以这次把这个图示**看作**这个东西，另一次看作另一个东西。——那么，我们这样解说它，并且像我们所**解说**的那样**看**它。

7. 有人也许要回答说：借助某种解释来描述直接经验、描述视觉经验，那是一种间接的描述。“我把这图形看作一个盒子”是说：我有某种特定的视觉经验，无论我把这图形解释为盒子或我直观一个盒子，从经验上说，这种视觉经验都会相伴而来。要真是这样，那我必定知道这一点。我必定能直接地而不只是间接地指涉这种经验。（就像我必定能谈论红色而不必把它作为血的颜色来谈。）

8. 我从 Jastrow[①] 那里摘来下面这个图形。我将把它叫作兔鸭头。可以把它看作兔子头或鸭子头。

我必须对“持续地看到”某种面相和某种面相的“闪现”做出

① 《心理学中的事实与虚构》。——原注

区别。

把这幅图画拿给我看了，我可能始终只把它看作兔子而不是别的什么。

9. 引进图画对象的概念在这里是有益处的。例如：这个形象就是一张“图画脸”。

就某种联系而言，我对待它就像对待一张人脸。我可以研究它的表情，像对人脸上的表情一样对它做出反应。孩子可能对图画上的人或动物讲话，像对待玩具娃娃那样对待它们。

10. 所以我也可能一上来就把这个兔鸭头简简单单看作图画兔子。即，你若问“这是什么”或“你在这儿看见了什么”，我就答：“一只图画兔子。”如果你继续问这是什么，我为了解释就指给你看各种各样的兔子图画，也许还会指出真的兔子来，谈论一番这种动物的生活习性，或模仿兔子的样子。

11. 对“你在这儿看见了什么？”这个问题，我不会回答：“我现在把这看作一个图画兔子。”我会简简单单描述我的知觉；就和我刚才说的是“我在那儿看见一个红色的圆圈”没什么两样。

但别人仍然可以这样说到我：“他把那个图形看作为图画兔子。”

12. 说“我现在把这看作……”对于我没有意义，就像我看着一副刀叉说："我现在把这看作刀叉。"人们会弄不明白我在说什么。——这样的说法也没意义："这现在对于我是一把叉子"，或"这也可以是一把叉子"。

13. 我们在饭桌上并不把知道其为餐具的东西"当作"餐具；同样，我们吃饭的时候通常并不尝试或试图让嘴有所动作。

14. 你要说"这现在对我来说是一张脸"，我们就可以问你："你暗指的是哪种变形？"

15. 我看见两幅图画：一幅上面的兔鸭头被兔子围绕着，另一幅上面被鸭子围绕着。我没看出它们是一样的。**由此**可以说在这两幅画上我**看见**的有所不同吗？——我们有某种根据在这里使用这个表达式。

16. "我看见的完全是另一个样子了，我再也认不出来了！"这是个感叹。这样感叹也有某种道理。

17. 我从来没有想到把这兔子头和这鸭子头这样叠到一起，从来没有想到**这样**来比较它们。因为它们提示的是另一种比较方式。

而且这个头**这么**看和这个头**那么**看一点儿都不像——虽然这两个头完全重叠。

18. 给我看一幅画上的兔子，问我这是什么；我说"这是只兔子"。并非"这现在是只兔子"。我讲出的是感知。——给我看兔鸭头，问我这是什么；这时我**可能**说"这是个兔鸭头"。但我对这个问题也可能做出完全不同的反应。——兔鸭头这个回答所讲的还是感知;"这现在是只兔子"却不是。假使我说"这是只兔子",那我就没注意到这里有模棱两可之处,我报道的就是感知了。

19.面相转变。"那你肯定会说图画现在完全改变了!"

然而是什么不一样了:我的印象吗?我所取的立场吗?——我可以这么说吗?我像描述知觉那样**描述**这种改变;完全像是对象在我眼前改变了。

20.我可以说(例如指着另一幅画)"我现在看到了**这个**"。这是报道一种新知觉的形式。

面相转变的表达式是一种**新**知觉的表达式和未曾改变的知觉的表达式合在一起。

21.我一下子看到了画谜的谜底。刚才是些枝枝杈杈的地方,现在是一个人形。我的视觉印象改变了,我现在认出它不只是颜色和形状,而且也有一种完全特定的"组织"。——我的视觉印象改变了;——它刚才是怎样的;它现在是怎样的?——如果我用准确的复制来表现它——难道这不是很好的表现吗?——那就没有任何改变显现出来。

22.只请你**别**说"我的视觉印象不是**绘画**;它是**这个**——是我无法给任何人看的东西"。——它当然不是绘画,但也绝不属于我随身携带之物的那个范畴。

23."内部图画"这概念误导我们,因为这概念的范本是"**外部**图画";而这两个概念词的用法并不相似,不比"数字"和"数"(Zahlzeichen und Zahl)的用法更为相似。(是的,谁要把数称为

“理想的数字”，他就会因此造成类似的混乱。）

24. 谁把视觉印象的“组织”和颜色形状并列在一起，那他从一开头就把视觉印象当作某种内部对象了。由此自然把这个对象弄成了幻影；一种稀奇古怪地摇来摆去的结构。因为它和图画的相似之处现在被扰乱了。

25. 如果我知道立方体示意图有不同的面相，那我为了得知另一个人看见的是什么，就可以请他在摹本之外再制作或展示一个模型；即使**他**这时根本不知道我干吗需要两种说明。

但在面相转变的情形下这就行不通了。这时要表达经验到底是什么的唯一可能的办法，在上一例中我们有了摹本之后也许就显得是一种毫无用处的特别规定，或的确就是毫无用处的特别规定。

26. 仅此一点就使我们不能拿“组织”和视觉印象的颜色形状相比较。

27. 我把兔鸭头看作兔子，这时我看到的是：这些形状和颜色（我准确地重现这些）——而此外还有：这时我指向一些各式各样的兔子图画。——这显示出概念之间的区别。

“看作”不属于知觉。因此它既像一种看，又不像一种看。

28. 我看着一只动物；人问我：“你看见什么了？”我答：“一只兔子。”——我看一片风景；忽然跑过一只兔子。我惊呼：“一只兔子！”

这报道和这惊呼，两者都是知觉的表达，视觉经验的表达。但这惊呼和报道是不同意义上的表达。惊呼冲口而出。——它和

〔视觉〕经验的关系就像喊叫和疼痛的关系。

29. 但这惊呼既然是知觉的描述，就也可以把它称作思想的表达。——你看着对象，不必在想着对象；你具有惊呼所表达的视觉经验，你就也在**思想着**所看见的东西。

30. 所以面相的闪现似乎一半像视觉经验一半像思想。

31. 某人忽然看见一种他认不出来的现象(可以是一个熟知的对象，但处在不寻常的位置上或光线里)；也许只有几秒钟他没认出来。另一个人一眼就认出了对象。说这两个人的视觉经验不一样对不对呢?

32. 一种形状对你浮现出来，对你显得陌生，而我则熟悉这种形状；你这时不可能像我一样**准确地**描述它吗？这不就是答案吗？——当然一般不是这样。你的描述听起来会很不一样。(例如，我会说“这只动物有长长的耳朵”——而你说“那儿有两个长长凸起的东西”，然后把它们画出来。)

33. 我遇见一个多年没见的人；我看他看得清清楚楚，但没认出他来。我忽然认出他来，在他已经改变了的面孔上认出了从前的面孔。我相信我如果会画像的话现在会把他画得不同。

34. 我在人群里认出一个熟人，也许我已经朝他那个方向看了好半天了，——这是一种特殊的看吗？既是看又是想？或我简直要说——看和想的融合?

问题是：人们**为什么**要说这个?

这个表达也是对所见的报道，同一个表达在这里又是认出了什么的惊呼。

35.什么是视觉经验的标准？——什么该是这标准？

表现出“所见”。

36.“表现出所见”这个概念像“复制”这个概念一样，极富弹性，**与此相系**，“所见”这个概念也极富弹性。这两个概念密切相联。（但这不是说它们相似。）

37.怎么发现人以立体方式来看？你看得见（那儿的）一片地方，我问你那片地方的地势。“是**这样子**吗？”（我用手画给你看）——“是。”——“你怎么知道？”——“又没雾气，我看得清清楚楚的。”——你并没给出这推测的根据。对我们来说最自然的是以立体方式表现我们所看到的；而无论通过绘画还是通过话语来以平面方式表现则都要求特殊的训练。（儿童画的特别之处。）

38.你看到一个微笑，没看出它是微笑，没理解它是微笑；我理解它是微笑；我们看到的不一样吗？——例如你模仿起来是另一个样子。

39.把画着一张脸的图画倒过来拿着，这时你认不出脸上的表情来了。也许你能看到脸上在微笑，却看不到它究竟在**怎样**微笑。你模仿不了这微笑，或不能更准确地描述它的特点。

但这张倒置的图画很可能极其准确地表现着一个人的脸。

40. 图一  是图二  的倒转。正如图三

是图四*Pleasure*的倒转。但我要说，图三图四之间的差异给我的印象不同于图一图二之间的差异给我的印象。例如，图四看上去比图三更整齐。（参见路易斯·卡罗尔的一个提示。）四容易复制，三不容易。

41. 请设想兔鸭头隐藏在一团杂乱线条之中。现在我在图画里看出它来，单单看作兔子的头。后来我又看这幅图，看出了同样的线条，然而是看作鸭子，同时我还不必知道这两次是些相同的线条。再后来我看出面相在发生转换，——我能说兔鸭的两种面相现在看起来和我刚才在杂乱线条里把它们分别识认出来的时候完全不同吗？不能。

但这种转换产生出一种惊奇，这种惊奇不是由识认产生的。

42. 谁在一个图形（1）里寻找另一个图形（2），而后找到了，那他从而就是以一种新的方式看到图形（1）。不仅在于他可以用新的方式来描述这图形，而且在于注意图形（2）是一种新的视觉经验。

43. 但他不一定要说："图形（1）现在看上去完全不一样了；它甚至和从前那图形毫无相似之处，虽然这两个图形完全重合！"

44. 这里有一大堆具有亲缘关系的现象，以及可能的概念。

45. 那么，这形象的摹本是我视觉经验的某种**不完整**的描述啦？不是。——是否需要更切近的规定，以及需要哪些，都取决于具体情况。——它**可以**是不完整的描述；——如果还有疑问存留的话。

46. 自然可以说：有一些东西既归在“图画兔子”的概念之下，又归入“图画鸭子”的概念之下。一幅图画、一张图纸就是这样一种东西。——但**印象**却不同时是图画鸭子的印象和图画兔子的印象。

47. “我真正**看见**的却一定是对象作用于我而产生的东西。”——那么，在我之中产生的东西就是某种摹本，某种还可以加以观照的东西，可以摆在眼前的东西；几乎像是某种**物质化**。

这种物质化是某种空间性的东西，一定可以完全用空间概念加以描述。例如，它可以微笑（如果是一张脸），但友好这个概念却不属于它的表述，倒对这种表述是**异质的**（即使它能服务于这种表述）。

48. 你问我我看见了什么，我也许会给你画张草图来表明这东西；但我多半根本记不起来我的眼光当时是怎么活动的。

49. “看”这个概念造成一种混杂的印象。是的，是混杂。——我向一片景色看去；我的目光扫过，我看见各种清楚的和模糊的事情；**这个**印象挺清楚，**那个**印象却十分含混。而我们看见的又可以显得多么支离破碎啊！好，现在来看看什么叫“描述所见”！——然而，这不过就是我们称作描述所见的那回事儿。这样的描述并没有唯一**一个真正的**、正式的例子——其他的则还不够清楚，还有待澄清，甚至非得干脆当垃圾扫到角落里去。

50. 我们在这里有一个巨大的危险：想要做出精致的区别。——当我们想要从“真正所见”来定义物体概念的时候，我们就面临这样的危险。倒不如把日常语言游戏**接受**下来，识别出**虚**

假的表述之为虚假。教给孩子的原始语言游戏无需用什么道理来辩正;倒需要打消辩正的企图。

51. 以三角形的诸面相为例来考察一下。可以把这个三角形

看作三角形的洞、物体、几何图形;看作坐立在它的底线上或挂在它的顶角上;看作山、楔子、箭头、指向标;看作本来应该立在短边上的物体倒下来了;看作半个平行四边形;等等不一。

52. “你这时可以一会儿想到**这个**一会儿想到**那个**,一会儿把它看作**这个**一会儿看作**那个**,你还会一会儿**这样**看一会儿**那样**看。”——到底**哪**样?——再没有进一步的规定了。

53. 但怎么可能按照一种**解说**来**看到**一样东西呢?——这个问题把这当作一件稀奇的事实提出来;仿佛这里是把本来和形状不合的什么东西强塞到形状里。但这里毫无生挤硬塞。

54. 如果看上去在其他形状之间没有这样一种形状的位置,那你就到另一个维度去寻找它。如果这里没有位置,那位置就在另一个维度。

(在这个意义上,实数线上也没有虚数的位置。但这是说:虚数概念的应用和实数概念的应用比起**计算**初看上去所表明的还要更少相似。必须下降到应用上,虚数概念才会找到一个位置,而这个位置如此不同,可谓始料未及。)

55. “我若可以把某种东西看作这个,那么那样东西就可以是

这个的图画。”——这个解释怎么样？

这却是说：面相转换中的诸面相就是形象在种种情况下**始终**能在一幅图画中具有的那些面相。

56. 一幅画当真可以表现一个**立着的**三角形，另一幅画表现挂着的，第三幅表现倒下的。——我作为看画的人这时不说“这儿表现的可以是倒在那儿的什么东西”，而说“杯子倒了，碎成片儿了”。我们是这样对图画做出反应的。

57. 我能说一幅画必须是什么样子才能起到这样的作用吗？不能。例如有些绘画方法不以这种直接的方式告诉我任何东西，对别人却不然。我相信习俗和教育在这里有一席地位。

58. 我在这幅画上“**看到圆球在飘浮**”；这说的是什么？

这是否只在于这种描述对我是最近便的、不言自明的？不然；这种描述的根据可以是各式各样的。例如它可以简简单单就是传统描述。

但怎么表达：我不仅仅是这样理解这幅画（知道它表现的**应当**是这个），而且是这样来**看**这幅画的呢？——这类表达是：“这圆球看起来是在飘浮”，“看见它在飘浮”，甚至以某种特殊的语调说，“它在飘浮哪！”

所以，这里是在表达“当作那样”，但不是在使用“当作那样”。

59. 我们这里不是在问自己什么是原因，什么在某种特殊情况下产生出这种印象。

60. 那**是**一种特殊的印象吗？——“但看到圆球飘浮和看到它

只是停在那里，我看到的的确**不一样**啊。”——这其实是说：这个表达式是有道理的！（因为，严格从字面说，这的确只是重复。）

（我的印象却也不是一个实际飘浮着的圆球的印象。“立体地看”有种种变式。一张照片的立体性，以及我们通过立体视镜看到的东西的立体性。）

61.“那当真是另一种印象吗？”——要回答这个问题，我要问问自己我心里是否当真有另一样东西。——但我怎么能肯定有还是没有？——我以另一种样子**描述**我所看见的。

62.有些图形我们总是看作平面的，有些则有时看作立体的，甚至总看作立体的。

于是人们要说：看为立体的图形的视觉印象是立体的；例如立方体示意图的视觉印象就是一个立方体。（因为描述印象就是描述立方体。）

63.于是就有了颇为奇怪的事情：我们对有些图形的印象是平面的而对有些图形的印象是立体的。我们自问：“哪里才是终点呢？”

64.我看到画上画着奔马，——我只是**知道**这意谓着这种运动吗？难道说我在画上看到马在奔跑就是迷信吗？而我的视觉印象也就在奔跑吗？

65.你说“我现在把这看作……”你在告诉我什么？你告诉我这个会有什么后果？我能拿你的话做什么？

66.人们经常把颜色和元音联想在一起。有人若一而再再而三地重复念一个元音，就会觉得这个元音的颜色发生变化。例如他会觉得 a“这会儿是蓝的——这会儿是红的”。

对于我们，“我现在把它看作……”这话可能不比“我现在觉得 a 是红的”更有意义。

（和生理学考察联系在一起看，甚至这种变化对我们也可能成为颇重要的。）

67. 我在这里想起，人们在谈到艺术作品时用到这样的话：“你必须**这样**看，它意谓的是这个”；“你**这样**看就看到错在什么地方了”；“你必须把这几个节拍作为引子来听”；“你必须按这个调式来听”；“你必须**这样**来划分音节”（这里涉及的可以是听，也可以是演奏）。

68. 图形

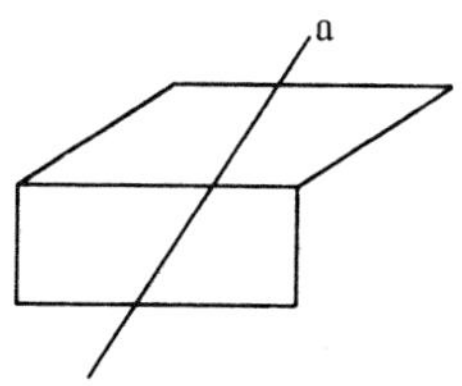

要代表的是一节凸形的阶梯，用来演示某种立体空间。为此，我们过两个平面的中间点划一条直线 a。——好，如果某人只在一些片刻把这图形看作立体的，即使在这些片刻也一会儿把它看作凸出的一会儿把它看作凹进去的，那就很难使他明白我们的演示了。如果对他来说平面的面相和立体的面相不断变换，那我在这演示过程中对他显示的就无异于一些完全不同的东西了。

69. 我看着一幅**画法**几何学的图形说:“我知道这里又出现了这条线,但我**看**不出它来。”——这说的是什么?这只是说我不熟悉这类图形的操作,我对它不大“认识门道”吗?——好,这种熟悉肯定是我们的标准之一。一个人的某种表现使我们确信他把这个图形看作立体的,这种表现就是某种确定的“认识门道”。例如某些姿态表情提示出对立体的反应:行为的精微层次。

我在画上看见一个动物被箭穿透。箭从喉咙穿进去,从脖子后面穿出来。设想这幅画是幅剪影。——你**看见**箭了吗?——抑或你只是**知道**这两小段东西应该是表现一支箭的两个部分?

(比较一下克勒的图形:套在一起的六角形。)

70. “可这不是**看**!”——“可这就是看!”——双方在概念上一定都可以讲出道理。

71. 可这就是看!**在何种意义上**这是看?

72. “这现象最初让人觉得奇怪,但对此肯定会找到一种生理学解释。”——

我们的问题不是因果问题而是概念问题。

73. 假使你只给我看一眼那幅被箭穿透的动物的图画,或套在一起的六角形的图画,然后就让我加以描述,那我的描述就会是**这个样子**;你让我画出来,我肯定会提供一幅很不对头的摹本;但它多多少少会显示一只动物被箭穿透,或两个套在一起的六角形。即:有些错误我**不**会犯。

74. 这幅图画上最初跳入我眼帘的是:那是两个六角形。

我现在看着它们自问："我真的把它们看作六角形吗?"——即,它们在我眼前的这一段时间我是始终这样看的吗?(假设这段时间里它们的面相没有改变。)——我要回答:"我并非在这整段时间里一直想着它们是六角形。"

75. 一个人对我说:"我立刻把它们看作两个六角形。这就是**所有**我所看**到的**。"但我怎么理解这话呢?我想,他听到"你看见了什么"这个问题立刻就用这一描述做出回答,而他也不是把这个回答当作几种可能回答中的一种来看待的。就此而论,这回答就像我给他看这个图形

而他回答:"一张脸。"

76. 你只给我看了一眼,我能对它提供的最佳描述是**这样的**:……

"我的印象那是一只挺立起上身的动物。"于是有了一个完全确定的描述。——这是**看见**,还是思想?

77. 不要试图去分析你自己的内心体验!

78. 但也可能我一开始把这幅画看作了别的什么,后来对自己说:"噢,那是两个六角形!"于是面相也会改变。这是否证明了我刚才事实上把它**看作了**某种特定的东西呢?

79.“那是一种**真实的**视觉经验吗？”问题是：在何种意义上真实。

80.这里**很难**看出我们是在处理概念规定性。

概念迫来。（你不可忘记这一点。）

81.那我什么时候会把它称作纯粹的知道而不是看到？——大致是当一个人像对待一张图纸那样来对待一幅图画，像读蓝图那样**阅读**它。（行为的精微层次。——这为什么**重要呢**？这有重要的后果。）

82.“在我看来那是一只被箭穿透的动物。”我把它作为那个来对待；这是我对这图形的**态度**。这是称之为“看”的一种含义。

83.但我也能在同样的意义上说：“这在我看来是两个六角形”吗？不能在同样的意义上，但能在某种相似的意义上。

84.你必须想一想具有绘画性质的图画（相对于图纸）在我们的生活中起哪些作用。这些作用绝不是单一的。

比较一下：我们有时把格言挂在墙上。却不把力学定理挂在墙上。（我们对这两者的关系。）

85.一个人把图形看作动物，另一个人只是知道它表现的应该是什么；我在这两个人那里所预期的会相当不同。

86.也许这样表达要更好些：我们把照片、把墙上的图画**当作**它们所表现的对象本身（人物、风景等等）来看待。

87.不一定如此。我们不难想象有些人对这类图画的关系不是这样的。例如，照片使这些人十分别扭，因为他们感到不带颜色的面孔，甚至按比例缩小了的面孔不像是人脸。

88. 我现在说“我们把这肖像当作人来看待”，——我们什么时候这样看待？看待多久？我们只要看见它就**始终**这样看待（不会看作别的什么）吗？

我可以说是的，那我就会是在规定看待这个概念了。——问题在于是否另一个具有亲缘的概念对我们也很重要，即这样一种“看作”的概念——只有当我把这幅画作为（它所表现的）对象来处置的时候才出现的“看作”的概念。

89. 我可以说，我看到一幅画的时间里它并不始终对我具有**生命**。

“她的画像从墙上对我微笑。”无须乎每次我的眼光落在这画像上它就对我微笑。

90. 兔鸭头。我们自问：这只眼睛，这个**点**，怎么可能朝一个方向撇眼呢？——“瞧，它在撇眼哪！”（这时我们自己也在“撇眼”。）但我们并非只要看这幅画就总这么说这么做。这个“瞧，它在撇眼哪！”是什么呢？——是在表达某种感觉吗？

（我举出这些例子绝不是力求完备。不是在对心理学概念进行分类。它们只是要使得读者在遇到概念上的含混不清之时能够想办法帮助自己。）

91. “我现在把它看作一个……”和“我试着把它看作一个……”或“我仍不能把它看作一个……”连袂并行。但我不能把用传统画法画的一只狮子**看作**狮子，也不能把 F 看作 F 这个字母

(但大概可以看作一个绞架之类)。

92. 不要问你自己“这对于**我**是什么样子?”——问一问:“关于别人我都知道些什么?”

93. “它也可以是**那个**”——我们究竟是怎么做这个游戏的?(那个,即这图形也可以是的东西,即这图形可以被看**作**的那个东西,——它却并非简简单单是另一个图形。一个人说“我把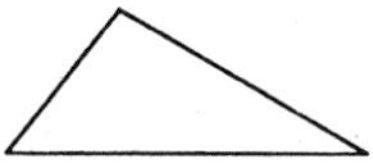看作”,他意谓的仍可能是极不相同的东西。)

94. 孩子们做这样的游戏:例如他们指着一个箱子,说它现在是一所房子;然后他们从这箱子的方方面面把它解释成一所房子。把一种虚构编到这箱子上。

95. 那孩子们把这箱子**看作**房子啦?

“他们完全忘了那是个箱子;那对他们事实上是所房子。”(有些特定的迹象表明这一点。)那么说他们把它**看作**房子不也蛮对吗?

96. 你现在会做这个游戏,而在某种特定处境下用一种特定的表情喊道:“它现在是房子啦!”——这会是你在表达面相的闪现。

97. 我听到一个人谈论兔鸭头,而**现在**则以某种方式谈论着兔脸的特定表情,那我会说他现在把这幅画看作兔子了。

98. 但声音和模样的表达却是一样的,仿佛是对象发生了变化,就像对象仿佛终于**变成了**这个或那个是一样的。

我让人给我重复演奏同一个曲子，每次都比上一次演奏得更慢一些。最后我说“**现在**对头了”，或“**现在**这才是个进行曲”，“**现在**这才是个舞曲”。——在这一语调里表达出来的也是面相的闪现。

99.“行为的精微层次”——我用正确的声调吹奏一个曲子，从而表现出了对这个曲子的理解；那么这就是这种精微层次的一个例子。

100.三角形的面相：就仿佛这时候一个**意象**和视觉印象发生了接触并在一段时间里保持着接触。

101.但就此而论，这一面相有别于(例如)阶梯的凸形-凹形面相。也有别于下图(我称之为“双十字章”)的面相：黑底上的白十字章和白底上的黑十字章。

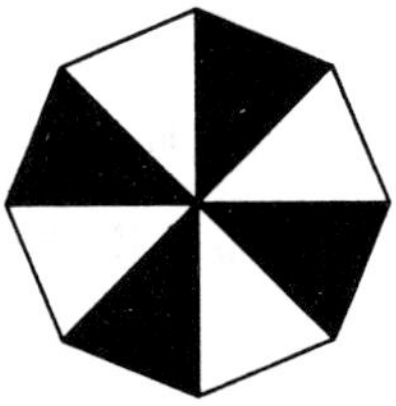

102.你必须考虑到，在每个例子中对相互转变的面相的描述都是不同种类的描述。

103.(一种诱惑：说“我是这样看到**这个**的”——而用“这个”和“这样”指示同一个东西。)请你每次都用这样的假设来祓除私有对象：它不断地改变着；而你却因为你的记忆在不断地蒙骗你而没有注意到这改变。

104. 观察者先指一下一个不带黑底的白十字章，再指一下一个不带白底的黑十字章，通过这类方法他不难告诉别人双十字章的那两个面相（我将称之为面相组 A）。

人们满可以设想这是儿童的原始反应，甚至他这时还没有学会说话。

（所以在告诉别人面相组 A 的时候我们是指向十字章的一个部分。——我们却无法通过类似的方式来描述兔鸭面相。）

105. 一个人必须熟悉兔子鸭子这两种动物的样子才能“看到兔鸭面相”。要看到面相组 A 却无须这一类条件。

106. 一个人可能把兔鸭头当作画的只是兔子，把双十字章当作画的只是黑十字，但他不可能把单纯的三角形当作画的只是一个倒下来的东西。我们需要**想象力**才看得到三角形的这一面相。

107. 面相组 A 并非从本质上说就是立体的面相；白底上的黑十字章并非从本质上说就是一个以白色平面为后景的十字章。只给一个人看画在纸上的十字章而不给他看任何其他东西，你也能教会他对别种颜色底子上的黑十字章有个概念。“后景”在这里不过是十字形的周边而已。

面相组 A 所产生的欺幻，和立方体图形或阶梯的立体面相所能产生的欺幻不是同一种类的。

108. 我可以把立方体示意图看作一个盒子；——但我也能一会儿把它看作纸盒子一会儿看作锡盒子吗？——如果有人言之凿凿告诉我他能，我该怎么说？我在这里能够为概念划一条界限。

但想一想看画时所用的“**感觉**”这个表达式。（“你感觉得出这种材料多柔软。”)(梦里的**知道**。“我当时**知道**……是在那个房间里。”)

109. 怎么教给一个孩子(例如教算术的时候)“现在把**这些**要点放到一起”或“**这些**是连在一起的”?显然,“放到一起”和“连在一起”对这孩子本来一定有另一种含义,不同于这样或那样**看**。——这是个关于概念的而不是关于教学方法的评注。

110. 可以把面相的一个**种类**称作“组织面相”。这个面相转变了,图画中早先不连在一起的一些部分就连到了一起。

111. 在三角形里我能够一会儿把**这个**看作顶角把**那个**看作底边——一会儿把**那个**看作顶角把**这个**看作底边。——很清楚,对于一个刚刚知道顶角、底边等概念的学生,“我现在把**这个**看作顶角”这话说了还是白说。——但我这里意谓的不是个经验命题。

唯当一个人已经能够熟练地应用某个图形,我们才会说他**能**一会儿**这样**看这个图形一会儿**那样**看。

这种经验所依托的是对某种技术的掌握。

112. 但太奇怪了——要**经验**到这个那个竟需要以这一点为其逻辑条件!可你怎么不说只有已经能够做这做那的人才能“有牙疼”?——从这里得出的是:我们在这里涉及的不可能是同一个经验概念。这是另一个经验概念,尽管是具有亲缘的一个。

113. 唯当一个人**能够这样那样**,学会了、掌握了这个那个,说他经验到了**这个**才有意义。

你要是觉得这听起来荒唐,那你得考虑看的**概念**在这里是受到限定的。（为了消除数学里的晕眩感也经常需要类似的考虑。）

我们先说话，先有所表达，**而后**才获得这些表达式的生命的图画。

114. 因为，如果我还不知道这种姿态是这种动物的一种姿态而不是它的解剖模型，我怎么能看到这种姿态是犹豫不决呢？

但这岂不只是说：犹豫不决这个概念**不止**指涉视觉，所以我就不能用**这个**概念来描述看到的东西？——我就不能有一个犹豫姿态的或怯懦面孔的纯视觉概念吗？

115. 这样一个概念也许可以和“大调”和“小调”做个比较；这两个概念固然有某种感情值，但也可以纯粹用来描述感知到的结构。

116. 例如把“悲伤”这个性质形容词用于素描的面孔，它指称的是一些线条在一个椭圆形里的组合特点。用于一个人，它就有另外一种（虽然是具有亲缘的）含义。（这却**不**是说悲伤的面部表情和悲伤的感觉**相似**！）

117. 再考虑一下这个：我只能看到而不能听到红和绿，——但我能听到悲伤，一如我能看到悲伤。

118. 只要想一想“我听到一个哀怨的曲子”这一表达式。试问：“他**听到**哀怨了吗？”

119. 如果我答：“不，他没听到；他只是感觉到了这个”——这算什么回答呢？我们连这种“感觉”的感官也举不出来。

现在有人想答：“我当然听到了！”——有人想答：“我其实没**听到**。”

但这里可以把概念区别确定下来。

120. 我们〔把某种面部表情认作某个人胆小的表情〕，对这种面部表情做出反应，我们的反应不同于没把它认作胆小（在这个词的**完整**意义上）的那些人。——但我却**不**愿说我们的肌肉和关节感到这种反应，不愿说这就是那种“感觉”。——不然，我们在这里有一个受到限定的**感觉**概念。

121. 我们可以说一个人对一张脸上的**表情**有目无睹。但因此他的视觉就有缺陷吗？

但这当然不只是个生理学问题。生理学问题在这里是逻辑问题的一个象征。

122. 你感觉到一个曲子很严肃——你知觉到了什么？这靠把你听到的重复出来是传达不出来的。

123. 一个随意的书写符号，例如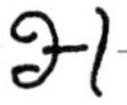——我可以想象它是某种外语里的字母，写得完全正确。但也可以想象它是写错了的字母；可以是这样写错了或那样写错了：例如笔打滑了，或典型的幼稚笨拙，或法律文书用的花体。它可以是以各式各样的方式背离了正确的书写法。——根据我加在这个书写符号周围的种种虚构，我可以在各式各样的面相里看到它。这和“经验一个词的含义”有紧密的亲缘关系。

124. 我想说，唯当我们以某种确定的方式对待所观察的对象之时，这里闪现的东西才保持着。（“瞧，它在撇眼呢。”）——“我想说”——实际上**是**这样吗？——问问你自己：“我有多长时间注意到它？”——我有多长时间觉得它是**新的**？

125.在面相里有一种面相存在，而它后来消失了。几乎像是有张脸，我先**模仿**它，后来我不再模仿而是把它接受下来。——这不已经足够用来解释了吗？——然而，这不太过分吗？

126.“有几分钟我觉察到他和他父亲的相似之处，后来就不了。”如果他只有短短一段时间像他父亲而后来他的脸改变了，人们可以这么说。但这也可以是说：几分钟之后他们的相似之处不再引起我注意了。

127.“你注意到他们相像以后，——有多久你意识到这种相像之处？”怎么回答这问题呢？——“我很快就不再想到它了”或“我后来总时不时注意到它”或“有几次忽然又想起：他们两个多像啊！”或“这种相像让我吃惊足足有一分钟。”——会有诸如此类的回答。

128.我想提出这个问题：“在我看到这样东西（例如这个柜子）的时间里，我一直**意识到**它的立体性、它的景深吗？”或所谓我在**整个**时间里都**感觉**到它？——但试以第三人称提出这个问题。——你什么时候会说他一直对此有意识？什么时候会反过来说？——我们当然可以问他自己，——但他是怎么学会回答这个问题的？——他知道什么叫“不间断地感觉到疼痛”。但在这里这只会使他糊涂（正如这也使我糊涂）。

如果他说他一直意识到景深，——我相信他吗？如果他说他只是时不时地意识到（例如在他说起这一点的时候）——我**相信**他说的这个吗？我会觉得这些回答似乎都基于虚假的根据。——但若他说他有时觉得这东西是平面的有时是立体的，情况就不一样了。

129. 你告诉我："我看着花，却想着别的事儿，没有意识到花的颜色。"我懂这话吗？——我可以为这话设想出某种有意义的上下文；例如这话后面跟着："后来我忽然**看见了**这花，认出它是那种……"

或者："我当时若转过身去就说不出它有什么颜色。"

"视而不见。"——有这样的事儿。但它的标准是什么？——这里却有各式各样的情况。

130. "我现在更多地在看形状而不是颜色。"且别让这种习惯表达式把你搅糊涂。尤其别去想"眼睛里或头脑里这时发生的会是什么呢？"

131. 我注意到相似之处，而这种注意渐渐消退。

只有几分钟我注意到它，后来就不了。

这时发生了些什么？——我能够想起的是什么？我想起自己的面部表情，我可以重复它。假使一个认识我的人当时看见我的脸，他会说"你刚才在他脸上注意到了什么"。——而我也注意到在这样一种场合我说什么——或说出声来或是对自己说。就这些。——注意就是这个？不然。这是注意的诸现象；但这些现象**就是**"发生的事情"。

132. 注意就是看＋想啦？不然。我们的很多概念在这里**交汇**。

133.（“思想”和“在想象中说”——我说的不是“**对**自己说”——是不同的概念。）

134. 视觉印象里的颜色和对象的颜色对应（这张吸墨纸在我看来是粉红的，而它是粉红的）——视觉印象里的形状和对象的形状相应（它在我看来是方的，而它是方的）——但我在面相闪现里知觉到的东西却不是对象的一种性质，它是这个对象和其他对象的内在关系。

135. “在这种联系中看到这个符号”几乎像是一个思想的回声。

我们想说——“在观看之中回响的思想”。

136. 请你设想对这种经验的一种生理学解释。它可以是：观察这图形的时候，目光一再沿着一条特定的轨道扫视对象。这轨道相应于观看之时眼珠摆动的某种特定方式。这种活动方式有可能跳到另一种活动方式，这两种方式可能互相转换（面相组 A）。某些活动方式在生理学上是不可能的；从而我不可能把立方体示意图看作两个套在一起的棱体，等等。好，就这样解释。——“那我知道了，这是一种**看**。”——你现在为看引进了一种新标准，一种生理学标准。这可能掩盖旧问题，却不能解决它。——这段话的目的却在于让我们睁开眼睛看到提出一种生理学解释的时候发生的是些什么。心理学概念顾自徜徉，这种解释够不到它。我们的问题的性质从而变得更清楚了。

137. 每次我实际上看到的都不同抑或只是以不同方式来解说我所看到的？我倾向于说前者。但为什么呢？——解说是一种想，一种处理；看是一种状态。

138.好，不难识别出哪些情况下我们是在进行**解说**。如果是进行解说，那么我们做出假设，而这些假设是可能证伪的。——“我把这个图形看作一种……”就像“我看到一点红光”一样（或恰在同样的意义上）无法证明。因而这两种语境中“看”的用法也有某种相似之处。千万别设想你事先已经知道“看的**状态**”在这里的含义是什么！请你从使用中学习含义。

139.我们觉得关于看，有些东西令人迷惑，因为我们不觉得关于看整体上令人十分迷惑。

140.一张相片上有人、房子、树，我们不觉得这张相片缺少立体性。要把这张相片描述为平面上的一些色块的组合反倒不大容易；但我们在立体镜里看到的东西，却又以另一种方式显示为立体的。

141.（我们用两只眼睛会“立体地”看，这远不是不言自明的。如果把两只眼睛的视觉图像融到一起，预期的结果可能是一幅含糊的图像。）

142.面相概念和意象概念具有亲缘。或：“我现在把这看作……”的概念和“我现在**这样**想象”具有亲缘。

把一段音乐听成某个确定乐曲的变奏，其中不也包含幻想吗？可这时我们知觉到某种东西。

143.“你若想象这发生了如此这般的改变，那你面前的就是那另一样东西了。”我们可以在想象中做某种证明。

144.看到面相以及意象，这些都服从于意愿。可以有这样的命令："意想一下**这个**！"以及"现在**这样**来看这个图形！"但不能命令说："现在看到这片叶子是绿的！"

145. 现在来了这个问题：会不会有人不具备把某种东西**看作某种东西**的能力？——那会是什么样子？后果会是什么？这种缺陷可以和色盲或和缺乏绝对音高听力相提并论吗？——我们想称之为"面相盲"——并且来考虑这话的意思能是什么？（这是概念上的探究。）患面相盲的人将看不到面相组 A 的转换。但他不也就认不出双十字章包含一个黑十字章和一个白十字章啦？于是他也就不能胜任"在这些图形里指出哪些包含黑十字章"这样的任务啦？不然。他应该能，不过他不会说："现在这是一个衬在白底上的黑十字章了！"

他会盲然看不到两张脸上的相似之处吗？——但若这样，也就看不到相同之处，或近乎相同之处了？这点我不愿断定。（他应当能够执行"把看上去像**这个**一样的那件东西给我拿来！"这一类命令。）

146. 他会不能把立方体示意图看作立方体吗？——从这却推不出，他认不出这是一个立方体的表现（例如一张图纸）。但对于他，这示意图不会从一个面相跳到另一个面相。——问题：他应当像我们一样在有些情况下能把这示意图**当作**立方体吗？——若不能，我们就不能恰如其分地把这称作一种盲。

"面相盲患者"对图画的关系会和我们的根本不一样。

147. （我们不难想象**这种**类型的异常。）

148. 面相盲和缺乏"音乐听力"具有**亲缘**。

149. 这个概念的重要性在于“看到面相”和“经验到语词含义”这两个概念之间的联系。因为我们要问的是：“一个人若**经验**不到某个语词的含义，他缺少的是什么？”

例如，我们要求一个人念“与”[①]，同时把它作为动词来意谓，他不理解这个要求；——或一个词一气儿念了十遍而一个人不感觉到这个词对他失去了含义而只是个空洞的声音；——这样的人缺少的是什么？

150. 在法庭等场合，人们可能讨论某人当时用一个词来意谓什么的问题。这可能从某些事实推导出来。——这是个**意图**问题。但他当时怎样经验一个词——例如“大家”[②]——也可能以相似的方式具有重要意义吗？

151. 我和某人约定了一种暗语；“塔”的含义是银行。我对他说：“现在到塔那里去！”——他懂得我的话，也照着做了，但他觉得这样使用“塔”这个词挺怪的，这个词还没有“吸收”这个含义。

152. “我带着感情读诗读小说的时候，我会有某种内心活动，在我只是为了获得信息去浏览的时候就没有这些内心活动。”——我这里指的是哪些活动？——语句**听起来**不一样。我确切地留意于语句的调子。某个词有时声调不对，强调得太过或太少。我注意到了这个而我的面容表达出这一点。我而后可以谈论我诵读的细节，例如谈论音调不对的地方。有时我眼前浮现出一幅图画，就

① 德文是 sondern，作连词时意谓“然而”，作动词时意谓“区分”。——译者注

② 德文是 Bank，兼有“银行”和“河岸”的意思。“大家”则既指大家伙儿又谓大名家。——译者注

好像一幅插图。的确，这似乎有助于我把语调读得正确。诸如此类的我还可以提出不少。——我也可以在某个词上加上一种声调，使得这个词的含义从其他词里突显出来，而这个词几乎就像是所涉之事的一幅图画。（当然这可能是以句子构造为条件的。）

153. 我声情并茂地阅读，念出这个词，这时它整个由它的含义充实着。——“如果含义即语词的使用，这又怎么可能呢？”好，我的表达是个形象的表达。但并非我仿佛选择了这个形象，而是这形象迫人而来。——但这个词的形象用法却不可能和它的原始用法陷入冲突。

154. 为什么向我呈现的偏偏是**这**幅图画，这也许是可以解释的。（只要想一下“一语中的”[①]这个表达式及其含义。）

155. 但若我可能觉得句子像一幅话语的图画而句子里的每个词都像其中的一个形象，那就无怪乎即使孤立地不派用场地说出一个词，它也会似乎带有一种特定的含义。

156. 想一下一个特别种类的迷误会对这里讨论的事情有所启发。——我和一个熟人在城郊散步。我在交谈中显露出我以为城在我们的右面。我的这个假设不仅没有任何自己意识到的根据，而且稍加考虑我就会肯定城是在我们的左前方。问到我**为什么**以为城**在这个**方向，我一开始什么都答不上来。我**没有根据**这样认为。但我虽然看不出根据，却似乎看得到某些心理上的原因。要之，是些联想和回忆。例如：我们是在沿着一条运河散步，而我从

① 直译：适切的语词。——译者注

前曾在相似的情形里沿着一条运河走，那一次城是在我们右面。——这就仿佛是种心理分析，我借此可以尝试为我的没有根据的信念找到原因。

157.“但这是种什么样的稀奇经验呢？”它当然不比任何其他经验更稀奇；它只是和我们认之为基本经验的那些经验——如感官印象之类——种类不同而已。

158.“我觉得好像知道城在那一边儿似的。”——“我觉得‘舒伯特’这名字好像和舒伯特的作品，好像和他的面孔挺相配似的。”

159.你可能对自己说“过去”①这个词，而这一时把它作为命令式那一时把它作为时间副词来意谓。那你现在说“过去！”——然后说“**别从那儿**过去！”——两次都是**同一个**经验伴随这个词吗？——你有把握吗？

160.如果我通过细审看到了我在那个游戏里时而**这样**经验这个词时而**那样**经验这个词，——我岂不也就看到我在谈话进程之中经常全然**不**经验到它吗？——因为，我同样也时而这样时而那样意谓这个词，时而意在**这样**时而意在**那样**，此后甚至对我意谓的是什么做出说明，这些都是不成疑问的。

161.但还有成问题之处：我们为什么在语词经验的这个**游戏**中也说“含义”、说“意谓”？——这是另一种类的问题。——指称这一语言游戏的现象特征是：我们是在下面**这种**境况下使用这个

① 原文是 weich，既可作动词 weichen（退缩）的命令式又可作形容词（柔软的）。——译者注

表达式的:我们刚才是在**那种**特别的含义上说这个词的,这个表达式是从那另一个语言游戏拿过来的。

把这种语词经验称作一个梦吧。它什么也不改变。

162.给你"胖"、"瘦"两个概念,你会倾向于说星期三胖而星期四瘦呢?还是反过来?(我倾向于前者。)"胖"、"瘦"在这里的含义和它们通常的含义不一样吗?——它们在这里的用法不一样。——那我其实应当使用另外两个词啦?——肯定不是。——我要把**这**两个词(在通常对我有效的含义上)用在**这里**。——现在我完全不是在说这现象的原因。原因**可能**来自我小时候的联想。但这是个假设。无论解释是什么,——那种倾向确实存在。

163.问我"你在这里究竟用'胖'、'瘦'意谓什么?"——我只能用完全通常的方式解释它们的含义。我**不**能以星期四和星期三为例来表明这含义。

164.人们在这里可能会说一个词有"原初的含义"和"次级的含义"。唯当这个词对你有原初的含义,你才能在次级的含义上使用它。

165.唯当你学过计算——笔算或口算,——才可能借助这样的计算概念让你把握什么是心算。

166.次级含义不是一种"转喻的含义"。我说"我觉得元音 e 是黄的",这时我意谓的不是:转喻含义上的"黄"——因为除了借助"黄"这个概念我完全没有其他办法表达我所要说的。

167.一个人对我说:"请在银行那儿等我。"问:**你说出这个词**

的时候是意谓着这个银行吗？——这和下面这个问题是同一种类的："你在去见他的路上是打算如此这般对他说的吗？"这类问题涉及的是某个特定的时间（说话的那个时间，走在路上的那段时间）——而不是那段时间中的某种**经验**。意谓不是一种经验，就像打算不是一种经验。

但什么把它们和经验区别开来？——它们没有经验内容。因为伴随它们的以及为它们提供图解的内容（例如种种意象）并不是意谓或打算。

168.按某种意图行动之际，意图并不"伴随"行动，就像思想并不"伴随"讲话。思想和意图既不是"分环勾连的"也不是"不分环勾连的"，既不可以和行动和讲话之际发出的单个声音相提并论也不能和一个曲调相提并论。

169."说"（无论出声或不出声）和"想"不是同一种类的概念；尽管二者联系得极为密切。

170.我们对说话时的经验的**兴趣**和对意图的兴趣是不一样的。（心理学家也许能够从这经验中对"潜意识"意图有所了解。）

171."说这话时我们两个都想到了他。"让我们假设两个人这时各自无声地对自己说了同样的话——这还能是说什么呢？——即使如此，这话不还只是个**萌芽**吗？这话仍必须属于一种语言、属于某种语境：为了真正地是想到了那个人这一思想的表达。

172.即使上帝窥入我们心底也无法在那里看到我们说的是谁。

173.“你说这话时干吗看我？你是不是想到了……？”——那么，在这个时间点上确实有某种反应，而这种反应通过“我想到了……”或“我忽然记起了……”这类话得到说明。

174.你借这个表达式涉及说话之际的某个时间点。你涉及的是这一个时间点还是那一个会有不同的作用。

仅仅对语词加以说明不涉及说出这个词之际所发生的事情。

175.“我意谓的是(或我刚才意谓的是)**这个**”(事后对语词的说明)和“我刚才说的时候想到了……”这两个语言游戏完全不同。后一个和“我记起了……”具有亲缘。

176.“我今天已经三次记起我必须给他写信了。”这时候我心里发生的事情有什么要紧？——但另一方面，说这话本身有什么要紧？有什么相干？——从这话我们可以得出某些结论。

177.“说这话时我想到了**他**。”——什么是这个语言游戏由之开始的那种原始反应(那种原始反应能够被翻译成这句话)？人们怎么一来就使用这话了？

原始反应可以是一个眼神，一个姿态，但也可以是一个词。

178.“你干吗看着我摇头？”——“我想让你明白，你……”这表达的不应是某种符号规则，而是我的做法的目的。

179.意谓不是伴随这话的活动。因为没有哪种**活动**会具有意谓的结果。

(与此相似，我认为可以说：计算不是实验，因为没有哪种实验会具有一次相乘所特有的结果。)

180. 说话的确有重要的伴随活动；不假思索的说话经常没有这些伴随活动，从而我们可以借此识别它。但**这些活动**却不是思想。

181. “我现在知道了！”这时发生了什么？——那么我在肯定自己知道了的时候我并**不**知道啦？

你看错了方向。

（这个信号是做什么用的？）

可以把“知道”称作这声喊叫的伴随物吗？

182. 一个词的熟面孔，觉得一个词自身中收藏着它的含义，觉得一个词是其含义的一模一样的图画，——这副面孔这类感觉对某些人可能完全是陌生的。（这些人会没有这些东西附属在他们的话语上。）——我们怎么表达这些感觉？——这在于我们怎样选择和估价语词。

183. 我怎么找到“正确的”的语词？我怎么在诸语词之中进行选择？颇有些时候我仿佛依照它们气味的细微差别来比较它们：**这一个**太这个了，**那一个**太那个了，——**这个**正对。——但我未必每次都评判、说明；经常我可能只说：“反正这个还不合适。”我不满意，继续搜寻。终于冒出一个词：“**就是**它！”**有时**我能够说出为什么。在这里，搜寻和发现看起来就是这样。

184. 你忽然想到这个词的时候，难道它不是以某种特殊的方式“冒出来”的吗？不信你就好好注意一下！——我好好注意也没用。它只能够揭示**我**心里**现在**发生的是什么。

我怎么竟会在这时候就注意倾听呢？我必须一直等到又有一

个词忽然浮现。但稀奇的是，我似乎不必等它浮现，而可以向自己展示它，即使它实际上并没有出现……怎么展示？——我**扮演**它。——但我通过这种方式能经验到**什么**？我究竟在复制什么？——典型的伴随现象。首要的有：姿态、表情、声调。

185. 说到某种细微的审美差别，我们有时有**很多**可说的——这一点很重要。——最初的表达当然可以是："**这个**词合适，**那个**不合适"——或诸如此类。但这些词中的每一个都和其他词句盘根错节地联系着，而这些联系都是可以讨论的。事情恰**不**随着那个最初的判断了结，因为起决定作用的是一个词的场。

186. "这个词就在我嘴边上。"这时我的意识里发生了什么？根本无关紧要。无论发生的是什么，都不是这句话所意谓的。这时在我的行为举止上发生了些什么倒更值得关注。——"这个词就在我嘴边上。"告诉你：这里该用的那个词滑走了，我希望很快又找到它。除此之外，这句话所表达的并不比某种无言的举动更多些。

187. 对这一点，詹姆士其实要说的是："多奇妙的经验！词还不在那里，却又在某种意义上已经在那里了，——或某种**只能够**生长成这个词的东西已经在那里了。"——但这根本不是什么经验。把它**解说**为经验，它看上去当然就很奇怪了。这正像把意图解说为行动的伴随物，却也正像把－1 解说为基数。

188. "这个词就在我嘴边上"这话就像"我现在知道怎么继续下去了"这话一样不是用来表达经验的。——我们在**某些特定情况**下使用这话，它被某种特殊的举止环围，也被一些典型的经验环围。尤其是说了这话之后常常是**找到了**这个词。(问问你自己："要是人们**从来**没找到过已经在他们嘴边上的词会是怎么样的？")

189. 不出声的"内在的"话语不是某种藏头露尾的现象，仿佛要通过一层面纱才能觉察它。它**根本**不是隐藏着的，但它的概念却容易使我们糊涂，因为这概念有很长一段路紧贴着某种"外在"活动的概念同行，却又不与后者互相涵盖。

(心里说话和喉头的肌肉是否由神经联系在一起，这个问题以及类似的问题自可以很有意思，但对我们的探究则不然。)

190. 心里说的可以说出来告诉别人，心里的话可以有某种外部动作**相伴随**，这些都表现出"心里说话"和"说话"的密切亲缘。(我可能一边在心里唱，或不出声地读，或心算，而一边用手打着拍子。)

191. "但在心里说却是我必须通过学习才会做的事情！"不错；但这里什么是"做"，什么是"学"？

让话语的使用教给你什么是它们的含义！(与此相似，在数学里常常可以说：让**证明**教给你**什么**得到了证明。)

192. "那我心算时就并非当**真在**进行计算啦？"——可你也对心算和可以觉知的计算做出了区别！然而，你只有学到什么是"计算"才能学到什么是"心算"；你只有学会计算，才能学会心算。

193. 一个人用哼哼(闭着嘴)重复某些语句的声调，他可以很"清晰地"在意象中说话。喉头的活动也提供帮助。但值得注意的恰是这时是在意象中**听到**话语，而不仅仅是**感觉到**话语在喉头上的所谓残骸。(因为也可以设想有些人不出声地借助喉头的活动进行计算，就像人们可以用手指头来计算那样。）

194. 我们可以假设我们在心里说话的时候我们的身体里会出现这样那样的活动。这样的假设，我们对它的兴趣只在于它向我们展示出“我对自己说……”这种表达式的某种可能用法；这也就是从表达式推导出生理活动的假设。

195. 别人在心里说些什么对我是隐藏不露的，这原包含在“在心里说”这个**概念**里面。只不过这里用“隐藏”这个词不对；因为若说对我隐藏着，那对他自己就应该是公开的，**他**一定**知道**说的是些什么。他却并不知道，只不过我确实有怀疑的余地而他却没有。

196. “一个人在他心里对自己说些什么对我是隐藏着的”当然也可以是说：我多半时候**猜**不出来，也无法（这原也是可能的）从他的声带活动之类解读出来。

197. “我知道我要什么，愿望什么，相信什么，感觉什么……”（诸如此类一切心理动词）；这要么是哲学家的胡言，要么**不**是一个先天判断。

198. “我知道……”可以是说“我不怀疑……”——但它不是说：“我怀疑……”这话**没有意义**，从逻辑上排除了怀疑。

199. 只有在一个人可能说“我认为”或“我推想”的地方，只有在他可能有确信也可能没有确信的地方[①]，他才可能说“我知道”。（你也许想用下面的例子来反驳我：人们有时说“可我一定知道我疼不

① 直译：需要让自己去确信某事的地方。——译者注

疼！”“只有你自己知道你是怎么感觉的”或诸如此类，那你应该检查一下这类话语的起因和目的。“战争就是战争”也满不是同一律的一个例子呢。）

200. 可以设想在某种情况下我**可能**要让自己相信我有两只手。但通常情况下我却**不可能**这样。“但你只需把手举到眼前看看就行了。”——如果我**现在**竟怀疑自己有没有两只手，那我也不必须信任自己的眼睛。（我这时问问我朋友也是一样的。）

201. 上一段所说的和下面这种情况是有联系的：“地球存在了几百万年”这样的命题比“地球在最后五分钟里存在着”意义更为清楚。因为，你若主张后面这个命题，我就会问你：“这个命题涉及的是哪些观察？哪些观察可能和它相反对？”——同时我却知道前一个命题属于哪个思想范围，和哪些观察相联系。

202. “新生儿没有牙。”——“鹅没有牙。”——“玫瑰没有牙。”——可最后这命题——人们要说——显然是真的！甚至比鹅没有牙还肯定。——可它却不那么清楚。因为玫瑰该在哪儿长牙呢？鹅在颚上没有牙。它翅膀上当然也没牙，但说鹅没有牙的人没有谁意谓这个。——若说母牛嚼碎饲料，用它来给玫瑰上肥，所以玫瑰有牙，牙长在一个动物的嘴里，这又是个什么说法？因为我们先前不知道玫瑰花上哪儿找得到牙，这话也就无所谓荒唐了。（（和“别人身体里的疼痛”联系在一起。））

203. 我可以知道别人在想什么，但不可以知道我在想什么。

说“我知道你在想什么”是正当的，说“我知道我在想什么”是错误的。

（一大团哲学的云雾凝聚成一滴语法。）

204.“人的思想封闭自锁，在意识内部进行，和这种封闭比较，一切物理上的封闭都是敞亮的。”

若有人总是能够——也许通过对喉头的观察——读出别人不出声对自己说的话，他也会倾向于使用这幅完全封闭自锁的图画吗？

205.我用一种身旁的人们听不懂的语言出声地对自己说话，这时我的思想对他们是隐藏着的。

206.我们假设有个人每次都猜对我在思想里对自己说的是什么。（他怎么做到这一点无关宏旨。）但什么是他猜**对**的标准？好，我禀性诚实，承认他猜得对。——但我自己不会糊涂吗？我的记忆不会欺骗我吗？我说出——并不说谎——我刚才在想什么的时候不会总是糊涂或被记忆欺骗吗？——但在这里“我心里发生了什么”看来根本无关紧要。（我这里是在划出一条辅助线。）

207.我承认我刚才是如此这般想的，这种**承认**之为真的标准不是真实**描述**某种活动的标准。真实承认的重要之处不在于有把握地真实报道出任何一个活动。这一承认之为真就是由**真诚**的特殊标准来担保的，而它的重要性毋宁在于可以从某种承认得出的特殊后果。

208.（假设梦能够为我们提供有关做梦人的重要消息，那么提供消息的将是对梦的诚实讲述。做梦人醒来后报道他的梦的时候是否被他的记忆欺骗呢？这个问题不会发生，除非我们引进一个报道与梦“相符”的全新标准，引进一个在这里对真和真诚做出区别的标准。）

209.“猜思想”的游戏。其中一种可以是：我用乙听不懂的语言告诉甲一件事。乙来猜我讲的话是什么意思。——另一种可以是：我写下一句话，你看不见这个句子。你必须来猜这句话的文字，或它的意义是什么。——再有：我做一个拼板游戏；你看不见我，却要时不时猜我在想什么，并把你的猜测说出来。例如你会说：“这块该放在哪儿呢？”——“我**现在**知道它合在哪儿了！”——“我完全想不出这儿该上哪一块。”——“天顶这一片总是最难拼的”等等——这时**我**却无需对自己说话，无论出声还是不出声。

210.所有这些都是猜思想，如果说事实上这些都没有发生，这没有发生并不使得思想比没有觉察到的物理过程更隐蔽些。

211.“**内心**对我们隐蔽着。”——未来对我们隐蔽着。——但天文学家计算日蚀之际是这样想的吗？

212.我看见一个人由于显而易见的原因疼得蜷起身体，我不会想：可这个人的感觉对我隐蔽着。

213.我们有时也说某个人是透明的。但对这一观察颇为重要的是：一个人对另一个人可能完全是个谜。我们来到一个具有完全陌异传统的陌异国度所经验到的就是这样；即使我们掌握了这地方的语言仍是这样。我们不**懂**那里的人。（不是因为不知道他们互相说些什么。）我们在他们中间找不到自己的位置。

214.“我无法知道他心里发生些什么”首先是一幅**图画**。它以使人确信的方式表达一种确信。它不曾举出这确信的根据。**这些根据**不是一下就举得出来的。

215. 即使狮子会说话，我们也理解不了它。

216. 可以设想像猜测思想那样猜测意图，但也可以设想对一个人事实上**将做什么**加以猜测。

说“只有他能够知道他打算做什么”是胡话；说“只有他能够知道他将做什么”是错误的。因为我用来表达意图的预告（例如“我五点回家”）不一定兑现，而别人却可能知道实际上发生的将是什么。

217. 但有两点很重要：一、在很多情况下别人无法预言我的行动，而我却能在我的意图中预见它们；二、我的预言（在我的意图的表达里）和别人对我的行动的预言基于不同的根据，从这两种预言引出的结论完全不同。

218. 我对另一个人的感觉可能很**确凿**，就像对任何一个事实那样。但“他极为沮丧”、“25×25=625”、“我 60 岁”这些命题却并不因此成为相似的工具。明显的解释是：这些是不同**种类**的确凿。——这个说明似乎在解说一种心理学的区别。但这区别是逻辑的区别。

219. “然而，你**确凿**的时候只不过是对怀疑闭上了眼睛吧？”——我眼睛是闭上了。

220. 我对这个人在疼不如对 2×2=4 确凿吗？——但因此第一种确凿就是数学的确凿啦？——“数学的确凿”不是心理概念。

确凿的种类是语言游戏的种类。

221.“他的动机只有他知道”——这表达的是：我们问他他的动机是什么。——他若诚实就会告诉我们；但我要猜出他的动机仅靠诚实就不够。这里是和**知**的情形具有亲缘之处。

222.但你请**醒目**来看：我们的确有承认我所作所为的动机这样的语言游戏。

223.我们意识不到一切日常语言游戏的超乎言表的多样性，因为我们语言的衣裳把一切都弄成一个样了。

新东西（自发的东西，“特别的东西”）总是个语言游戏。

224.动机和原因的区别是什么？——我们怎样**发现**动机，又怎样发现原因？

225.有这么个问题：“这是判断人的动机的确凿方式吗？”但为了能提出这个问题，我们必须已经知道“判断动机”的含义是什么；而这不是靠教给我们“动机”是什么和“判断”是什么就学会的。

226.我们判断一根棍子的长度；我们能够寻找并找到一种方法，更准确或更确凿地判断这长度。所以——你说——我们在这里所判断的**东西**是独立于判断方法的。什么是长度，这**不**能通过确定长度的方法来定义。——这么想的人想错了。——什么错误？——“勃朗峰的高度依赖于我们怎么攀登它”会是个稀奇说法。而“更准确地衡量长度”，人们要把这比作越来越接近一个对象。但“越来越接近对象的长度”说的是什么在有些情况下清楚，在有些情况下却**不**清楚。我们并非通过学会什么是**长度**什么是**确定**而学会“确定长度”说的是什么；我们倒是通过学会什么是确定长度等等学到“长度”一词的含义的。

(因此,“方法论”一词有双重含义。我们用“方法论研究”所称的可以是一种物理研究,也可以是一种概念研究。)

227. 说到确凿,说到相信,我们有时要说它们是思想的色调;它们有时借说话的**声调**得到表达,这是真的。但不要把它们想作说话时思想时的“感觉”!

不要问:“我们对……确凿的时候心里都发生些什么?”而要问:“对此事是这样确凿”是怎么在人的行动中表现出来的?

228. “你可以对别人的心灵状态十分确凿,但它仍只是一种主观的确凿,不是客观的。”——这两个词提示出语言游戏之间的一种差别。

229. 关于哪个是计算(例如较长的加法)的正确结果可能发生争论。但这种争论很少发生,持续时间也不长。就像我们常说的,争论“确凿无疑地”解决了。

数学家们一般不会为计算结果争论起来。(这是个重要的事实。)——若非如此,若一个数学家坚信某个数字不知不觉改变了,或者记忆欺骗了他或别人,诸如此类,那么我们就没有“数学的确凿”这个概念了。

230. 这却仍然可以是说:“尽管我们永远不可能**知道**计算的结果是什么,但这计算仍始终有完全确定的结果。(上帝知道这结果。)数学当然具有最高的确定性,——虽然我们只能据有它的粗略摹本。”

231. 那我大概要说数学的确凿基于墨水纸张的可靠了吧？不然。（那将是恶性循环。）——我没说数学家们**为什么**不争论，而只是说他们不争论。

232. 不错，我们不能用某些种类的纸张墨水来计算，例如它们会产生某些稀奇古怪的改变，——然而，我们这时也只能通过记忆、通过和其他计算手段相比较才能得出发生了改变的结论。那这些又怎么得到检验呢？

233. 须得接受下来的东西，给定的东西——可以说——是**生活形式**。

234. 说人在颜色判断方面通常是一致的，这话有意义吗？若不一致会是什么样子？——这个会说这花是红的而那个会说这花是蓝的，诸如此类。——但这时我们能有什么道理把这些人的“红”、“蓝”等词称作**我们的**“颜色词”呢？——

他们将怎么学会使用那些词？他们学会的语言游戏还是我们称为使用“颜色名称”的游戏吗？这里显然有程度上的区别。

235. 但这种考虑对数学也一定有效。若有一种人没有充分的一致，他们就将无法学习我们现在实际上在学习的技术。他们的技术会同我们的或多或少有区别，甚至区别太大而无法识认。

236. “数学真理可不依赖于人是否认识到它！”——当然：“人们认为 2×2＝4”和“2×2＝4”这两个命题的意思不同。后一个是个数学命题，前一个若竟有什么意思，大概可以是说人现在**认识到了**这个数学命题。两个命题的**用法**全然不同。——然而，“即使所有的人都认为 2×2=5，2×2 仍然得 4”这个命题说的又是什么呢？——所有人都这么认为，这看上去会是什么样子？——好，我可以想象他们有另外一种计算法或某种我们不会称作“计算”的技术。但它是**错误的**吗？（加冕是**错误的**吗？在与我们不同的生物看来，加冕会显得极为稀奇古怪。）

237. 在某种意义上，数学当然是一门学理，——但它也是人的**作为**。“错着”只能作为例外存在。因为，假使我们现在称作“错着”的东西成了常规，那么错着在其中成其为错着的游戏就完结了。

238. “我们大家学的都是同样的乘法表。”这话讲的当然可以是我们学校里的算术教学，——但也可以是乘法表的概念。（赛马场上赛马一般能跑多快就跑多快。）

239. 有色盲，有确定色盲的手段。测试正常的人对颜色的判断一般是充分一致的。这指称出了颜色判断的概念。

240. 在感情表达得真确还是不真确的问题上一般不存在这种一致。

241. 我确凿，**确凿**他不是装的；但第三个人却不确凿。我总能说服他吗？若不能，他是在思想上还是在观察上出了错？

242. “你真是什么都不明白！”我们这样说——当这个人对我们明明白白认之为真的东西仍存疑惑时，——而我们又提不出任何证明的时候。

243. 对感情表达是否真确有没有“行家”判断？——即使在这

里也有些人具有“较佳的”判断力，有些人的判断则“较差”。

正确的预测一般出自那些对人的认识较佳的人所做的判断。

我们能学习怎样认识人吗？是的；有些人能。但不是通过课程，而是通过“经验”。——另一个人在这事上可以做他的老师吗？当然。他时不时给他正确的**提示**。——在这里，“学”和“教”看起来就是这样。——这里习得的不是一种技术；是在学习正确地判断。这里也有规则，但这些规则不构成系统，唯富有经验的人能够正确运用它们而已。不像计算规则。

244.最困难的就是在这里正确而不作假地把不确定性表达出来。

245.“〔感情〕表达得是否真确无法证明而只能去感觉。”——蛮好，——但认识到真确后又怎么样呢？一个人说“这就是一颗充满激情的心所能表达的”——并且让另一个人也这样认为了，——有什么进一步的后果呢？抑或什么后果都没有，而只是一个人品到了别人没品到的，到此游戏就**结束了**？

后果是有的，只不过五花八门。经验，也就是各式各样的观察，可以教给我们这些后果；对这些后果我们也一样无法给出一般的表述，而只能在纷繁支离的情况中做出正确的、会结出果实的判断，确立一种会结出果实的联系。最具一般性的评述所能产生的，最多也不过是看上去像一个体系的废墟那样的东西。

246.某些证据满可以使我们确信某个人处在这种那种心态之中，例如确信他不在装假。但这里也一样会有“精微莫测”的证据。

247.问题是：精微莫测的证据**会造成**什么结果？

设想某种物质的化学结构(内在的东西)有某种精微莫测的证据。但这个结构必定会通过某些**可**测的后果作为其证据得到证明。

(某种精微莫测的证据可以使一个人确信这幅画是真品……但也有**可能**通过考据证实这一点。)

248. 精微莫测的证据包括眼光、姿态、声调的各种精微之处。

我有可能认得出爱情的真实眼光,把它**从**伪装的眼光区别开来(这里当然可以有“可测的”确证来证实我的判断)。但我有可能全然无法描述这种区别。这并非因为我熟悉的各种语言里没有适于描述这个的语词。那我为什么不干脆引进一些新语词呢?——假使我是个极富才能的画家,可以设想我在绘画中表现出真实的眼光和伪装的眼光。

249. 问问你自己:人是怎么学到某方面的“眼力”的?这样一种眼力又是怎样使用的?

250. 伪装当然只是不疼而表现出疼等等的一种特殊情况。即使真可能不疼而表现出疼,为什么这时发生的都是伪装呢,——都是生活织物上的这一十分特别的图样呢?

251. 一个孩子要能伪装先得学会好多东西。(狗不会虚伪,但它也不会诚恳。)

252. 的确会出现这样的情况,在那里我们会说:“这人**以为**他在伪装。”

十二

1.如果可以从自然事实来解释概念建构，那么使我们感兴趣的就不该是语法，而该是自然之中为语法奠定根基的东西啦？——概念和很普遍的自然事实的对应的确也使我们感兴趣。(那些由于十分普遍而最少引人注目的自然事实。)但我们的兴趣却并不落回到概念建构的这些可能原因上去；我们不从事自然科学；也不从事自然史，——因为对我们的目的来说我们也满可以虚构自然史。

2.我不说：假使这样那样的自然事实是另一个样子，人就会有另一些概念(在假说的意义上)。而说：谁要是认为有些概念绝对是正确的概念，有另一些概念的人就洞见不到我们洞见到的东西，——那么这个人可以去想象某些十分普遍的自然事实不同于我们所熟悉的那个样子，而他将能够理解和我们所熟悉的有所不同的概念建构了。

3.拿一个概念来和一种画法做比较：因为，我们的画法难道就是任意的吗？我们可以高兴选哪种就选哪种吗？(例如埃及人的画法。)抑或这里关系到的只是可爱和丑陋？

十三

1.我说“半小时以前他在这儿”——即，凭回忆说——这不是在描述当前的经验。

回忆的**经验**是回忆的伴随现象。

2. 回忆没有经验内容。——难道这不是通过内省认识到的？**内省**难道不恰恰显示出在我探看某种内容的时候那里什么都没有？——但它却只能在此一事那一事显示出这一点。而它不能向我显示的却是"回忆"一词的含义是什么，从而也不能显示该在**哪儿**探看某种内容！

我只有通过对照各种心理学概念才得到回忆的内容的**观念**。这就像比较两个**游戏**。（足球有**球门**，网球①就没有。）

3. 能设想这种情形吗：某人平生第一次回忆起什么东西，说："噢，我现在知道了什么是'回忆'，回忆是**怎么进行的**。"——他怎么知道这种感觉是"回忆"？比较一下："噢，我现在知道什么是'发麻'了！"（他也许第一次受到电击。）——因为那是由过去之事产生出来的所以他就知道那是回忆啦？他怎么知道什么是过去之事？人回忆，从而才学到过去之事的概念。

他将来又将怎么知道回忆是怎么进行的？

（反过来，我们也许可以说有一种"很久很久以前"的感觉，因为有一种语调一种姿态和讲述以往岁月的某些故事连在一起。）

十四

1. 不能用心理学是一门"年轻科学"来解释心理学的混乱与贫

---

① 依英译本译。德文原作 Völkerball，一种不设球门的掷球游戏。——译者注

瘠；心理学的状态无法和物理学等等的早期状态相比。（倒不如和数学的某个分支相比。集合论。）就是说，在心理学中实验方法和**概念混乱**并存。（就像在集合论中概念混乱和证明方法并存。）

实验方法的存在让我们以为我们具备解决困扰我们的问题的手段；虽然问题和方法各行其是。

2. 有可能对数学进行某种探索，它同我们对心理学的探索完全类似。它不是**数学**探索，正如我们的探索不是心理学探索。在这种探索中**没**有计算，所以它不是逻辑斯蒂之类。它也许有资格称作"数学基础"的探索。

中译者后记

一

维特根斯坦的《哲学研究》是本伟大的书，我心里没有疑问：它是 20 世纪最伟大的哲学著作之一。读这样的书，翻译这样的书，其乐融融。

他像希腊哲人一样，直接面对问题，在我们这个议论纷纭不知真理为何物的时代，他坚持走在真理的道路上。别人认为只能议论的事情，他能想办法使之成为可以论证的事情，这是哲学最古老最基本的艺术，20 世纪也有另一些人具有这样的艺术，但维特根斯坦是这门艺术的大师。

二

1994 年 1 月，王炜带我到清华会来访的台湾辅仁大学丁原植教授，没什么寒暄，就开始谈东西方学术的交流等问题，觉得投机。丁原植当时正主持一个小出版社，出哲学书为主，他怂恿我作一本《哲学研究》的解读本，包括翻译、注释、讨论三个大部分，答应一回台湾就给我寄经费寄资料过来。我回家就开始搜集资料，一边译一边注。谁知这位丁教授回到台湾后再没有只言片语传来（后来听说他的出版社也关掉了）。

是年秋，我回到北大，开设讲解《哲学研究》的课程，需要全书的中译本。当时已有汤潮、范光棣的译本（三联书店，1992 年 3 月）。那个译本很糟，舛错百出，不能用。我既然自己已经译了半本，就决定索性把全书译出来。在家里译书，在课堂上讲书，两个学期下来，到 1995 年初夏，译出了第一稿。此后，对维特根斯坦哪一点有了新体会，就把译稿拿出来重读，有时对译文做点改动。我虽不敢夸口自己绝无误译，尤其不敢夸口处处都译得妥帖，但自信这个译本十分可靠并可读，甚至认为出版这个译本说得上是对学界的一个小小贡献。

可惜，几年过去，我的译本一直未能出版，心里始终觉得是件憾事。直到不久前，和邵敏谈到此事，他立刻伸出援手，建议在他们上海人民出版社出版，他回上海不久就谈定此事，我自是感激不尽。

三

我的译本搁置期间，此书出了第二个中译本，李步楼译，陈维杭校（商务印书馆，1996 年 12 月，下称“李陈译本”），这是一个品质颇高的译本。那为什么还要出一个新译本呢？不消说，我花了好大力气完成这个译本，当然希望它面世，不过这不是理由。那就找些理由。

宽泛而言，像《哲学研究》这样重要的著作，有不同的译本也是应该的。具体说来，我的译本有几个长处。

（一）李陈译本是从英译本转译的（译后记里说明陈维杭曾直接依据德文进行校改），而我是直接从德文翻译。这本书的英译者是维氏的亲炙弟子，同时是这本书的编定者，这个英译本比绝大多数书的译本可靠。不过，原著既然是用德文写的，直接从德文本译总要好一些。韵味上会有些差别，此外也有些句子，从英文翻译不很清楚，甚至容易出错。举第374节首句为例：

李陈译本如下："这里最大的困难不是把事情表现得似乎有某种人们做不到的事情。"这句中文似乎是在强调困难不在这里而在别处。较好的译文是："这里极难不把事情描绘成仿佛有某种人的能力不及的东西"。这里的英文是：The great difficulty here is not to represent the matter as if there were something one couldn't do；德文是：Die große Schwierigkeit ist hier, die Sache nicht so darzustellen, als könne man etwas nicht。英文可以作两种理解，德文的意思却单一无歧义。

（二）我相信我的译文从总体上说更清楚、更流畅，也更细致准确。例如第363节里有一句，大意就是"这可以以后再说"，李陈译作"对此还有足够的时间"就太拘泥了。又如第一部分第165节最后一句："我简直不可能看着一个印刷的德文词而不经历内在地听到话音这样一种特别的过程"，李陈译作："如果我心中没有听到那个词的声音的那种特征性的过程，我根本就不可能看出那个印刷的德语单词来"。李陈的译句也许可以理解成原文那个意思，但更容易得出相反的印象。再举一例，第607节里有一句，李陈译作:“但是在我说这个时刻时是不是有什么东西在嘀嗒作响呢?”我译作:“但给出这一时间之际没听见咔哒一声什么东西扣上了吗?”维特根斯坦在这里谈的是“正是这个”这样一种感觉,“嘀嗒作响”不着边际。李陈译本大体译得相当准确,但按我的标准仍稍嫌不足。

(三)我和李陈译本对译名的选择有些差别,这多半是见仁见智的事儿,例如 Satz 译作“命题”还是“句子”,Bedeutung 译作“含义”还是“意义”。但也有几例应有优劣之别。例如 Übersehen 在维氏那里是一个极重要的概念,可说有特定的含义,宜译作“综观”或“概观”。第一部分第 122 节是这么说的:“我们的不理解的一个主要根源是我们不能综观语词用法的全貌。——我们的语法缺乏综观。……综观式的表现这个概念对我们有根本性的意义。”李陈只平平常常译作“清晰”,上面这段话就成了“我们之所以不理解,一个主要根源就是我们没有看清楚词的使用。 我们的语法缺乏这种清晰性。……对我们来说清晰的表象是一个极其重要的概念”。维氏的一个基本思想于是变得稀松平常了。维氏此书用语极平实,其思想和表述则极为精细,译者也须“译不厌精”。

(四)还有少数词句李陈译本译错了。

这些都是责备贤者的挑剔。我这个译本,读者也会发现不妥乃至错误,我愿得到指正,以期不断改进。

四

本书的德文用语通俗,大致没有“术语”,即使同一个概念,维氏也经常混用几个不同的词来表示，就像我们平时说话那样。而且，维氏的中心思想之一是“日常语言挺合适的”，他的许多论证要求我们设想在实际环境中我们怎么讲话，因此我们必须照顾中文用语的习惯，用人们实际上会说的中国话来翻译这些德文句子，如果同一个德文词一定用始终同一的中文词来对译，就会很生硬，不像汉语的“日常语言”。但另一方面，维氏是在进行概念分析，当他在前后文本中使用的实际上是同一个词或具有相同词根的词而译文却只按这个词出现的上下文便宜译作不同的汉语词，就无法表明他是在分析同一个语词同一个概念。哪个方面更值得照顾往往颇费思量。主要的概念语词，德文是同一个，我就尽量用同一中文语词来译，例如，除了极少情况，我总是把 Bedeutung 译作“含义”，虽然有时译作“意义”会使中文更通畅些。为了照顾译名的一致，译文的文句有时会有点别扭，例如“我具有疼痛”不是汉语的通常说法，但译作“我疼”则无法照应维氏所讨论的“我怎么‘具有’疼痛”这样的问题。如果不可能只用一个中文词来对应，就扩展到两个，例如 Satz 有时译作“命题”有时译作“句子”。再例如，第 602 节开头我是这样译的：“若有人问我‘你今天早上进屋的时候认出你的书桌了吗？’——我自然会说‘当然！’但若说当时发生了一种复认，那就引错了路。”第一句的“认出”和第二句的“复认”原文都是 wiederkennen。

有几处，照德文本译出来太难懂，而英译本文义较为显豁，我就从英译本。还有几处，严格的翻译实在无法让读者读懂，这时候我宁愿冒一点儿险转述文义，同时加注给出直译的句子。例如第一部分第 9 节中有一段，汤范译错了，不去说它，李陈是这样译的：

“同对‘石块’、‘石柱’等词的实指施教相类似的对数词的实指施教，所教的不是用来点数的数词，而是用来指一眼便能看清的对象组的数词。”译文的重点有点错位，但不能说译错，可是，我估计读者多半读不懂这里在说什么。我的译文是：“我们眼前有些物品，一眼就看得出分成了几组，用指物识字法教孩子把数词当作这些物品组的名称，比教会孩子把这些数词当作数字来学更接近于用指物识字法来教‘方石’、‘柱石’一类语词。”

原著里有少量英文、拉丁文、法文，我都直接译成中文，不再另行注明。

最后说说符号和字体。维氏使用标点常与惯例不合。“”和‘’通常并无区别，我依惯用法都改作“”。——，维氏自己说过为什么加那么多，基本照译，但有时因为德汉文句组织不同而稍作增减。有时不加引号中文就很难断读，如 der Begriff des Sehens-als，译为：“看作”的概念。方括号〔〕里的话都是译者加的，用来标出原文语词或用来补足语气贯通文义等等。原文斜体和全词大写中文都相应写成黑体，当然，德文中文的语法不同，经常需要变通，例如 daβ，中文就无法对应；又如第一部分第 35 节里的 die；等等。

五

这个译本出版，我首先要感谢邵敏。在翻译过程中，我曾请教过倪梁康、靳希平、孙永平、张雪，他们都慷慨提供帮助，在此一并致谢。

2001 年，北京

六

这次借再版之机，对译文做了少许修订。维特根斯坦基于他后期的基本思想，在写作中不使用术语，但应读者请求，这次再版我还是增加了一个小小的译名对照表。修订中有些蒙白彤东等同好指点，译名表蒙王宇光协助完成，特此致谢。

2004 年 11 月，上海

七

如前述，这个译本最初是由邵敏张罗在上海人民出版社出版的，这次又由陈小文张罗在商务印书馆出版，我首先要感谢这两位出版家。初版后，韩林合在一篇文章中曾指出此前译文中的一个错误，在此致谢。

2015 年，北京

译名对照表

Aspect 面相、景貌

Ausdruck 表达、表达式

Ausdruckweise 表达方式

bedeuten……的含义、意味

Bedeutung 含义[①]

behaupten 断定、断言、陈述

Behauptungssatz 陈述句

Bild 图画、图象、形象〔说法〕

deuten 解释、提示

Meinen 意谓

Meinung 看法

Satz 句子、命题

Sinn 意义、意思

Sprachspiel 语言游戏

Träger 承担者

Übersehen 综观

Umgangssprache 日常交往所用的语言

vorstellen sich 设想、想象[②]

---

① 弗雷格把 Bedeutung 和 Sinn 用作术语，前者通译“指称”，后者通译“意义”。维特根斯坦据德语的实际使用等为理由反对这种表达法。在《哲学研究》中，维氏一般用 Bedeutung 称语词的意义，用 Sinn 称句子的意义（参见第一部分第 138 节），虽然他偶然也混用两者，例如第 418 节写到语词的 Sinn，第 540 节写到句子的 Bedeutung。在汉语里，说到一个语词或一个语句，“意义”、“含义”、“意思”经常可以互换，其中，就书面语言说，“意义”最通用。但为了和德文对应，我把 Bedeutung 译为“含义”，只在第 122 节和第 583 节（四次）译作“意义”（多多少少相当于“重要性”），把 Sinn 译为“意义”，有时译作“意思”（第 20 节、第 61 节）。Unsinn 按通常含义译为“荒唐”、“胡话”，但有时为显示其词根联系，译为“无意义”。

② vorstellen 始终是很难译的。哲学翻译里多译为“表象”，这个词用了很久，含义还是不太清楚。“表象”的另一个缺点是不像 vorstellen 在德语中是个日常用语，stell dir vor 译成“你请表象一下”就很别扭。现在作动词时尽量译作“设想”，有时译作“想象”，作名词时尽量译作“意象”，有时译作“观念”。

erklären 解释、定义、说明[1]

erwarten 预期、期待

Gebrauch 使用、用法

Lebensform 生活形式

meinen 意谓，意思是

Vorstellung 意象、观念

Wiederkennen 认出、复认

Wortarten 词类

Wortsprache 字词语言

---

① 一般说来，解释和定义颇不同。维氏则强调定义和解释的连续性，定义仍是一种解释，也许是最佳或最通行的解释。这一点已经包含在 erklären 这个词里，它和说明、解释、定义、宣布等很多中文词对应。我通常把 erklären 译作“解释”，其次译作“定义”，有时译作“说明”。维氏在各种场合下通常都使用 erklären，并把它和 definiezieren 等混用，于是，erklären 何时译作“解释”何时译作“定义”常费踌躇。好在给定了维氏的用意，在大多数场合下选择这种或那种译法不会带来义理上太大的混乱。Definition 则一概译成定义。

图书在版编目（CIP）数据

哲学研究／（奥）维特根斯坦著；陈嘉映译．北京：商务印书馆，2025（2025.11重印）.－－（中外哲学典籍大全）.－－ISBN 978-7-100-24666-8

Ⅰ. B085

中国国家版本馆CIP数据核字第202492SC05号

中外哲学典籍大全·外国哲学典籍卷

哲学研究

〔奥〕维特根斯坦 著

陈嘉映 译

商 务 印 书 馆 出 版

（北京王府井大街36号 邮政编码100710）

商 务 印 书 馆 发 行

北京科信印刷有限公司印刷

ISBN 978－7－100－24666－8

2025年3月第1版　　开本 710×1000 1/16

2025年11月北京第2次印刷　　印张 22

定价：118.00元